コ・ティーチ！

保育・教育現場でのアクティブラーニング、チームティーチングにも役立つ新たな指導法

Marilyn Friend, Ph.D.

Co-Teach!

Building and Sustaining Effective Classroom Partnerships in Inclusive Schools | third edition

マリリン・フレンド 著

小野昌彦・松田一子・高橋俊明 監訳

江角周子・佐藤亮太朗 訳

風間書房

Co-Teach!
Building and Sustaining Effective Classroom Partnerships
in Inclusive Schools, Third Edition
by Marilyn Friend

Japanese translation rights arranged with the author
through Japan Uni Agency, Inc.

献　辞

　日々の教育指導実践に忠実に携わり、データ分析に基づいて学習者のニーズを熟慮し、すべての児童生徒が成功できるならとリスクを負うことを恐れることなく新しいやり方を取り入れるすべてのコ・ティーチング授業を行う教員ペアに。　受け持ちの児童生徒たちが挑戦的な態度を見せるときも、その児童生徒たちが学習上の大きな壁にぶつかるときも、あるいは、皆さんの職場環境が理想からかけ離れているときでさえも、その子たちのことを心から案じてくださっていることに対して、そして、粘り強く指導にあたってくださっていることに対して、心から感謝の意を表します。皆さんは数多くの子どもたちの人生に変化をもたらし、また、そうすることで、この世界を変革しているのです。

著者について

　マリリン フレンド博士は、通常学級教員、特別支援教育専門教員、研究者、大学教授、学校管理者、教員養成者、コンサルタント、および、人材教育者としてのキャリアを積んできました。ノースカロライナ大学グリーンズボロ校教育学部特別支援教育学科の名誉教授であり、障害のある児童・青少年やギフテッドおよびタレンティド児童・青少年への教育成果向上に尽力する最大規模の国際的教育専門機関であるカウンシル フォー エクセプショナル チルドレン（the Council for Exceptional Children: CEC）の会長を歴任しています。

　現在は、地方自治体や州の教育機関と連携し、各地の特別支援教育プログラムの評価、児童生徒の学習成果向上に向けた特別支援教育システム構造改革、教職員対象のコ・ティーチングおよびインクルージョンに関する研修、そして現行の特別支援教育実践に関わる諸問題の解決に取り組んでいます。

　フレンド博士の専門知識は国内外で高く評価されており、これまで米国、カナダ、ヨーロッパ、中東、アフリカ、そしてアジアで4千件以上ものプレゼンテーションやプロジェクトに携わってきたことからもそのことがうかがえます。本書に加えて、大学の授業で広く採用されている特別支援教育、インクルージョン、コラボレーション領域の教科書、およびコラボレーション、コ・ティーチング、その他関連テーマを扱った60編超の論文の著者または共著者でもあります。また、教員および管理職の方々がコ・ティーチングやその他のインクルーシブ教育実践を概念から教育現場へ応用する実例を描いた非常に人気の高いビデオシリーズ「パワー・オブ・トゥー（*Power of Two*）」の著者でもあります。

目 次

第1章　コ・ティーチングの基本概念 ························· 1

第2章　コ・ティーチングの理論的エビデンス ················ 29

第3章　コ・ティーチング授業を行う教員ペア（コ・ティーチャー）の　教育指導上の役割と責任 ························· 57

第4章　コ・ティーチングアプローチ ····················· 87

序 文

　コ・ティーチングへの関心はここ数年で一層の高まりを見せています。学術論文には数々のコ・ティーチングプログラムの説明やコ・ティーチングの有効性に関する研究が集約され、ブログにはコ・ティーチングにまつわる多くの浮き沈みの現状が描かれ、さらには、コ・ティーチング授業を行う教員や管理職の方々のための指導書が数多く出回っている昨今です。

　Co-teach! A Handbook for Creating and Sustaining Effective Classroom Partnerships in Inclusive Schools の初版は、教員にわかりやすいコ・ティーチングについての初めての教本として出版され、現在も、読み手本位で書かれた詳細な情報を集成した書として唯一無二の存在であり続けています。第3版には以下の最新情報が含まれています。

- ❧ 既存の六つのアプローチの説明に加え、新しいバリエーションの紹介
- ❧ 特別に考案された指導（SDI）に関する内容を大幅に追記
- ❧ コ・ティーチングプログラムを構築し持続させるにあたっての学校管理者の役割と責任に関する新しい章を追加
- ❧ 英語学習者のためのプログラムの一部としてのコ・ティーチングに関する説明を追記
- ❧ コ・ティーチングを Every Student Succeeds Act：ESSA（全ての生徒が成功する法）や Individuals with Disabilities Education Act: IDEA（個別障害者教育法）を含めた現行の特別支援教育法政策との関連で説明
- ❧ コ・ティーチングに関する最新の研究調査やそれらの分析を反映したコ・ティーチングの研究文献の更新
- ❧ コ・ティーチングに関する最新のさまざまな情報源に関するウェブサイトやその他の資料情報の更新

　この第3版は、コ・ティーチングに関する最新の研究基盤の動向を常に把握し続けようとする私自身の継続的な取り組みと、国内および世界中の学校、地区、および専門機関との連携の発展を目指し努力を重ねてきたその成果です。

　私の約40年間にわたる児童生徒の指導や大学生や大学院生の指導はもとより、この分野における最新の動向や直面する課題を常に把握し、教員や教育専門家の方々の活躍の成果や向き合ってきた多くの難題や疑問に耳を傾けながら連携し協力し合ってきた数々の経験が形になったものが本書です。本書が、皆さんが探し求めてきたコ・ティーチングに関

する情報を提供できることを心から願ってやみません。

　第1章と第2章は、コ・ティーチングの基本概念と理論的エビデンスの大要を説明しています。私は、もし教育者がコ・ティーチングとは何か、そして何がコ・ティーチングではないのかを理解し、なぜコ・ティーチングが障害のある児童生徒、英語学習者である児童生徒、そして、その他の特別な支援を必要とする児童生徒への教育サービス提供手段として急速に発展し続けるのかを理解すれば、コ・ティーチングはさらなる成功を遂げるであろうことを強く確信しています。第3章では、教員間の対人関係ならびに教員同士が協議すべき実務的な学級管理に関わるさまざまな事柄を分析しながら、模範的なコ・ティーチング実践の土台となる強固な教員間の関係性を築き上げる要素に焦点を当てています。第4章は、六つのコ・ティーチングアプローチとそれらのバリエーション、そしてアプローチを選択するにあたり考慮すべき要因を解説しています。この章にはコ・ティーチング授業の事例も数多く挙げています。

　第5章にはコ・ティーチングによる指導について、そして、コ・ティーチングでの授業指導が教員単独での授業指導に比べていかに集中的かつ焦点を絞った指導であるべきかについての詳細な説明が新たに加わりました。ここでの狙いは、単に指導ストラテジーのリストを提供することではなく、教員の方々にコ・ティーチングで実践すべき指導の在り方を理解していただくことです。第6章はプランニング時間の効率的な使い方、コ・ティーチングプログラムに電子プランニングを取り入れる方法、コ・ティーチング授業を効率化する方法など含め、コ・ティーチングのクラスルームロジスティクスに取り組むにあたっての具体的な提案をしています。

　第7章では、コ・ティーチングパートナーとして連携する可能性のあるさまざまな領域のプロフェッショナルについての解説や、独自のスケジュール調整、従来とは異なる教育プログラムや教育サービスにおけるコ・ティーチング指導の適用等を概説しながら、コ・ティーチング実践のバリエーションや特別支援教育や英語指導教育サービスの枠を超えたコ・ティーチング指導について述べています。

　最後に、第8章では学校管理者に焦点を当て、コ・ティーチングを主導するにあたっての管理職の役割や責任を説明しています。この章では、プランニング時間の予定の立て方、コ・ティーチングパートナーの選び方、コ・ティーチング授業への児童生徒の割り当て方などの重要なテーマを扱っています。

　皆さんがコ・ティーチングで成功を収められますよう祈っています。皆さんが成し遂げた多くの功績についてのお話しをお聞きすることを楽しみにしていますし、障害やその他の特別なニーズのある児童生徒の人生にポジティブな結果をもたらしたことが記載された資料を目にすることを心待ちにしています。この本を読んでのご意見ご感想や、ご自身の経験談の共有希望、または、ご質問等があれば、marilynfriend@coteach.com までご一報ください。皆さん一人ひとりに個別に返信すると約束はできませんが、最善を尽くします。

謝　辞

　私がよく聞かれる質問の一つがこれです。米国や他の国々の方々への講演、授業の視察、地方自治体や州／地域の教育機関へのコンサルテーション／会議／協議会、専門職能団体の委員、そして論文や本の執筆—これらすべてのことをどうやってこなしているんですか。答えは簡単です。私の夫でありソウルメイト、そしてチーフチアリーダーでもあるブルース　ブランドンがそれを可能にしてくれているからです。彼のサポートは桁外れに手厚く、執筆で問題があれば耳を傾け、章ごとに編集や校正作業を行い、書籍のデザインに関する意見を述べてくれたと思えば、食事も作ってくれますし、仕事の移動日に予定していた交通手段が使えない時には、"危機管理局"として（コンピュータと電話を駆使して）移動の手配もしてくれます。「僕にできることなら何でもするよ。」これまで何度この言葉を耳にしたことでしょう。彼はいつも本気で言ってくれて、言ったことを実行してくれるのです。こんなに思いやりのある配偶者がそばにいるので、私は本当に恵まれています。

　ブルースに続き、私が心からの感謝の意を表したいのがソニア　マーティンです。ソニアは私の良き友人であり、私がノースカロライナ大学グリーンズボロ校在職中には業務管理を容易にしてくれました。そして、いつでも献身的で、励ましてもくれ、きっちりとやるべき仕事を成し遂げてくれました。彼女はこのプロジェクトのために週末や休日を割いて手伝ってくれました。編集や校正、書式を整えてはまた手直しを加え、デザインを細部まで詰め、その他にも、本が出版される前に対処しなければならない限りなく細かいところまで管理してくれています。彼女の驚くべき技術力、勤勉さ、そして本を製作するうえで最も困難な課題にでさえユーモアを見出す能力（彼女はしゃれたユーモアのセンスを持っています）は非常に貴重です。万事休すだと思うような状況の時でも彼女の答えは常に「大丈夫。何とかなりますから。」そして、彼女はいつも文字通り何とかしてくれるのです。私は彼女と知り合い、一緒に仕事をすることができることを光栄に思っています。

　最後に、共に仕事をし、笑い、時には一緒に泣き、そしてインクルーシブ教育とコ・ティーチングを通して児童生徒の学習成果を向上させようと懸命に努力し続ける同僚であり友人である国内外のプロフェッショナルの皆さんに感謝の意を表します。皆さんというのがどなたを指しているかは皆さん自身が察してくださると思うので、ここではあえて「皆さん」と呼ぶにとどめておきます。ここでどなたかの名前を挙げることでうかつにもその方々に決まり悪い思いをさせてしまわないように（そして私自身、特にこの上下関係が少なく平等なつながりの中でどなたかの名前を挙げ忘れて恥かしい思いをしないように）。本書に描かれているのは皆さんのストーリーであり、数多くの難題であり、それらに対する解決策であり、コ・ティーチングの可能性を実証するオプティミズムであり、そして、

本書にあるすべてのアイデアや良い実例は皆さんや皆さんの同僚である教育のプロフェッショナルによってもたらされたものです。本書にあるコ・ティーチングの概念と実践の概要が皆さんにとって役に立つものであり、また、学校のプロフェッショナルが向き合う現実に根ざしていることを理解していただけるものであることを願っています。

第1章

コ・ティーチングの基本概念

「チームワークは、仕事を分け合い、成功を倍増させる。」

―作者不明

読者に期待される学習成果

1. コ・ティーチングとは何なのか、そして、何がコ・ティーチングでないのかを説明できる。
2. 現行の教育システムにおけるコ・ティーチングの有用性を詳細に検討できる。
3. コ・ティーチングや教育分野で使われる他の専門用語、たとえば、コラボレーション、インクルージョン、チームティーチング、アプレンティスティーチング、がそれぞれどのように関連し、どのように異なるかを説明できる。
4. コ・ティーチングとパラプロフェッショナル（専門職補佐員）による支援との違いを判断することができる。

　学校教育に携わるプロフェッショナルが担う責務は複雑であり厳しいものです。それが通常学級教員であれ、特別支援教育専門教員、英語指導専門教員（a teacher for English learners：ELs）、言語療法士、リーディングまたは数学指導専門のスペシャリスト（a reading or math specialist）、他領域の特別支援サービスプロバイダー、または管理職であれ、教育のプロとして、児童生徒が現行の厳格な教育基準に到達するように指導することを当たり前のように期待されています。その一方で、教育者としての仕事は、児童生徒のニーズがさらに多様化するにつれてより複雑になっています。

　教育のプロである皆さんは、ギフテッドやタレンティドの児童生徒の才能を生かす指導や、学習面でつまずきの見られる児童生徒の学力改善に向けた指導、障害のある児童生徒、

または他の特別支援を必要とする児童生徒の個別目標設定や関係文書作成等に取り組みながら、同時に、特別な配慮を必要としない児童生徒のことも常に気にかけなければなりません。そのうえ、こういった仕事を日常的にこなしながらも、教員として、学習指導に最新のテクノロジーを取り入れ、生徒参加型のパーソナライズド ティーチング／ラーニングモデル（personalized teaching/learning models）に移行し、児童生徒の成績の変動に速やかに反応し、指導要領に新たな変更があれば抜かりなく対応する、といったことをますます求められるようになっています。教員の方々が、自分たちの仕事は非常にストレスの多い仕事だとよく口にするのもうなずけます。

　これらの業務をすべて自分一人で抱えているとしたら、21世紀のこの時代に教員でいることは自分には到底無理だと感じることもあるでしょう。しかし、仲間との協働が一人では決して実現できそうもないことをやり遂げるためのチャンスを与えてくれます。本書の根幹にあるのがこの考え方です。コ・ティーチング、すなわち、教育のプロフェッショナル同士が教育指導上のパートナーシップを組むことで、教員は、従来に比べて無理なく、児童生徒の強みや弱みを見極め、より効率的に授業を進め、児童生徒の習熟度を評価し、また、必要に応じて児童生徒のニーズに合わせた学習活動を計画することができます。同時に、コ・ティーチングは、教員間の相互扶助の意識、つまり、それぞれの立場の教育指導のプロフェッショナルが自分たちの専門性を融合し、児童生徒の教育に対する責任を共有できるという自覚を生み出すのです。

　近い将来コ・ティーチングを実施する予定ですか。それとも、すでにコ・ティーチング授業を担当し、指導に腕に磨きをかけているところでしょうか。なかには特定の学校または学区で、コ・ティーチングプログラムの開発や評価の担当を任されている方々もいると思います。新しいリーディングの補習プログラムや理科のカリキュラムを教える場合、教員はそのプログラムやカリキュラムの趣旨に沿ったやり方で指導できるように専門能力開発訓練プログラムを受講しますが、それと同じように、コ・ティーチングを実施する教員もコ・ティーチングに関する特定の知識とスキルを身につける必要があります。ここは特に重要なポイントです。というのも、あまりにも数多くの教員が、それが通常学級教員であれ、特別支援教育専門教員であれ、特別支援教育関連領域の専門教員であれ、自分以外の教員と協力し合いながら通常学級で教えるための専門的訓練をこれまでほとんど受けていないからです。

　そのための知識とスキルを提供することが本書の狙いです。本書の内容は、急速に増え続けているコ・ティーチングについての学術文献資料が基盤になっていますが（Conderman & Heldin, 2017; Friend, 2016; Honigsfeld & Dove, 2012; Scruggs & Mastropieri, 2017; Shaffer & Thomas-Brown, 2015、など）、35年間にわたり、アメリカ国内はもとより、世界の国々の都市部や郊外そして地方の小、中、高等学校でコ・ティーチングの実践指導や助言に尽力してきた私自身の研究に基づくものでもあります。教員の

方々や管理職の方々（コ・ティーチングに意欲的な方々もいれば消極的な方々もいますが）と、コ・ティーチングが持つ影響力やコ・ティーチングを実践するなかで時に直面する試練の数々について、これまで幾度となく重ねてきた話し合いの結果が本書にまとめられています。私がこれまで数えきれないほど目にしてきた、教育のプロである教員の方々ががっちりとスクラムを組み、あるいは、適切な役割を見出すことに四苦八苦しながら、コ・ティーチングを行う様子が伝わるはずです。そして、私自身の強い信念も本書を執筆する動機になりました。その信念とは、万能な指導モデルというものはないが、コ・ティーチングはこれまで数多くの教員がずっと抱き続けてきたゴールに、目に見える形で確実に到達することを可能にする、というものです。そして、ここでいうゴールとは、障害のある児童生徒や他の特別支援を必要とする児童生徒一人ひとりが確実に潜在能力を発揮できるように支援することです。

●コ・ティーチングの特徴●

　成果をもたらすコ・ティーチングは、「コ・ティーチングとは何か」を理解することから始まります。では、コ・ティーチングを比類のない独創的な教育指導の仕組みとして特徴づける本質的な要素について述べていきましょう。

▌コ・ティーチングは選択できる教育サービス提供手段の一つ

　障害やその他の理由で特別な支援を必要とする児童生徒は、研究に裏付けられた質の高い教科指導はもちろん、必要に応じて、幅広い領域での教育支援サービスを利用します。そういった教育サービスを利用可能にする方法には多くの選択肢があります。児童生徒によっては、特別支援教育専門教員が通常学級教員に専門的な助言をすることで必要な教育サービスを受け始めることがあります。通常学級教員が学校専属のスクールサイコロジストに授業を妨げる行動を取る児童生徒の対処法について助言を求めることなどもそうです。また、個別に教育サービスを利用するために、在籍している学級の教室以外に通室する児童生徒もいます。英語が第一言語ではない児童生徒が語学指導を受けるために、あるいは、発話や言語に困難さが見られる児童生徒が小人数グループでのセラピーを受けるために、別教室に通室する場合などもそうです。ほかにも、綿密に構造化された環境下でのきわめて特殊なサポートが必要な重度障害がある児童生徒の場合、一日中とは言わないまでも、一日のほとんどを特別支援学級で過ごします。

　これらの例は、それぞれの児童生徒のニーズに適した教育サービスを提供するという点でコ・ティーチングに似ています。しかし、コ・ティーチングにはコ・ティーチングならではの特徴があります。その特徴の一つは、他の教育サービス提供モデルは、児童生徒のニーズが集中的なサービスを必要とするものであればあるほど、より多くの時間を個別の

学習環境で過ごすべきである、ということを前提とする傾向がありますが、コ・ティーチングにはそのような前提がないということです。つまり、コ・ティーチングは、障害の程度が比較的軽い児童生徒を支援する手段として用いられる一方で、広範囲に及ぶ支援が必要な児童生徒に対しても、たとえば、少なくとも学校で過ごす時間の一部を通常学級で行われるコ・ティーチングによる授業に参加する、という形で支援する手段にもなり得るということです。コ・ティーチングが特定の児童生徒に適切かどうかをどのように判断するかについては第8章で詳しく述べています。

　コ・ティーチングならではの二つ目の特徴は次のようなことです。障害のある児童生徒が対象となるさまざまな教育サービス提供手段については、特別支援教育に関する連邦法（訳注：個別障害者教育法（the Individuals with Disabilities Education Act：IDEA）、第2章、コ・ティーチングの法的エビデンスに関する記述を参照のこと）の中で概要が示されており、公立学校はその概要に沿う各種教育サービスを長年にわたり利用してきました。一方で、「コ・ティーチング」という用語は特別支援教育法に明記されていません。というのも、コ・ティーチングは比較的新しく、IDEAが制定された30年前にはほとんど見られない指導モデルだったからです。しかし、障害のある児童生徒は、大抵の場合、通常学級環境で教育を受けることが望ましいという見解が強まってきたことで、この15年の間に多くの学校で急速にコ・ティーチングが展開されるようになりました。

コ・ティーチングを実施するのは有資格教員

　教育に携わる専門職のだれがコ・ティーチングを担当するかは児童生徒の特徴や提供する教育サービスによって決まります。通常学級を担当する教員が最初に名が挙がるのはもちろんですが、特別支援教育やリーディング指導の専門知識を持つ教員など、教育指導において補完的な専門知識やスキルがある教員とパートナーを組むことができます。コ・ティーチングを行ううえで大事なことは、コ・ティーチングパートナーは双方が資格や雇用形態という観点で同じ立場にいる、ということです。つまり、コ・ティーチングでは、二人の教員が共に指導内容を策定し、その内容に関する業務や説明責任を共有するという真の意味でのパートナーであるということが重要なのです。図1.1に通常学級教員とコ・ティーチングのパートナーを組む可能性が最も高い専門職をまとめてあります。

　パラプロフェッショナル（専門職補佐員）はこのコ・ティーチングの定義から外れることになります。パラプロフェッショナルは、教室では重要な役割を担いますが、職務義務に関していえば、有資格教員の役割とはやや異なります。パラプロフェッショナルの適切な役割についてはこの章の後半で述べていきます。

以下は、通常学級教員とコ・ティーチングパートナーを組む専門職の例です。

❖ 特別支援教育専門教員

もっとも一般的な組み合わせです。1980 年代半ばから、この組み合わせで、軽度障害、情緒または行動障害、重度障害がある児童生徒を対象にした特別支援教育サービスを提供しています。

❖ 英語指導専門教員

この組み合わせはここ数年で、特に、英語学習者も、学校に在籍して比較的短期間経過したならば他の児童生徒と同様に厳格な学力基準を満たすことが連邦法により定められているため、徐々に展開されるようになりました。（訳注：米国では、英語が第一言語でないため英語の能力が十分ではない児童生徒も多い。NCLB 法（the No Child Left Behind Act：NCLB、第 2 章コ・ティーチングの法的エビデンスの記述を参照のこと）では、そのような児童生徒も他のすべての児童生徒と同様に、各州で定められている学力標準（academic standards）に基づいた標準テストを受け一定の成績を収められるようになることを教育支援目標の一つとして掲げており、そのために言語指導を提供することを定めている。本書では、以下、英語指導が必要な児童生徒を英語学習者と呼ぶことにする）

❖ 言語療法士

小学校、特に低学年では最もよく見られる組み合わせです。一般的には、一つの学級に対して週に 1 ～ 2 回程度と限定されるため、コ・ティーチングを行うのはなかなか難しい（が、効果的かつ有益な）組み合わせです。

❖ メディアスペシャリスト

この組み合わせは、単一の学習単元を扱う際に使われることが多い組み合わせで、どの学年にも適しています。重視されるのは適切な文献資料を学習の内容に結びつけることです。

❖ 読み書きや数学専門指導教員

科学的な根拠に基づく指導ストラテジーの手本を示したり、特定の指導法を実演したりする目的で、あるいは、ある所定の時間内で指導する際に（1 週間、毎日 30 分のセッション、など）、読み書きまたは数学の専門指導教員がコ・ティーチングパートナーとして教えることがあります。

❖ ギフテッド / タレンティド専門教員

通常学級の授業内容の質を高める手段として用いることができる組み合わせです。はからずも、このような組み合わせでの授業以外ではギフテッド / タレンティドに特化した教育サービスを受けられない高度な能力がある児童生徒が学級にいる場合、この組み合わせは非常に有効です。

図 1.1　コ・ティーチング活用例

コ・ティーチング授業を行う教員ペアは教育指導および関連事項に対する職務義務を共有する

　コ・ティーチングが教員同士の結婚と例えられているのを聞いたことはありませんか。いろいろな意味で、これはツボを押さえた（完璧に的を射た、というわけではありませんが）例えだと言えるでしょう。コ・ティーチング授業を行う教員ペアは、学級の児童生徒全員を一つの家族のようにまとめ、自分たちの学級独自の文化を築きあげ、各自の役割分担や責任を協議します。成功を分かち合い、問題が生じた場合には二人で解決します。しかし、教員同士の結婚の形はすべて同じではありません。次の二つの状況を見てみましょう。

❖　まず、一つ目の学級です。ここでの教員同士の結婚は、まるで 1950 年代、60 年代、または 70 年代の連続ホームコメディ、「アイ・ラブ・ルーシー（I love Lucy）」、「ビーバーちゃん（Leave it to Beaver）」、「ハッピー・デイズ（Happy Days）」、あるいは「ゆかいなブレディー家（The Brady Bunch）」の教員編パロディーのようにも見えます。この学級では、通常学級教員が授業を進め、教室での決まり事や目標を設定し、生徒たちのハイステークステスト（high stakes testing）に向けての準備対策をすべて一人で行う、まさに教室にいる「お父さん」です。特別支援教育専門教員は、「お母さん」の役割を任されます。お母さんは、たとえ高度に熟練した特別支援教育のプロであっても、教室内ではどちらかと言えば控えめで、学習課題に集中していない生徒に対しては集中するよう静かに促し、授業の説明が理解できていない生徒には手を貸す役回りです。お母さんは、もしかしたら助手役に徹することが自分の仕事だと思い込んでいるのかもしれません。助手にふさわしい仕事をしなければと思えば思うほど、お母さんは教科指導や教室運営について積極的に関わる許可を得ていないような気になるようです。というのも、この学級では、これまでそれぞれがどのような役割を担うべきかについて話し合うことはほとんどありませんでした。二人とも慣習的な役目、つまり、片方が授業を進め、もう片方は個別の生徒数名が補習あるいは必要な支援を受けるための手段を講じるのが当然のことだと思っているのです。

❖　そして、二つ目の学級の様子です。ここで見られる教員同士の結婚は現代に見られるような形の結婚です。むしろプロフェッショナル同士の、あるいは、ビジネス上のパートナーシップと捉えたほうがいいのかもしれません。二人とも互いの役割や責任について率直に話し合いますし、めいめいがコ・ティーチングにどう貢献すべきかを思い込みで決めてかかることはほぼありません。理科実験の授業では、特別

支援教育専門教員が理科実験に関連する語彙を習得するストラテジーを取り入れながら指導します。生徒全員がテスト対策に向けて取り組む機会を増やすため、学級全体を二つのグループに分け、教員が一人ずつそれぞれのグループについて別々に同じ内容の復習をすることもあります。学習につまずきが見られる生徒は、概して、理解しやすいように工夫された指導や学習教材を丁寧に反復しながら教える直接指導法や、基礎能力を応用してさらに練習を重ねる指導等によって成績が改善するため、特別支援教育専門教員、英語指導専門教員、あるいはリーディング専門指導教員がそのような児童生徒たちについて指導することもありますし、通常学級教員が既習の内容を再度教えることもあります。この学級では、二人とも特定の意図に基づき、従来とは異なる新たな役割や責任をも兼ね備えて動いています。そして、生徒全員の学習成果の向上を目指し、自分たちの強みを組み合わせて生かす新たな方法を常に模索しています。

　児童生徒の学力向上を促すことができそうなのはどちらの結婚の形だと思いますか。後者であることは言うまでもありませんね。ところが、一つ目の学級で描かれた教員同士の関係性は依然として頻繁に見受けられます。コ・ティーチングが児童生徒の学習成果に十分な影響をもたらすためには、教員同士が相互にコ・ティーチング実践のすべてのプロセスに揺るぎない責任ある関わり合いを示し、すべての児童生徒がめいめいの能力を発揮できるよう積極的に指導に関わることが求められます。コ・ティーチングの成果は、教員の双方が固定観念を捨て、教育のプロフェッショナルである互いの能力や経験をどのように最大限に生かすかについての対話を重ね続けられるかにかかっています。

┃コ・ティーチングのクラスでは在籍するすべての生徒が正メンバー

　皆さんや皆さんの同僚の方々は、普段の会話で、「私の生徒」あるいは「あなたの生徒」という言い方で児童生徒を分け隔てしていませんか。実は、このような言い方は時代遅れともいえる従来の制度を助長しているのです。時代遅れの制度とは、つまり、明示、又は黙示を問わず、特別な教育支援が必要な児童生徒とやりとりをするのは通常学級教員ではなく特別支援教育専門教員の仕事だと互いに思い込んでいる制度のことです。覚えておいていただきたいのは、特別支援教育及びその他の特別な教育サービスは、通常教育「に加えて」であり、「の代わりに」ではないということです。通常学級教員は障害のある児童生徒やその他の特別支援を必要とする児童生徒を含めた、学級の児童生徒全員を指導する責任がありますし、障害のある児童生徒やその他の特別支援を必要とする児童生徒の学習に対しても、一般の児童生徒の学習に対してと同様の説明責任があります。コ・ティーチングでは往々にしてこのような問題点が浮き彫りになります。だからこそ、児童生徒全員が自分たちの児童生徒だということをいかに協議し取り組むかがコ・ティーチングの

成功に大きく影響します。コ・ティーチングはまさに「私たち」の児童生徒についてのことなのです。

▌コ・ティーチングは本来一つの教室を共有して行うもの

　まれに例外はありますが、二人の教員が物理的に同じ空間で教えるということがコ・ティーチングの前提になります。こうすることで、児童生徒をグループ分けしたり、そのグループをまた組み替えたりしながら、互いの経験や行動力を生かし、必要に応じて、指導方法を見直し改善することができます。一方で、学校によっては、指導内容が障害のある児童生徒や他の特別支援が必要な児童生徒にとって難しいと思われる場合、または、障害のある児童生徒や他の特別支援が必要な児童生徒が授業に集中できていないと教員が判断した場合に、これらの児童生徒と「これらの児童生徒の先生」を他の場所に移動させるという不文律の取り決めをしているところもあります。こういったことはめったにないというのであれば何も問題はないでしょう。しかし、もし児童生徒が週に数回も通常学級での授業を抜けるということが日常的に見られるのであれば、次の三つの点が気掛かりです。第1に、障害のある児童生徒が週に数回も通常学級での授業を抜けるということは、授業時数や教育課程に関わる個別支援計画（IEP）の記載事項に影響する可能性があるということです。たとえば、85分のブロックスケジュール（訳注：ブロックスケジュールとは、通常は一日6〜7時限、一授業あたり40〜50分の従来の授業時間割を、時限数を少なくする代わりに一授業あたりの時間を長く設定する、中学校・高校向けの授業時間割システム。一般的なブロックスケジュールクラスは、一授業あたり90分または120分だが、学校ごとのバリエーションが多数ある）が組まれている中学校で、コ・ティーチングを担当しているある教員ペアが二人で、この障害のある生徒は毎日授業開始後40分経過したら別の教室に移動させる、と決めたとします。もしその生徒のIEPに、このブロックスケジュールの時間は通常学級で授業を受ける、との記載があるとすれば、二人が決めたこの生徒の教室移動は極めて重大な法律違反です。その上、もしこの通常学級で行われている授業が必修科目の授業だとすれば、たとえ特別支援教育専門教員が自分の教室に戻ってこの生徒に通常学級で行われている授業と同じ内容を教えるとしても、その教科でのハイリークオリファイド（highly qualified; 訳注：高度の専門知識技能を有する）と称される資格を有していなければ、この生徒は権利として受けられる通常教育課程の授業を受けていない、ということになりかねません。

　第2に、善意から生じてしまう問題もあります。もし障害のある生徒が別教室で授業を受ける必要があるなら、もちろんその権利はありますし、そのニーズはその生徒のIEPに反映されているはずです。問題なのは、障害のある児童生徒が別教室へ通室するとき、教員が他の児童生徒も一緒に連れていくことがある、ということです。仮に、前述の、85分のブロックスケジュールが組まれている中学校の教員が、障害のある生徒対象の補習授

業を受けることで成績改善が見込めるであろうとの考えから、IEP は持ってないが学習に
つまずいている2名の生徒も一緒に定期的に別教室に通室させ、補習指導を受けさせる、
と決めたとすると、これはこの2名の生徒の通常教育を受ける権利を侵害していることに
なります。この生徒たちが特別支援教育を受ける対象生徒であると確定していない時点で
は、特別支援教育とみなされる学習指導を受ける目的で通常教室から移動させるべきでは
ありません。これは、たとえ保護者がこういった個別指導を希望しても同様です。なぜな
らば、連邦法や州法には、いかなる児童生徒に対しても、特別支援教育を受けるためには
詳細かつ学際的な評価プロセスと教育チームによる障害の有無及び必要な支援教育サービ
スに関する判断を経なければならないことが明確に義務付けられているからです。

　第3の問題点は、児童生徒の学習に直接関連することです。たとえば、特別支援教育サー
ビスを受けるために生徒数名が通常学級の授業を抜けた直後に、その授業を受けている
生徒たちの一人が質問をした、あるいは、教科担任が内容の難しい概念をもう一度説明し
たとします。そうなると、その時点でその教室にいない生徒たちは、その学習内容を理解
する上で非常に重要だったはずの説明を聞き逃してしまったことになります。たとえ教員
同士で、あの生徒たちが教室を抜けた後に新しい学習内容には進まない、と申し合わせて
いたとしても、教科の内容に関する新しい情報を提供しない、あるいは、学習内容をさら
に掘り下げた質疑応答のディスカッションは交わさない、と言い切るのはきわめて困難で
しょう。コ・ティーチングの目的は教員同士が互いの専門知識を信頼し活用することです。
つまり、どちらか一人が教室にいないのならばこの目的は果たすことができないのです。

　コ・ティーチングを実施する際には、以上の点に留意してください。ただし、例外もい
くつかあります。たとえば、ある学習目標を達成するために、グループごとに別の場所で
教えることが有効な場合もあります（コンピュータが使えるメディアセンターに生徒数名
のグループを割り当て、残りの生徒グループは教室で課題に取り組ませる。翌日は交代で、
など）。また、州の教育委員会あるいは学区によっては、コ・ティーチング授業から児童
生徒を移動させる状況に関する具体的な方針があるかもしれません（ので、これについて
は当局に確認する必要があります。）とはいえ、一般論としてですが、ここで根本的な疑
問を呈する必要があります。もし、現今の学校が通常教育環境で児童生徒のニーズに対応
することを目的とするならば、なぜ教育ニーズのある児童生徒を通常学級で支援すること
を基本形としないのでしょうか。さらに言えば、通常学級で提供される特別支援教育サー
ビスは一般の児童生徒の学習に役立つこともあるため、こうすることで、教員がすべての
児童生徒のニーズに対応するための選択肢がさらに広がります。

▌コ・ティーチングには多くの指導時間形態が存在する

　教育専門家のなかには、二人の教員が全主要教科（小学校）を、あるいは科目の全授業
時間（中学校・高校）を教える場合のみを、「本当の」コ・ティーチングと考える方々が

います。確かにこれが可能ならばそれに越したことはないのですが、このような取り組みはめったにありません。しかも、児童生徒のニーズ次第では、コ・ティーチングが必要ない場合もあります。

　コ・ティーチングは、幼稚園で言語療法士が行うような、30分間のセッションを週に1～2回ほどの少ない回数で指導する形も可能です。また、毎日、設定した時間内で（リーディング／国語の授業で60分間、など）あるいは、特定の授業のみ（2時限目の地理の時間、オルタネイティング デイ スケジュールで9年生の国語の授業は毎時間、など）という形もよく見られます。5回の授業時間のうち3～4回をコ・ティーチングで、という学校もありますし、ほかのパターンを取り入れている学校もあります。

　教室にいる二人の教員がコ・ティーチングをしているかどうかの判断は、共に過ごす時間がどれだけ多いかよりも、両者が指導を共有するという意図を持ちながらコ・ティーチング授業を計画し、実行し、評価しているかによります。かなりの時間協力して取り組むことで充実感が得られ、パートナーシップが育まれ、計画もはかどる、というのはよくあることです。しかし、どの程度コ・ティーチング授業を時間割に組み込むかは、児童生徒のニーズとそのニーズに対してどう適切に対応するかに関わる問題です。これについては第8章で詳しく述べることにします。さらに、州や地域によっては、コ・ティーチングの時間配分に関する方針を定めているところもありますので、このことについても後ほど説明します。

▌コ・ティーチングの最大の焦点は通常教育課程へのアクセス

　アメリカ国内では、かつてないほど、「すべて」の児童生徒の学力を向上させることに関心が向けられています。その「すべて」の児童生徒には、障害のある児童生徒、伝統的にアメリカの児童生徒とみなされてきた文化背景とは異なる文化背景を持つ児童生徒、貧困または他の理由により社会的に不利な立場に置かれている児童生徒が含まれます。代替評価の対象になる重度知的障害のある児童生徒に対しても、たとえば、他の生徒たちが電気に関する詳しい学習内容や語彙に取り組んでいる間、重度知的障害のある生徒は電気の安全性に関する語彙に限定して学習する、といったように、通常教育課程に実用的に整合性がある学力を身につけることが到達目標になっています。忘れてはならないことは、今のこの時代に、コ・ティーチング授業を、主に、あるいは、ただ単に、社交的交流を体験させる手段と捉えるべきではないということです。コ・ティーチング授業を受けながら社会的スキルの習得に取り組むことは、障害のある児童生徒あるいは他の特別支援が必要な児童生徒（同級生や教員と適切な社交的なやり取りを学ぶ自閉スペクトラム症のある児童生徒、など）にとっては、具体的で妥当な目標であるとは言えます。しかし、これをコ・ティーチング授業を受ける唯一の目的とするべきではありません。コ・ティーチングでは常に学習能力や基礎学習能力を育む指導に取り組むべきです。

授業の共有に影響するいくつかの要因

　コ・ティーチングを特徴づける要素として最後に挙げるのが、共同で授業を行うということです。これはたいていの場合、小学校教員よりも中・高等学校教員に関係がある内容です。特別支援教育専門教員の多くは、初等教育現場での指導経験があるか、または、一つの副専攻科目領域での教員免許を持っています。しかし、場合によっては、複数の科目やこれまで専門的に学んできたことのない教科でのコ・ティーチングを求められることもあります。そういった場合、コ・ティーチングを担当する教員同士が、それぞれ担う役割について話し合うことが特に重要です。特別支援教育専門教員が授業をリードする時間は授業時間の半分もないかもしれませんが、担うべき役割を明確にしておく必要があります。たとえば、特別支援教育専門教員が、授業の開始時に、前回の授業で教えた内容の簡単な振り返りをする、授業中の生徒たちへの作業指示は特別支援教育専門教員が行う、といった役割はどうでしょうか。特別支援教育専門教員が、これから学習する教科書の範囲にある語彙を覚えるためのストラテジーの簡単な講義を引き受けることもできますね。互いに持ち味を生かしながらコ・ティーチングに貢献できる独創的な方法は何通りもあると思います。ただし、明らかに許容できないことが一つあります。その一つとは、特別支援教育専門教員が「自信を持って教えられるようになる」まで受け身的な役割だけに終始してしまうことです。なにか特別な内容を教える一回の授業に限り、というのであれば、そのようなやり方も考えられますが、もしこのような役割分担が習慣化されているとしたら、これはもはやコ・ティーチングではありませんし、その授業に二人の教員を配置するだけの価値があるのかを疑問視すべきでしょう。

　これはどの学年でも言えることですが、授業に関連する業務によっても、それぞれのコ・ティーチングでの役割が変わることもあります。仮に、特別支援教育専門教員が一人で一日に3、4時間コ・ティーチング授業を受け持っているとすれば、その教員に各授業の教材準備や採点業務の半分を任せようとするのは現実的ではありません。けれども、もしその教員が教材準備や採点業務等の授業関連業務に一切関わらないとなれば、パートナーである通常学級教員の方々は、当然のことながら、苛立ち始めるかもしれません。日々の業務をどう分担するかに対する答えを導く公式はありませんが、このテーマについては第3章でさらに詳しく述べていきます。

　コ・ティーチングの特徴についてはひとまずここで終わりますが、その前に明確にしておきたいことが一つあります。皆さんの中にコ・ティーチングの代替専門用語を使用している州あるいは地域にお住まいだという方はいますか。

　州によっては、コ・ティーチングと呼ばずに、コンサルタティヴ ティーチング（*consultative teaching*）、コラボラティヴ ティーチング（*collaborative teaching*）、インテグレイテッド コ・ティーチング（*integrated co-teaching*）、イン・クラス サポート サー

ビス（*in-class support service*）、または、別の用語を使用しているところもあります。用語の違いというものは必ず見られますし、一冊の本の中でこれらの違いをすべて述べることはできません。大切なのは、コ・ティーチングを実践することで児童生徒のために何ができるかについての気づきやコ・ティーチングの成功を確信するためにはどれほどの責任ある関わり合いが必要かという理解が得られるよう、コ・ティーチングの根幹をなす基本的なコンセプトを理解することです。

● 何がコ・ティーチングではないのか ●

　コ・ティーチングに関して数多くの誤解が見受けられます。必然的に、教員の多くがさまざまな指導方法をコ・ティーチングという言葉を用いて実施しているという状況が起きていますので、コ・ティーチングを明確に定義することが重要であると同時に、何がコ・ティーチングではないのかを明確にすることも重要です。それでは、これはコ・ティーチングではない、という例をいくつか挙げてみることにしましょう。

❖　コ・ティーチングは教室に予備の人員を確保しておくことではない。コ・ティーチングでは、双方が互いの存在を教育指導のプロセスに不可欠であると考え、双方とも指導過程で極めて重要な役割を持つ。

❖　コ・ティーチングは、片方の教員（たいていの場合、通常学級教員）が授業を進め、もう片方（たいていの場合、特別支援教育専門教員）が、単語のスペリングや語彙、授業での作業指示、または、授業への取り組みや問題行動への対応を補助するために教室内を歩き回ることではない。児童生徒への必要な援助はコ・ティーチングを行う理由の一つにはなり得るが、のちに第4章で述べるように、片方が常に補助役に回ることで、教育指導を行ううえでのパートナーシップという考え自体が損なわれる。なかには、次々に生徒を援助しながら教室を歩き回る行動を、授業での「もぐら叩き」とふざけて呼ぶ教員もいる。

❖　コ・ティーチングは、片方が月曜日に授業を担当し、もう片方が火曜日、水曜日はまた交代で、というような編成で行うものではない。このような間違った解釈のバリエーションには、週ごとや単元ごとに交代して授業を行うというものもある。このようなやり方は、授業のプランニングに使える時間が限られていることへの対応策として用いられることが多いが、これでは、指導を共有するからこそ生まれる授業の豊かさが失われ、ひいては、教員が単独で教える授業よりも集中度の低い授業を作り出してしまうことになる。しかも、こうした交替で授業を進めるというやり方は、どちらか一方の教員が補佐的な役に回るという事実を排除していない。

❖　コ・ティーチングは、多忙な教員たちが授業以外の業務を片づけるための手っ取り

早い手段ではない。たとえば、教員であれば誰にでも、緊急で教室を離れなければならない事態や、コピーがぎりぎり間に合わず授業に遅れるということもあるが、コ・ティーチングを、片方の教員が授業をしている間にもう片方の教員が採点や電話連絡をするための仕組みとして使うべきではない。コ・ティーチングの核心にあるものは、教員が双方の知識やスキルを活用することであり、そのためには、二人とも授業が行われている場にいて、学びと指導の一連の過程にひたむきに打ち込むことが求められる。

● コ・ティーチングと関連用語 ●

　教育分野では、日々の実践を言い表す用語が明瞭に叙述されていないことが往々にしてあります。おそらく、個別障害者教育法ではコ・ティーチングは定義されておらず、また、進化し続ける教育サービス提供手段だということもあり、実質的にはコ・ティーチングと関連性はあるが同義ではない他のコンセプトや方法がコ・ティーチングと呼ばれることがあります。この項では、そのなかでも、特に混同されがちな四つの用語、コラボレーション、インクルージョン、チームティーチング、そして、アプレンティス ティーチングとコ・ティーチングの違いを説明します。

┃コラボレーション

　皆さんは、コ・ティーチングの「コ（co）」がコラボレーション（collaboration）の略語だと思いましたか。実際には、この「コ」は、単純に、教育サービスを提供する手段の一つであるコ・ティーチングの本質は「共有すること」だということを表しています。そして、効果的なコ・ティーチングはコラボレーションの要素を含みますが、同義語ではありません。コラボレーションは、学校、社会福祉、ビジネス、医療など、いかなる分野においても、その道のプロフェッショナルがいかに連携して事を進めるかを示す極めて広義な用語です。私とクック教授（Friend & Cook, 2007）の共著書では、コラボレーションとは相互関係における流儀（style）であり、以下の特性に基づいている、と説明しています。

* 共通の目標
* 対等性
* 自発性
* 重要な決定事項に対する責任の共有
* 結果に対する説明責任の共有
* 専門的な知識やスキルの共有

　また、コラボレーションは、携わるメンバー全員が、協力して取り組めば、それぞれが単独で事に当たるよりもさらに良い結果が得られると信じることから始まり、そこに、互いへの信頼、リスペクト、そして、連帯感も加わりながら発展していくものです。

　ある学校の例を使ってコラボレーションを説明してみましょう。二人の教員は、新年度を前に、コ・ティーチングを任されることになりました。初めての顔合わせで通常学級教員がこう言います。「コ・ティーチングをすることに賛同したわけではありませんでした。でも、割り当てられてしまったのだから仕方ないですね。先生はこれまで社会の授業をほとんど教えたことがないんですよね。だったらこの教科の成績に対して責任を持つのは私ということになるので、先生には生徒たちの手助けをしてもらって、そして、私の授業の流れを邪魔しないでもらうのがベストな進め方だと思います。メモは取ってくださいね。それから、生徒たちを授業に集中させてください。私が授業で講義をした後、もし先生の生徒たちが理解できていないようなら、その時はその子たちのヘルプに入ってもらってもいいです。」

　おそらくご想像の通り、相手を見下すようなこういった発言からは協働で取り組むという意識はまったく伝わってきません。そして、この命令口調です。この教員は、共通の目標について構想することもせず、自発性も見られず、責任を持つのは自分であり（ゆえに、対等であるべき関係性を損ね）、決定事項も成果も共有しない、という自らの立場を鮮明にしています。

　けれども、もしこの教員が違った言い方をしていたらどうだったでしょう。「コ・ティーチングを希望したわけではないし、私たちがこれから何をするのかですら実はよくわかっていません。でも、管理職の方たちは私たちならなんとかやっていけると信頼してくれていると思うので、トライしてみようと思います。先生は、教員が二人で一つの教室で一緒に教えることについてどう考えていますか。一つ私たちが十分に考えなければならないのは、特別支援が必要な生徒たちのことをよくわかっている先生の専門知識と、私の社会科目の専門知識とをどうやって組み合わせるかだと思うんです。先生がどんな考えを持っているかぜひお聞きしたいし、何としても二人で成し遂げられることを考えていきたいと思います。」　今度は発言の内容も口調もまったく違いましたね。この教員はコ・ティーチングを自ら希望したのではなく割り当てられたということでしたが、協力して取り組むということは自らの意志による選択であり、つまり、自発性を示す良い例です。さらに、共有すべき達成目標、決定事項、そして説明責任があることをはっきりと述べています。相手をリスペクトする気持ちとともに、相手への信頼や連帯感を生み出す最初の第一歩を踏み出したことが伝わってきます。最強のコ・ティーチングはコラボレーションがあってこそ成り立つものですが、コラボレーションは、コ・ティーチングはもちろん、多くの場面でも必要不可欠です（Cook & Friend, 2010）。中学校の教職員しかり、小学校の学年団しかり、高校の各教科担当教員チームしかり。同様に、レスポンス　トゥ　インターベンショ

ン（response-to-intervention：RTI）やマルティティアード システムズ オブ サポート（multi-tiered systems of support：MTSS）といった教育介入アプローチに携わる教職員チーム、そしてスクールリーダーシップ チームと呼ばれる学校関係者による活動やプロフェッショナル ラーニング コミュニティーズ（professional learning communities：PLCs）などの専門家による学びの団体も、コラボレーションが結果を左右します。もしコラボレーションが、今手掛けている仕事を完遂するという目的を達成するための手段だということを忘れなければ、コ・ティーチングは、まさに、対人関係に対する意識の持ち方によって質が高められてきた数多くの仕事の中の一つであるということが理解できるでしょう。

┃ インクルージョン

　皆さんの学校では、コ・ティーチングとインクルージョンが同じ意味で使われることはありませんか。たとえば、コ・ティーチングが実施されている授業をインクルージョン授業と呼んでいませんか。コ・ティーチングを実施している（あるいはコ・ティーチングを実施していない）ことを、「インクルージョンをする」（「私たちは、中級の授業ではインクルージョンするけれど、初級の授業ではインクルージョンはしない」、あるいは、「ベーシック英語のクラスではインクルージョンするけれど、上級クラスではしない」、のように）といった言い方をすることはありませんか。

　コ・ティーチングとインクルージョンの各概念を区別することにはとりわけ重要な意味があります。というのも、これらは全く異なるものだからです。本章で既に述べているように、コ・ティーチングは、教育サービス提供手段の一つとして選択できるもの、つまり、障害のある児童生徒や特別支援が必要な児童生徒が権利として受けられる専門的な教育指導を提供する手段であると同時に、これらの児童生徒が最も制限の少ない環境下で通常教育を受けることを保障する手段でもあります。

　一方、インクルージョンは教育サービスを提供する手段ではありません。インクルージョンとは、いかなる学校であれ、その学校の教育実践全般を導く一つの信念体系、または、理念のことを言います。要するに、「学校」はインクルーシブネス（包括性）という概念を形にすることを目的とした最小単位の組織であり、つまり、「インクルージョンの授業」や「インクルージョンの先生」、または、悲しいことに「インクルージョンの生徒」、といったものは存在するはずがないのです。このような表現はどれも、インクルージョンとは、児童生徒が学校にいる間どのクラスにいるかを意味する用語だと示唆しているようなものです。通常学級に在籍することは確かにインクルーシブ教育の一部です。しかし、これはインクルーシブ教育の一つの側面にすぎません。インクルーシブ教育を行う学校では、教職員の誰もが、自分たちの仕事は児童生徒の多様性を尊重し、かつ、児童生徒の潜在能力を最大限に引き出しながら、すべての児童生徒に最良の教育を提供することである

と信じています。また、インクルーシブ教育を行う学校の教職員は、障害のある児童生徒がクラスメイトと一緒に通常学級にいることを強く希望しますし、障害のある児童生徒を通常学級以外で学ばせることに関しては熟議を尽くしたうえでのみ判断します。この場合でも、目指すところは常に、障害のある児童生徒は他の児童生徒と同じように学びを共有できる通常学級の一員である、ということです。インクルーシブ教育が徹底されている学校でも、必要に応じて児童生徒に別個の環境での教育サービスを提供しますが、その場合、そういった教育サービスはデータに基づいて判断し、頻繁に再検討を行い、期限を定めて別個の環境での教育サービスを継続します。逆に言えば、「本校はインクルージョンの学校です。ですから、いかなる生徒も通常学級の外に引っ張り出すことはしません。」と公言する教員がいる学校がインクルーシブ教育を実践しているかどうかは疑わしいところです。そのような学校があれば、そこではたった一つのやり方でしか児童生徒のニーズに対処していないということですし、さらには、そのようなやり方は不適切であるか、または、おそらく違法である可能性があります。

　では、インクルージョンとコ・ティーチングにはどのような整合性があるのでしょうか。コ・ティーチングは、インクルーシブ教育を実践する学校の児童生徒が特別支援教育を受けられるように実施する教育サービスの一つの手段です。けれども、コ・ティーチングだけが教育サービスを提供するための唯一の手段というわけではありません。本章で既に述べたように、コンサルテーションを通じて、つまり、インディレクトサービス（間接サービス）を受ける児童生徒もいれば、コ・ティーチングと併用で、あるいは、コ・ティーチングの代わりに、個別に教育サービスを受ける児童生徒もいます。通常学級という環境下で支援を提供することが望ましいと常に思われがちですが、何よりもまず、個々の児童生徒のニーズは何かということを熟考することが先決です。

▌チームティーチング（Team Teaching）

　コ・ティーチングとチームティーチングは同じ意味で使われることがよくありますが、これらを区別する二つの特徴がありますので、その違いについて説明していきましょう。

　コ・ティーチングとチームティーチングとの比較で見られる顕著な特徴の一つがグループを構成する児童生徒の人数です。長い歴史を持つチームティーチングですが、これまでは（Warwick, 1971 など）、ある一定の教員対生徒比率を保つことがチームティーチングの特徴とされていました。チームティーチングは、1950 年代に、「トランプ プラン（the Trump Plan）」（Friend, Reising, & Cook, 1993; Geen, 1985）という高校向けの教育モデルとして導入されたもので、この時は、同じ教科内で異なる科目を担当する高校の教員たちが関わり、一人のベテラン教員が授業の講義を担当、他の教員はディスカッションや学習活動の進行、という形で進められました。

　1 チーム 3 名の教員に対し生徒数は約 75 名という構成でした。チームティーチングが

のちに小学校のオープンコンセプトスクール（open-concept schools）で実施された事例
では、約4名の教員がチームになり100名の児童を受け持ちました。この場合もやはり、
教員対生徒の比率は一定でした。現在でも、中学校に関して言えば、チームティーチング
は教員対生徒比率1：25で行われるのが定番です。歴史と文学のそれぞれの授業を部分的
に組み合わせ、文学を通じて歴史を教えるアメリカ研究のような高校の総合学習的な授業
で、教員が連携して指導する事例も報告されています。しかし、この場合もやはり、他の
事例同様、教師対生徒の比率はある一定の数字を維持していました（常に、ではありませ
んでしたが）。コ・ティーチングはだいぶ異なります。コ・ティーチングでは、一人の教
員に対する生徒数の割合は大幅に少なくなります。たとえば、生徒25名を教員1名で受
け持つ学級は、生徒25名（うち5名が特別支援が必要な生徒）を教員2名で一日中、ま
たは、数時間受け持つ学級に変えることができます。教員対生徒の比率が1対25から1
対12.5に変わることで、これまで以上に集中的な指導・学習環境を整えることができます。
殆どのチームティーチングはこのような環境を再現することはできません。

　コ・ティーチングとチームティーチングとの比較に見られる二つ目の特徴は、教員の専
門知識です。過去50年間、チームティーチングを扱った学術文献のほとんどは、通常学
級教員2名によって行われたものでした。たとえば、小学校の2学年を担当する教員2名
でのグループ指導、理科教員2名による生物科目の指導、あるいは、国語教員と世界史担
当の教員による総合学習科目単元指導、などです。一方、コ・ティーチングは、担当する
教員がそれぞれかなり異なるスキルを有することを前提としています。たとえば、通常教
育と第二言語としての英語（ESL）（Honigsfeld & Dove, 2016）や通常教育と特別支援教
育（Friend et al., 2010）などです。つまり、コ・ティーチングでは、通常学級教員は、教
育課程や教科に関する知識や一般的な生徒への教育指導力、授業に活気を持たせるための
ペース配分の必要性の理解を持ち味とします。特別支援教育専門教員は、一般的には、特
定の児童生徒とそれぞれの児童生徒が抱えるニーズに関する理解力、基礎的な学力やスキ
ルの習得に向けた指導法、教育的介入プログラムや教育サービスに関する文書の作成に重
点的に取り組みます。コ・ティーチングは、それぞれの分野の専門的な知識やスキルを組
み合わせて、新しい教育指導方法の選択肢を生み出すという点で他に類をみないものです。
これについては第3章でさらに詳しく述べています。

▌アプレンティス ティーチング（Apprentice Teaching）

　アメリカ国内では（国内全域で、ではありませんが）、教育実習生が経験を積んだ教員
の仕事を観察するところから始まり、徐々に授業に加わり、最終的に指導業務をすべて体
験してみる、といった従来の教育実習モデルから、「ティーチング／ラーニングプロセス
（the teaching/learning process）」の徹底的な管理へと変わってきています。従来モデル
は、教員になるということには必然的に「引き継いでいくこと」が含まれるという考え方

を固定化してしまい、新米教員が、助言指導をしてくれる先輩教員の専門知識を参考にする機会を妨げてしまうという批判を受けてきていました。この従来の教育実習モデルに代わるアプローチが、時にコ・ティーチングと呼ばれることがありますが（Heck & Bacharach, 2016; Willis, 2015）、正確には、アプレンティス ティーチングです。このモデルでは、新米教員と先輩教員はパートナーであり、教育指導にあたってはコ・ティーチングの特徴を部分的に取り入れます。たとえば、学級の生徒を三つのグループに分けるとします。片方の教員がその3グループのうちの一つのグループにつき、もう片方の教員がもう一つのグループにそれぞれついて指導し、残った一つのグループには自主学習に取り組むよう指示することもできます。これはステーション ティーチングと呼ばれるもので、第4章で詳しく解説していますが、教員間の連携を促すコ・ティーチングのアプローチの一つです。

　アプレンティス ティーチングには多くのメリットがあり、また、数多くの専門的職業で見られるように、異業種のプロフェッショナルが連携して新しいものを生み出すというトレンドを反映していますが、コ・ティーチングとは異なります。これについては第7章でさらに詳しく述べています。

●コ・ティーチングとパラプロフェッショナル（専門職補佐員）●

　パラプロフェッショナルはコ・ティーチングを重視する教育指導プログラムではどのような位置づけなのか、と教員の方々に聞かれることがあります。これは聞かれて当然な質問ですが、同時に、若干複雑な質問でもあります。

　率直に答えるならば、パラプロフェッショナルは教室でサポートを提供する貴重な人材ではありますが、コ・ティーチングのパートナーではありません。パラプロフェッショナルの役割と教員の役割を区別することが非常に重要です。

　通常学級で児童生徒をサポートするパラプロフェッショナルに、小グループへの指導や特定の児童生徒に対しての既習の内容の復習、そして、児童生徒の注意力や行動、社会的交流、学習等をモニタリングする教員の補助（e.g., Brock & Carter, 2016; Walker, 2017）を任せることはできます。しかし、大人数グループの指導、授業計画や新しい授業内容の講義、成績評価の説明、教育指導上の判断や長期間にわたっての特定の児童生徒に対する直接的もしくは単独での指導等を任せることはできません（e.g., Giangreco, Suter, & Doyle, 2010）。言い換えれば、パラプロフェッショナルはクラスでサポートを提供することやコ・ティーチングでの授業の中で何らかの学習活動を行うことはあり得ますが、パラプロフェッショナルにコ・ティーチング授業を共同で行う教員ペアの役目を期待することは適切ではありません。なお、現行の教員免許を有しているパラプロフェッショナルがいるかもしれませんが、パラプロフェッショナルの職位記述書に書かれている職務は教員の

職務に比べて限定的なものであるということを覚えておいてください。

　クラスボランティアに関しても同じことが言えます。有免許の教育専門職として雇用されない限り、コ・ティーチングは選択肢にありません。逆に言えば、言語療法士、心理学者、カウンセラーなど、同等の資格を持つ教育専門職とはコ・ティーチングを実施することができますし、実際に実施しているケースもあります。こういった事柄をわかりやすくするために、「コ・ティーチング」という用語は有資格の専門家が教育指導を共有して行うやり方のことを指し、「サポーティング」は資格を持たない個人（あるいは、非認可施設に雇用された個人）が教室で支援を提供する状況のことを指す、というように区別して使い始めた学校もあります。

　言うまでもありませんが、パラプロフェッショナルと有資格教育専門職の役割および責任を区別することで、パラプロフェッショナルが通常学級で提供する貴重な援助を過小評価するつもりは一切ありません。むしろ、パラプロフェッショナルが、教員の仕事を、つまり、本来であれば教員が行うべきほとんどすべての業務を、それらに見合う給料をもらうことなしに任されることのないようにするためです。同時に、両者の職務を区別することで、教員は教育指導に関わるあらゆる面に能動的に関わるべきであるということや、教員がパラプロフェッショナルのような働き方をするべきではない、ということを明確にするという意図もあります。図 1.2 は特別な配慮が必要な児童生徒に支援を提供するために通常学級に配置されたパラプロフェッショナルにふさわしい役割と活動内容の例です。

　パラプロフェッショナルに特化した文献もありますので、パラプロフェッショナルという貴重な職員と同じ職場で勤務している方々には、そのような文献からパラプロフェッショナルに関する詳細情報を得ることをぜひお勧めします。念のため述べておきますが、もし皆さんがお勤めの学校区や学校に勤務するパラプロフェッショナルが補習リーディングあるいは算数／数学プログラムを実施できるよう訓練を受けていても、レスポンス トゥー インターベンション（response to intervention：RTI）あるいはマルティティアードシステムズ オブ サポート（multi-tiered systems of support：MTSS）のような教育介入プログラムを実施する際は、パラプロフェッショナルによる指導は補助的なものにとどめるべきです。教員代行を務めるのがパラプロフェッショナルの仕事ではありません。パラプロフェッショナルは異なる業務を担っているので（たとえば、多種多様な児童生徒たちを受け持つ教員の補助や特定の児童生徒のパーソナルケアまたは行動管理など）、パラプロフェッショナルの業務範囲については校長あるいは特別支援教育担当の管理職に確認するとよいでしょう。

　コ・ティーチングとは何かや、何がコ・ティーチングでないのか、コ・ティーチングと関連がある専門用語やコンセプト、そして児童生徒や教員をサポートするパラプロフェッショナルの役割が分かったところで、模範的なコ・ティーチングプログラムを構築し、それを発展させ継続していくための準備ができました。協力して物事に当たることのできる

直属の教員の指揮下で、パラプロフェッショナルは；

❀ 教員が物語や他の教材をクラス全体に声に出して読み聞かせた後、児童生徒と一対一で同じものを再度読み聞かせる。

❀ 児童生徒が教員による最初の説明で十分に理解できていない内容の復習や追加の練習問題を提供し、習得できるよう働きかける。

❀ 授業内容が理解できていない児童生徒に教員が再度直接指導できるよう、他の児童生徒が各自課題に取り組む様子を見て回る。

❀ 必要に応じて、通訳支援を（英語学習者である児童生徒に）提供する。

❀ 学習進捗状況を観察記録するための作品や提出物のサンプル、行動観察データチャートなど、障害のある児童生徒に関する電子または紙ファイルを管理する。

❀ 教員からの指示があれば、必要な児童生徒に試験問題を読み上げる。

❀ 模範解答または詳しいルーブリックを使いながら、試験やその他の課題を採点する。

❀ 社会的交流や学習を促進する目的で、障害のある児童生徒や他の特別支援を必要とする児童生徒と一般の児童生徒を含めた小グループの指導を行う。

❀ 教員が作成した詳細な指示に基づいて、授業で使用する教材を準備する。その他、教員の業務を手伝う。

❀ 場所から場所へ移動する際の補助や身の回りの世話など、必要に応じて個々の児童生徒を援助する。

❀ 教員の指示に従って、特定の児童生徒または特定のグループの児童生徒に関するデータを収集し記録する（児童生徒の行動に関して、など）。

❀ 障害がある児童生徒がアシスティブテクノロジー（支援・補助技術）を使いやすくするよう援助する。これには、障害がある児童生徒が機器またはソフトウェアを使う際の援助またはそれらに問題が見られる場合の報告なども含まれる。

❀ 特定のニーズがある児童生徒に関して、教員と特別支援教育専門教員の間で協議が必要と思われる事柄があれば、その旨を特別支援教育専門教員に伝える。

図1.2　通常学級でのパラプロフェッショナル：役割と活動内容の例

能力は効果的なコ・ティーチングでの授業を作り上げていくうえで欠くことのできない能力であり、コラボレーションがコ・ティーチングの土台となります。そして、コラボレーションを通してインクルーシブ教育を推進することがコ・ティーチングを成功させる環境を築くことになります。つまり、障害のある児童生徒や特別支援が必要な児童生徒をコ・ティーチングでサポートしていくことで、教員は今日の学校が掲げる目標、すなわち、児童生徒の学力を向上させ、障害のある児童生徒と一般の児童生徒の学習成果の格差を縮めることができるのです。

さらなる考察に向けて

1. コ・ティーチングを定義づける要素のなかで、あなたにとって最も重要と思われるものは何ですか。お勤めの学校でのコ・ティーチング実践に確実にコ・ティーチングのすべての要素が含まれるようにするために、あなたやあなたのコ・ティーチングパートナー、そして、校長はそれぞれどのような手段を講じることができるでしょうか。

2. 本章の、コ・ティーチング、コラボレーション、インクルージョン、チームティーチング、アプレンティス ティーチングについての説明は、あなたがこれまで理解していたことと比較してみてどうですか。これらの用語は、お勤めの学校または学校区の政策文書、手順マニュアル、個別支援計画（IEP）の書式、または、日常の会話でどのように使われていますか。なぜこれらの用語の違いを理解することが重要なのだと思いますか。これらのコンセプトや用語を実践と整合性のある状態にするためにどのようなステップを踏むことができるでしょうか。

3. 特別なニーズがある児童生徒をサポートするうえで、あなたの学校のパラプロフェッショナルはどのような役割を担っていますか。図1.2 に記載されている例の中では、どの活動に携わっていますか。あなたなら、パラプロフェッショナルが児童生徒の学習にもたらす効果を最大限にするためにどのような変更を提案しますか。通常学級教員の方々であれば、自分たちの教室にいるパラプロフェッショナルの業務に関してどんなことを尋ねたいですか。

行動を起こすために

1. 教職員、チームあるいは学部ミーティングの場で、本章で提示した専門用語に関して理解していることを書いてもらいましょう。出された回答をもとに、現在実施している学校の取り組みについてや専門用語を正しく使う目的について、そして、その現行の取り組みの向上に向けた方策について話し合いましょう。

2. 「私の生徒」や「あなたの生徒」といった、対立的な言葉を排除する公約を結びまし

ょう。一例として、このような言い方をした教員に対して、1回につき25セント（訳注：日本円にして約30円相当）の罰金を科する、など。集まった罰金は学年末にチャリティーに寄付するのもいいと思います。「私の／あなたの」という言葉を誰かが使った時には、互いに「いいえ、"私たちの"と訂正し合いましょう。」と教職員全員に働き掛けるという案もあります。日頃から児童生徒を分け隔てするような表現を使っていると、おそらく日々の教育指導でも児童生徒に対してそのような行動を取ってしまうということをぜひ覚えておいてください。

3．お勤めの学校でのコ・ティーチングの現状やコ・ティーチングに対する考えをより理解するために、コ・ティーチングのコンセプトや実践に関する簡単なアンケートを作成し配布しましょう。たとえば、コ・ティーチングを受け持つ教員は、授業中、日常的に生徒数名を別教室に移動させますか。コ・ティーチングではない事例に当てはまることが実際に行われていませんか。さて、ここからさらに本書を読み進めて行くわけですが、この時点でコ・ティーチングに関して知りたいことは何でしょうか。

引用文献

Brock, M.E., & Carter, E. W. (2016). Efficacy of teachers training paraprofessionals to implement peer support arrangements. *Exceptional Children, 82*, 354-371.

Conderman, G., & Hedin, L. (2017). Two co-teaching applications: Suggestions for school administrators. *Kappa Delta Pi Record, 53*(1), 18-23.

Cook, L., & Friend, M. (2010). The state of the art of collaboration on behalf of students with disabilities. *Journal of Educational & Psychological Consultation, 20*, 1-8.

Friend, M., & Cook, L. (2017). *Interactions: Collaboration skills for school professionals*(8th ed.). Boston, MA: Pearson.

Friend, M. (2016). Welcome to co-teaching 2.0. *Educational Leadership, 73*(4), 16-22.

Friend, M., Cook, L., Hurley-Chamberlain, D., & Shamberger, C. (2010). Co-teaching: An illustration of the complexity of collaboration in special education. *Journal of Educational & Psychological Consultation, 20*, 9-27.

Friend, M., Embury, D.C., & Clarke, L. (2015). Co-teaching versus apprentice teaching: An analysis of similarities and differences. *Teacher Education and Special Education, 38*, 79-87.

Friend, M., Reising, M., & Cook, L. (1993). Co-teaching: An overview of the past, a glimpse at the present, and considerations for the future. *Preventing School Failure, 37*(4), 6-10.

Geen, A.G. (1985). Team teaching in the secondary schools of England and Wales. *Educational Review, 37*, 29-38.

Giangreco, M.F., Suter, J.C., & Doyle, M. (2010). Paraprofessionals in inclusive schools: A review of recent research. *Journal of Educational & Psychological Consultation, 20*, 41-57.

Honigsfeld, A., & Dove, M.G. (2016). Co-teaching ELLs: Riding a tandem bike. *Educational Leadership, 73*(4), 56-60.

Honigsfeld, A., & Dove, M.G. (Eds.). *Co-teaching and other collaborative practices in the EFL/*

ESL classroom: Rationale, research, reflections, and recommendations. Charlotte, NC: Information Age Publishing.

Kinne, L. J., Ryan, C., & Faulkner, S.A. (2016). Perceptions of co-teaching in the clinical experience: How well is it working? *New Educator, 12,* 343-360.

Scruggs, T.E., & Mastropieri, M.A. (2017). Making inclusion work with co-teaching. *Teaching Exceptional Children, 49,* 284-293.

Shaffer, L., & Thomas-Brown, K. (2015). Enhancing teacher competency through co-teaching and embedded professional development. *Journal of Education and Training Studies, 3,* 117-125.

Walker, V.L. (2017). Assessing paraprofessionals' perceived educational needs and skill level with function-based behavioral intervention. *Exceptionality, 25,* 157-169.

Warwick, D. (1971). *Team teaching.* London: University of London.

Will, M. (2017, December 20). The teaching profession in 2017(in charts). Education Week [blog]. retrieved from https://blogs.edweek.org/teachers/teaching_now/2017/12/the_teaching_profession_in_2017_in_charts.html

Wills, D. (2015). A reflection on lessons learned from implementation of a state-mandated co-teaching model for student teaching. *AILACTE Journal, 12,* 53-71.

第1章 付 録

　この付録には3種類の参考資料が含まれています。あなたやあなたのコ・ティーチングパートナー、そして同僚の方々がコ・ティーチングを始める準備が整っているかについての分析や、コ・ティーチング授業と単独で教える授業との相違点についてどれだけ理解しているかの考察にぜひ役立ててください。

コ・ティーチングに対する理解分析

　このチェックリストは、コ・ティーチング授業の開始時、あるいは完了時のいずれであっても、あなたやあなたの同僚がお勤めの学校あるいは学区で実施されているコ・ティーチングに対する基本的な理解を確認できるようにするためのものです。チェックリストの各項目に目を通していただくと本章以降の内容のあらすじがわかるようになっていますし、コ・ティーチング授業の計画および実施や、今後実施予定の、あるいはすでに定着しているコ・ティーチング授業に対する有効性の評価を論理的に考えるための資料としても利用できます。

非常にそう思う	そう思う	どちらでもない	そう思わない	全くそうは思わない	
					1．私たちはコ・ティーチングの目的について共通理解がある。
					2．私たちはコ・ティーチングを特徴づける一つ一つの重要な要素について共通理解がある。
					3．私たちは障害のある児童生徒や特別支援が必要な児童生徒の利益を最優先に、コ・ティーチングに関する判断決定を行っている。
					4．私たちはコ・ティーチングとインクルージョンを、校内での会話のやり取りも含め、明確に区別している。
					5．私たちはコ・ティーチングとチームティーチングの類似点と相違点を明確に表現できる。
					6．私たちは教育のプロとして、敬意と信頼を特徴とする協働的な学校文化を築くよう努めている。
					7．教育実習生は、対等な立場でコ・ティーチング授業を行うパートナーというよりもむしろ見習い教員とみなされている。
					8．パラプロフェッショナルは自分の役割や責任を理解している。同様に、教員もパラプロフェッショナルの役割や責任を理解している。

コ・ティーチングと結婚のメタファー

　完璧な例えではありませんが、コ・ティーチングは教員同士の結婚とよく例えられます。これを踏まえて、個人的な関係性を表すこのメタファーは、コ・ティーチングのパートナーシップを考える一つの手立てとして用いることができます。下の表に、一人で生活することのメリットとデメリットについてのご自身の考えを書き込みましょう（可能であれば同僚にも書いてもらいましょう）。次に、配偶者または恋人と暮らすことのメリットとデメリットについても書いてみてください。最後に、それらの回答をコ・ティーチングに当てはめてみましょう。あなたの回答は強力なコ・ティーチングパートナーシップを築くことについてどんなことを教えてくれますか。

一人暮らし

メリット / 可能性	デメリット / 制限
1.	1.
2.	2.
3.	3.
4.	4.
5.	5.

共同生活 / 同居

メリット / 可能性	デメリット / 制限
1.	1.
2.	2.
3.	3.
4.	4.
5.	5.

コ・ティーチングへの応用

_____

_____

_____

コ・ティーチングについての対話

　コ・ティーチング授業の考案または既存のコ・ティーチングプログラムの改善を検討するにあたり、これまでに全教職員が皆（特にコ・ティーチング授業を受け持つパートナー同士が）コ・ティーチングに関する基本的内容を理解しているか確認したことがありましたか。以下の質問は個人でも答えられますし、チームごとや教科ごと、あるいは、学校全体で協議する際のたたき台としても利用できます。

1．コ・ティーチングについて考えを巡らすとき、どんなイメージが頭に浮かびますか。それでは、コ・ティーチングでの授業を想像してみてください。そこでは、あなたはどのような役割を担いどのような行動をしていますか。パートナーについてはどうですか。児童生徒についてはどうでしょうか。

2．なぜコ・ティーチングとその他のプログラムや教育サービスとの違いを理解することが重要なのでしょうか。これらの違いを曖昧に理解することで、コ・ティーチングに対する教員の思い入れ、運営上の優先事項、保護者の理解、コ・ティーチングの有効性にどのような影響を及ぼすでしょうか。

3．お勤めの学校でパラプロフェッショナルの採用が決まったとします。あなたなら二人の教員による授業と、一人の教員がパラプロフェッショナルを伴っての授業とをどうやって見分けるでしょうか。第三者はどのようにこれらの違いに即座に気が付くでしょうか。

4．もしあなたが受け持つコ・ティーチング授業が、障害がある児童生徒と英語学習者である児童生徒への指導の両方に関わるとしたら、指導上の類似点と相違点としてどのようなことが挙げられるでしょうか。

5．あなたの考えでは、コ・ティーチングがどのように、特別支援が必要な児童生徒の通常教育課程を受ける権利を尊重することと、個々の児童生徒の特別なニーズに合わせて指導内容を調整することの重要性とを両立させるでしょうか。

第2章

コ・ティーチングの理論的
エビデンス

「私たちは自分たちの知恵だけでなく借りることができるすべての知恵を使うべきだ。」
―ウッドウィル・ウィルソン

読者に期待される学習成果

1．障害のある児童生徒や英語学習者である児童生徒に特別支援教育や他の教育サービス
　を提供する手段としてのコ・ティーチングを、教育法および教育政策が、どのように
　後押ししているかについて要点を述べることができる。
2．コ・ティーチングの一連の過程と成果を検証したこれまでの研究を分析でき、かつ、
　それらの研究結果から、障害のある児童生徒や特別支援が必要な児童生徒への教育サー
　ビスの選択肢の一つとして、コ・ティーチングの展望と課題を議論できる。
3．コ・ティーチングを理論的に根拠づける哲学的貢献と逸話的貢献について説明できる。

　もし皆さんの主な関心事が、ご自身がこの先関わるコ・ティーチング授業の考案や現行
のコ・ティーチング授業の改善、あるいはお勤めの学校あるいは学区に最も適するコ・ティーチングプログラムの開発援助にあるとすれば、コ・ティーチングの理論的根拠について
はとりたてて関心がないかもしれませんね。コ・ティーチングに関して目指していること
をすでに自覚しているわけですから、コ・ティーチングがこれほどまでに注目されてい
る理由を具体的に知る必要性は感じないかもしれませんし、目の前にある多くの業務をと
にかくこなして行きたいと考えている方もいるでしょう。けれども、こういったことを理
解したうえで、ぜひ皆さんには本章を読んでいただきたいのです。その理由は、本章には

コ・ティーチングの歴史的背景、とりわけ、数十年にわたる歴史がある特別支援教育の分野で、どのようにコ・ティーチングが発展してきたかについての理解を深めていただくための内容を盛り込んでいるからです。二つ目の理由として、本章には、皆さんが同僚や保護者そして地域／地域社会の人々と共有できるコ・ティーチングに関連する教育法についての役立つ情報が含まれているからです。三つ目の理由として、コ・ティーチングを扱ったリサーチの検証がコ・ティーチングの経験的エビデンスや今後の研究課題の理解につながるからです。最後の理由として、コ・ティーチングの理論的エビデンスには科学的な側面と逸話的な側面がありますが、本章でこれらについて言及しているからです。

　なかには次のような疑問をお持ちの方もいるでしょう。私たちは今の自分たちのやり方で上手くいっていると思っています。失敗していないものを変える必要などないでしょう。どうして私たちがコ・ティーチングをしなければならないんですか。このような読者の方々には、本章を読んでいただければその理由がわかります。本章は、皆さんが現在提供している教育サービスを詳細に分析し、それらを再編する可能性を検討するうえで大いに役立つはずです。

　最後に、もし皆さんが本書を手引書として、あるいは大学の授業やプロジェクト等で使用しているのならば、本章に書かれてあるコ・ティーチングに関するさまざまな背景情報がコ・ティーチングの現状についての新たな理解を促す内容になっているということに気づいていただけると思います。本章付録にはコ・ティーチングに関する初期と現代の資料を集めた参考文献一覧（本章にて引用の文献も含む）を載せてあります。コ・ティーチングというこの躍動感あふれる教育サービスについての知識を深めるためにこれらの文献をぜひ活用してください。

● コ・ティーチングの法的エビデンス ●

　1975 年から 2001 年までの間、障害のある児童生徒のための教育実践を導いていたのは連邦法と市民権法、つまり、現在の個別障害者教育法（*Individuals with Disabilities Education Act*：*IDEA*）とリハビリテーション法第504条（*Section 504 of Rehabilitation Act of 1973*：*Section 504*）のみでした。障害のある児童生徒と保護者の権利や、対象児童生徒の教育指導に関わる事項を判断する手続き、対象児童生徒の教育評価ストラテジー、そして、対象児童生徒が法律で保障されている教育支援など、これらの事柄について様々な疑問が生じるたびに、教育関係者は、IDEA や Section 504、そして、訴訟を通して明確にされたこれらの法律の解釈を、教育実践を進めるうえでの手掛かりにしていました。

　しかし、2001 年の初等中等教育法（（*Elementary and Secondary Education Act*：*ESEA*. 別名、落ちこぼれ防止法（*No Child Left Behind Act*：*NCLB*））と、2015 年に再認可された現行法、全ての生徒が成功する法（*Every Student Succeeds Act*：*ESSA*）が

それまでの取り組み方を飛躍的に変えました。ご存じの通り、ESEA は障害のある児童生徒や他の特別支援を必要とする児童生徒を含めたすべての児童生徒のための教育実践に欠かすことのできない多くの重要事項を義務づけています。また、IDEA は 2004 年の再認可にあたり、NCLB 条項の内容と整合され、現在に至っては、ESSA の条項に遵守するよう調整が行われてきました。ESEA は、科学的研究によって有効性が認められた方法で児童生徒を教えることや、法によって義務化された学力評価テストを受けることをほとんどの児童生徒に課すこと、児童生徒が受ける教育の質に対する説明責任をそれぞれの学区に課すこと、そして、指導する教員の資格や学力評価テストの成績結果を保護者に知らせることを義務づけています。

　政府や州レベルでの重要な政策決定はもちろんですが、ESEA と IDEA の追加条項も教育実践に深く影響を及ぼしており、ひいては、コ・ティーチングのような教育サービスも選択肢として推し進められています。たとえば、一般の児童生徒を対象に実施する学力評価テスト以外の学力評価テストを選択できる児童生徒の数は児童生徒全体の 1 パーセントと定められているので、ほとんどすべての児童生徒が通常教育課程を学ぶようプレッシャーをかけられています。そのうえ、学校教育の到達目標は、これまでの教育改善指標（adequate yearly progress：AYP）の達成から、生徒たちが大学で学ぶための学力や仕事に就くうえで欠かせない知識の習得に転換しています。また、ほとんどの州では、各州共通学力基準（the Common Core state standards）あるいは他の厳しい教育課程基準を導入していますが、こういった一連の要件が、教員や管理職、児童生徒、保護者、そして地域住民に、21 世紀の社会で成功するために生徒が身につけるべき知識や技術についての見通しを持たせてきました。また、学力基準に到達するという目標は、障害のある児童生徒を同級生たちと同じ教室で学ばせることへの大きな原動力にもなりました。

　同様にプレッシャーになっているのは、学業成績も含めた児童生徒の重要な学習成果に、教員がどのように影響を及ぼすかということを実質的に考慮に入れた教員評価制度の導入です。児童生徒のハイステークステストの成績を教員評価と関連させるという義務づけは州それぞれの政策の問題ですが、いずれにしろ、教員が児童生徒のニーズに効果的に対応しているということを実証するということが求められているのが現状です。この教員評価制度も、通常学級で障害のある児童生徒を指導するための連携態勢を促進させる要因になっています。

　総括すれば、現在の教育法および政策は、厳しい学力達成基準を設定し、すべての児童生徒、特に障害のある児童生徒や特別支援が必要な児童生徒の成績を向上させることに重点を置いています。教員がこういった状況の中でいかに小・中・高等学校それぞれの法的義務に応じていくかという複雑な課題に立ち向かうための解決策としてコ・ティーチングを導入する学校が増えています。次の項では学校教育関連法政策を遂行する手段としてのコ・ティーチングの役割を簡単に説明します。

通常教育課程を受ける権利（通常教育課程へのアクセス）

　IDEA と ESEA に共通する基本的特徴の一つは、すべての児童生徒が現在設けられている高い学力目標に到達できるように、どの児童生徒に対しても同様の厳格な通常教育課程を受ける権利を保障している、ということです（e.g., Chenoweth, 2016 ; Slavin, 2017）。たいていの場合、これは障害のある児童生徒や英語学習者である児童生徒が州や地方の政策で定められた通常教育課程を、形式上ではなく、有意義に受けなければならないことを意味します。

　障害のある児童生徒に最小制約環境（the least restrictive environment: LRE）で無償かつ適切な公的教育（a free, appropriate public education: FAPE）を提供すること、という従来の IDEA 条項が、障害のある児童生徒の通常教育課程を受ける権利（通常教育課程へのアクセス）に対する配慮のエビデンスとなっています。この件に関して IDEA はさらに具体的に、児童生徒の個別教育計画（IEP）を通常教育課程に整合させること、そして、通常学級の教員が個別教育計画を準備する IEP チームの一員になることを義務づけています。

　通常教育課程を受ける権利については他の IDEA 条項でも詳しく述べられています。たとえば、教員は通常教育課程における児童生徒の学習進度を記録し、少なくとも一般の児童生徒のプログレスレポート（進捗報告）と同じ頻度で（たいていは学期末ごとに）保護者にそれを伝えることになっています。また、通常学級環境で通常教育課程を受けることを円滑にするための補助的な援助やサービス（supplementary aids and services）を提供しなくてはなりません。加えて、IEP チームが通常学級外の学習環境に児童生徒を通室させる判断をした場合は、それを根拠づける理由を書面化することが義務づけられています。

　このように、ESEA と IDEA の条項および関連政策は、障害のある児童生徒が障害のない児童生徒と同等の教育を受けることに関して、従来にも増して高い規範を示しています。障害のある児童生徒が必修科目を学ぶ機会を失うことや、教員が必修科目の内容を部分的に削除したり、より簡単なあるいは機能的スキルだけの指導内容に置き換えたりすることは容認できない教育実践だと判断されます。児童生徒が実際に通常学級内にいないのであれば、通常教育課程へのアクセスを義務化してもほとんど意味がありません。コ・ティーチングは、これを保障するための手段であると同時に、権利を保障されている児童生徒に対して専門的な教育指導を行うことを確実にするための手段として実践されています。

学業成績の向上

　通常教育課程を受ける権利を保障するということは、単に、そうすることで児童生徒が通常教育課程に触れることができるからということではありません。現行の法政策の二つ

目の特徴として、通常教育課程へのアクセスは障害のある、あるいは、他の特別支援を必要とする児童生徒の学業成績を向上させ、障害のない児童生徒との成績格差を縮めることを目的としていることが挙げられます。

　過去には、障害のある児童生徒は、英語学習者である児童生徒と同様に、学力評価テストから免除されていたか、あるいは、これらの児童生徒のテスト結果は他の一般児童生徒のテスト結果とは区別され、教員や学校あるいは学区の教育指導の効果性を評価する調査対象から外されてきたこともありました。しかし、そういったことはもはや許されません。どのように児童生徒の学習進度を判断するかについては各州によってかなりの差が見られますが、すべての児童生徒を学力評価テストを受ける対象とし、その結果を報告することが定められており、ひいては、その結果が学校の教育指導の効果性を判断する材料の一つになっています。児童生徒全体の1パーセントにあたる重度の知的障害のある児童生徒は代替学力テストを受けることになっていますが、これらの児童生徒の点数もその判断の対象となります。

　なお、学校の教育指導の効果性を測るうえで、学業成績の向上が重視されているのはたしかですが、判断材料はこれだけではありません（e.g., Aragon, Griffith, Wixom, Woods, & Workman, 2016）。学業成績に対する要求水準がさらに厳しくなっているのは他の条項を見ても明らかです。たとえば、ESEA と IDEA 条項の下、すべての州は（従って、すべての学区も）かつてないほどに、障害のある生徒を含めた全高校生の卒業率を重要視しています。教員および教育専門職は、レスポンス トゥー インターベンション（RTI）あるいはマルティティアード システムズ オブ サポート（MTSS）を介して慎重に児童生徒、特に小学校低学年の児童のスクリーニングを行っています。そうすることで、学習上の問題点を早期に特定し、学習を促すための集中的介入を開始し、そして、その問題点が大きくなる前に軽減あるいは解消することができます。また、児童生徒が登校しないことで学ぶ機会を一日でも失うことのないように、停学処分を受ける児童生徒数の減少にも取り組んでいます。

　以上のような、児童生徒の学業成績に関連する現行の法的義務と戦略がコ・ティーチングの発展に貢献してきました。教員専門家も、通常学級および特別支援教育専門の教員が協力し合いながら児童生徒の関心をつかみ、授業に集中させるべく多岐にわたる手法を学習指導に組み入れ、児童生徒の学習特性に真正面から向き合い、学力目標達成に必要な教科指導に集中的に取り組めば、特別支援を必要とする児童生徒の学力向上が見込まれるということをすぐさま認識したのです（Friend, 2016；McLeskey et al., 2017）。

　特別支援が必要な児童生徒の学力向上は、教員が、通常学級環境でなくとも効果的な指導はできるし、児童生徒は別の学習環境で学んだことを通常学級環境でも応用できるはず、という期待感を抱きながら個別の環境で教えるよりも、コ・ティーチングを介して指導するほうがはるかに容易に達成できます。そして、教員や教育専門職が厳格な州の教育基準

あるいは各州共通学力基準を適用するなか、特別支援が必要な児童生徒が特別支援教育専門教員のサポートを受けながら通常学級の仲間と共に学ぶことの大切さは今後さらに明らかになっていくでしょう。

　しかし、障害のある児童生徒と英語学習者である児童生徒のいずれにもあてはまることですが、学力向上を重視する傾向やそのための手段としてコ・ティーチングのような教育サービス提供の手段が考え出されてきたとはいえ、だから別個の環境での指導がすべて不適切だ、と結論づけられたわけでは決してありません。むしろ、この変化の流れが強調しているのは、特別な教育支援が必要な児童生徒が特に支援を必要としない児童生徒と共に学ぶことで学力向上という目標を達成する可能性がより高くなるということです。加えて、教員が別個の環境で指導するのは最終手段とし、しかも、別個の環境で指導することが児童生徒の著しい学力向上につながるという場合に限り、という考え方が提唱されています。このことについては本章の後半でさらに詳しく述べています。

教員の資格

　初等中等教育法（ESEA）が落ちこぼれ防止法（NCLB）として再認可されたとき、各州の教育局は、すべての教員が高度の専門知識を有すること（highly qualified）、つまり、受け持つ教科に対して適切な学歴を持つ教員であることを確実にするための制度を整備することを義務づけられました。この件は全ての生徒が成功する法（ESSA）からは削除されましたが、通常教育課程を学ぶすべての児童生徒（つまり、ほとんどの児童生徒）は、担当する教科を教える資格のある教員に指導を受けるべきだということが明確に示されています。これは当たり前のことですね。もし教える側が指導に必要な資格を持っていなければ、児童生徒はどうやって基準を満たす学力を身につけることができるでしょう。しかし、現代の教育制度の多くがそうであるように、教員資格制度も、多くの側面が重なり複雑な問題を抱えています。第 1 に、特別支援教育や英語指導を専門とする教員は、一般的には、州の要件および手続きに基づき、その専門分野での資格を持たなければなりません。その上で、児童生徒にアメリカ史のような主要教科の科目を別個の教室で単独で指導するためには、その教科での教員資格を有していなければなりません。しかしながら、この基本的な枠組みですらばらつきが見られることがあります。たとえば、小学生や、年齢は小学生より上だが学習スキルが小学校レベルの生徒（重度の知的障害の生徒）を受け持つ特別支援教育専門教員は、小学校教員と同等の知識や技術があることを証明する、あるいは、小学校教員の資格をすでに有している必要があります。いくつかの地域では、英語指導専門教員は中学校または高校で英語を指導できる資格を有していますが、これは、その地域の英語教育分野での教員養成課程がそのように構成されているからです。

　教員資格要件が重視されている現状への対応の一つとして、ほとんどの州がコ・ティーチングを導入しています。というのも、教育サービス提供の一つの手段であるコ・ティー

チングを取り入れれば、特別支援教育と主要教科の両方で資格を持つ専門教員を採用しなければならないというジレンマを解消することができるからです。前出のアメリカ史を例に取れば、これがコ・ティーチングの授業であれば、アメリカ史を教える資格のある教員と特別支援教育分野での有資格教員が二人揃って教室にいることになります。つまり、通常教育課程と特別支援教育の両分野でそれぞれ資格を持つ教員による指導が必要な生徒へのニーズ対応が可能になるということです。これは英語指導専門の教員にもおおむね当てはまります。

　しかしながら、こういった教員制度に関する ESSA 条項が、すべての州で、あらゆるコ・ティーチングパートナーシップに対して適用されているというわけではありません。今後 ESSA が全面施行されれば、変更される部分が出てくる可能性もあります。たとえば、いくつかの州の教育省は、特別支援教育専門教員が主要教科でのコ・ティーチングを担当する場合、その科目の教員免許を持つことを義務づけています。また、2 層構造の制度を設けている州もあります。この 2 層制度とは、コ・ティーチングは、通常学級の教科担任が、特別支援教育と担当教科の両分野で教員免許を持つ教員と共に指導する場合のみに限定する、というものです。「コンサルテイティブ　ティーチング（consultative teaching）」という用語は、特別支援教育専門教員がコ・ティーチングを受け持つ教科で免許を有しておらず、基本的に教科担任のみが授業での講義や説明を行う場合に使われます。しかし、実際の授業では、この区別があまり意味を持たないことがままあります。二人で主要教科の授業を進める中で、その対象教科での免許の有無にかかわらず、特別支援教育専門教員がその教科内容に自信がない場合に教科担任に指導を委ねるというのはよくあることです。

　教員および教員免許に関連するコ・ティーチングの実施方法の違いは他にも多く見られますので、この項で述べた概要は、包括的な説明としてではなく、一般的な教員資格要件の大筋を、このテーマがいかに複雑かという例を交えて解説したものと捉えていただければと思います。教員資格に関する要件は時代の推移と共に変化する可能性がありますので、教員資格あるいは特定の環境で教えるための資格基準について質問がある場合は、お住まいの州の信頼すべき情報筋、たとえば、大学か州の教員免許に関する指定機関あるいは教育委員会の人事部などに問い合わせてみてください。

　通常教育課程へのアクセス、学業成績重視、そして教員資格を含む現行の法や関連政策は、障害のある児童生徒、英語学習者である児童生徒、そして、その他特別な支援が必要な児童生徒の教育に大きな影響を与えてきました。皆さんご自身の学区でも、これらの法や関連政策の変更が児童生徒にプラスの効果をもたらしてきたと実感しているかもしれません。しかし、一方で、一連の変更が特別支援教育を提供する上で対応困難な課題を生み出していると感じている方々もいるはずです。結果的には、今のところ、コ・ティーチングが多くの学区でより一般的になってきています。

●コ・ティーチングに関する研究●

　従来のコ・ティーチングに関する研究は、効果を発揮したコ・ティーチングプログラムと失敗に終わったコ・ティーチングプログラムについての記述、コ・ティーチング授業を実施するにあたっての実務的な諸問題にどう対処するかの提案、コ・ティーチング構成の改善方法に関する提案、といった主題がほとんどでした。けれども、ここ数年で、コ・ティーチングのさまざまな問題点に真正面から取り組む研究も徐々に見られるようになりました。扱っている主題の幅や奥行きはまだ限定的ですが、総じて、次に挙げるコ・ティーチングの三つの側面が考察されています。

❅　コ・ティーチングが児童生徒の学業成績に与える影響や児童生徒と保護者のコ・ティーチングに対する見解についての研究

❅　コ・ティーチングを担当する教員同士の関係性と実践についての研究

❅　コ・ティーチングプログラムの仕組みと運営に関する研究

　本書の主要目的が、教育者がコ・ティーチングプログラムを構築し継続することを支援すること、ということもあり、コ・ティーチングを扱ったこれまでの研究を本章で包括的に説明することはできませんが、上で挙げた三つの側面に該当する研究例とそれらの研究がどのようにコ・ティーチング実践の発展に貢献してきたかを以下に略述していきたいと思います。

▎コ・ティーチングと児童生徒

　コ・ティーチングの主要な目的が、障害のある児童生徒や他の特別支援が必要な児童生徒の通常教育課程へのアクセスや現行の厳格な学力基準達成を確実に保障することだということを考えれば、コ・ティーチングに関する研究の大部分はこういったことに関するテーマを重点的に扱っているだろうと思うのが自然でしょう。ところが、様々な理由から、実はそうではありません。たとえば、コ・ティーチングによる授業と、コ・ティーチングではない通常学級での授業、または、同等あるいは補足的だが関連した授業内容を教える別教室での授業とを比較し、コ・ティーチングによる授業が、障害のある児童生徒や他の特別支援が必要な児童生徒にとってより効果的かどうかを調査するためには、多くの変数をコントロールする必要があります。教員は同じような指導ストラテジーを用い、同じ時間数、同じやり方で指導していますか。各グループの児童生徒は、能力、ニーズ、生育環

境等の点で類似していますか。教科内容は比較できるものですか。使用する評価法は児童生徒の成績の比較的小さな変化を識別するのに十分なほど比較可能であり明晰なものですか。このような因子すべてを扱わなければならないため、研究スタンダードの観点から厳密な（rigorous）研究とみなされる手法を用いてコ・ティーチングの研究を実施するのは極めて困難です。結果として、この種の研究を目にすることはほとんどありません。多くの因子を同時に考察することで教育指導における思考や行動のパターンを特定する定性的研究を用いる方法もあります。しかし、通常は、この方法を用いたとしても学級集団同士を比較の対象にすることはありません。

　児童生徒や保護者のコ・ティーチングに対する見解を考察する研究も比較的まれです。おそらくコ・ティーチングそれ自体や共通の思考や行動パターンに焦点を当てるという研究が少なくとも特別支援教育の分野ではまだ目新しいからかもしれません。児童生徒や家族の見解を扱う研究は新しいコ・ティーチングプログラムや支援サービスの実施に関する研究に比べてなかなか進まないのが現状です。児童生徒の成績や児童生徒と保護者の見解に関するコ・ティーチングについての研究には次のような例があります。

❀　ハン（Hang）とラブレン（Rabren）（2009）は、58 名の障害（限局性学習症、その他の健康障害、言語症、その他 5 種類の障害）のある小学 1 年生から高校 1 年生までの児童生徒を受け持つ 45 名のコ・ティーチャー（通常学級教員 31 名と特別支援教育専門教員 14 名）の調査を実施した。収集データは著者が作成したアンケート、コ・ティーチング授業の観察記録、および児童生徒の指導要録であった。得られた結果は総じてコ・ティーチングに対して肯定的であった。コ・ティーチング授業を受けた障害のある児童生徒たちは、コ・ティーチングが実施されていなかった前年と比べ、学業成績に大幅な向上が見られた。さらに、リーディング、国語、数学の学力テストの点数が同学年の児童生徒たちの点数に近づいた。参加した教員全員が児童生徒へのコ・ティーチングの影響を肯定的に捉えたが、なかでも、児童生徒はコ・ティーチング授業で成績向上につながる十分な支援を受けた、との回答は通常学級教員からよりも特別支援教育専門教員からの方が多かった。

著者によれば、説明のつかない結果もいくつかあった。コ・ティーチングが実施された年度の児童生徒の欠席数が、コ・ティーチングが実施されていなかった前年度の欠席数よりも増えたことがわかった。しかも、コ・ティーチング授業では、校則や規律に抵触したことによる懲戒処分の対象となった障害のある児童生徒の数が増えていた。この予想外の結果は、通常学級教員と特別支援教育専門教員の双方が、コ・ティーチング授業では教員単独での授業に比べて児童生徒の行動観察や対応により責任を持つようになった、と述べていたことと何らかの関係があるのかもしれない。

❖　スウェイガルト（Sweigart）とランドゥラム（Landrum）（2015）は、教員が単独
　　で教える授業とコ・ティーチング授業とを比較し、児童生徒はコ・ティーチングの
　　授業時のほうが教員単独の授業時よりも教員とのやり取りが多いというメリットを
　　得られるか、という調査を行った。ある大規模リサーチプロジェクトのデータを使
　　用し、合計 1368（コ・ティーチング授業と単独授業がそれぞれ 684）のさまざまな
　　人口統計学的な因子に基づいてマッチングを行った。結果、小学校の児童の場合、
　　コ・ティーチング授業の方が単独で教える授業よりも教員とのやり取りが増えてい
　　たことがわかった。しかし、中学生と高校生には同様の効果は見られなかった。こ
　　の結果から著者は、これまでも頻繁に指摘されているように、中学校や高校では、
　　コ・ティーチング授業を受け持つ特別支援教育専門教員が助手的な役割を任されて
　　いる可能性を示唆した。また、著者は、コ・ティーチング実践への理解をさらに深
　　めるためコ・ティーチングに関する研究への包括的な取り組みを提唱した。これに
　　ついては多くの研究者からも同様の指摘が上がっている。

❖　トゥレンブレイ（Tremblay）（2013）は、限局性学習症のある児童の学業成績と出
　　席状況を二つの指導モデル（通常学級でのコ・ティーチングインクルージョン対教
　　員が単独で指導する特別支援学級）で比較した。通常学級の数は 12、特別支援学
　　級数は 13、参加した児童の大部分は障害のある児童も含め、小学 1 年生だった。
　　変数分析から、特別支援学級よりもコ・ティーチング学級の方が限局性学習症のあ
　　る児童の成績、出席状況ともに良いことがわかった。さらに、2 年生になると特別
　　支援学級の限局性学習症のある児童は一般の児童に比べ成績が落ちたが、コ・ティ
　　ーチング学級の限局性学習症のある児童は着実に成績を伸ばした。

❖　ウォルシュ（Walsh）（2012）は、コ・ティーチングの実践に関する過去 20 年間の
　　資料をメリーランド州の学区から、また、過去 6 年間のデータを他の一学区から収
　　集し、その結果をまとめた。コ・ティーチングは児童生徒が通常教育課程の授業を
　　受けることを確実にする手段として導入されていた。著者によれば、コ・ティーチ
　　ングを通して通常学級の授業を受けた障害のある児童生徒の学力が伸び、州のリー
　　ディングと数学のテスト結果は大幅に向上していた。他の一学区からの資料を収集
　　した目的は、指導目標達成手段としてのコ・ティーチングの有効性を実証するため
　　であった。

❖　二つの大規模な評価調査が実施された。その一つはシルバーマン（Silverman）、ヘ
　　イゼルウッド（Hazelwood）とクロニン（Cronin）（2009）による、学力評価テス
　　トで障害のある児童生徒が最も大幅な成績の伸びを見せたオハイオ州の学区の特徴

を調査したものである。これらの学区には強力なリーダーシップと協働的な文化という共通の特徴が見られた。また、コ・ティーチングが基本的な教育サービスの提供手段として導入されていた。同様に、ユベルマン（Huberman）、ナボ（Navo）とパリッシュ（Parrish）（2012）は、カリフォルニア州の学区内で、障害のある児童生徒が群を抜いて高いテスト成績を収めた四つの学区の教育実践方法を調査した。特別支援教育主事とのインタビューから、これらの4学区はいずれも、インクルーシブ教育、通常教育課程へのアクセス、そして、教室内外での通常学級教員と特別支援教育専門教員とのコラボレーションに積極的に関与している、ということが分かった。

❖ パディニィ（Pardini）（2006）は、英語学習者である児童生徒を対象にしたコ・ティーチング実践を調査した数少ない研究者の一人である。本調査は、ミネソタ州セントポール学区が、英語学習者である児童生徒への教育サービスの提供の場を個別支援環境から通常学級に移動させた際の経験に関するものだった。当時、この学区は米国で最大のソマリアとモンの人口を擁しており、またヒスパニック人口の急速な増加もあって、学区内のほぼ全校で英語指導の教育サービスを提供していた。コ・ティーチングの効果は収集した成績データに明らかに示されていた。当調査の対象年度であった2003年から2005年の間に、ハイステークステストのリーディング科目で、英語学習者である児童生徒と他の児童生徒とのギャップが13パーセントから6パーセントに、また、数学でのギャップは6.7パーセントから2.7パーセントに減少した。これは国内の英語学習者である児童生徒グループ間でトップクラスの成績だった。

コ・ティーチングと教員

　コ・ティーチングに関する研究の大半は、コ・ティーチングにおける教員の役割やその役割を担うにあたってのさまざまな葛藤、そして、コ・ティーチング授業の運営方法といった、教員同士のコ・ティーチングパートナーシップについての見解を取り上げたものです。これらのテーマに関する初期の研究は、どちらかと言えばかなり概括的な傾向にあり、教員たちが用いる指導方法が果たしてコ・ティーチングとして妥当かどうかを確認する、といった研究もありませんでした。近年では、コ・ティーチング授業の観察に加えて、アンケートやインタビューを行うといった形式の研究が多くなっています。この手の研究は、他の手法にも増して、コ・ティーチングの複雑さを浮き彫りにします。興味深いのは、この種の研究のほとんどは中学校と高校でのコ・ティーチングパートナーシップを取り上げているという点です。これはおそらく、コ・ティーチングの定着を図るにあたっての課題が小学校よりもはるかに多いと考えられているからなのかもしれません。

❈　キング シアーズ（King-Sears）、ブラワンド（Brawand）、ジェンキンス（Jenkins）
とプレストン スミス（Preston-Smith）（2014）はコ・ティーチングでの教員の役
割に関するケーススタディを実施した。対象は地学の授業を受け持つ一組のコ・テ
ィーチャーだった。二人はいずれもコ・ティーチングの経験はあったものの、集中
的な専門能力訓練を受けたことがなく、また、この組み合わせでのコ・ティーチン
グの実施に向けた事前準備も行っていなかった。収集データは、役割と関係性を尋
ねる教員アンケート、教室内でのコ・ティーチング授業の観察（ビデオ録画）、お
よび、その授業を受けていた7名の障害のある生徒（限局性学習障害、その他の健
康障害、外傷性脳損傷、など）へのアンケートだった。授業では、新しい内容を導
入する前に行う既習内容の復習、プロンプト、言い換えと要約を含むさまざまな推
奨指導法が用いられていたが、大半は全体指導だった。教科担任は特別支援教育専
門教員に比べ、2倍の頻度で全体指導を行っていた。従って、予想できることでは
あるが、教科担任は、個々の生徒を援助する役割を担う特別支援教育専門教員の3
倍も多く新しい指導内容の講義を行っていたことがわかった。教員アンケートとイ
ンタビューには、コ・ティーチャーの双方が、同等な立場に基づいた強固な関係を
維持していると考えていることが示されていた。生徒アンケートからは、大部分の
生徒たちには、教員二人の指導責任は平等に分けられていると見えていることがわ
かった。一方で、40％以上の生徒は教科担任が授業を進めていると受け止め、他の
40％の生徒は、教員二人で進めていると受け止めていた。

❈　ハーボート（Harbort）、ガンター（Gunter）、ハル（Hull）、ブラウン（Brown）、
ヴェン（Venn）、ウィリー（Wiley）とウィリー（Wiley）（2007）は、高校で理科
を担当する2組のコ・ティーチングチームをビデオ録画し、インターバル記録法を
用いて、指導方法および指導に関連する行動を測定した。教科担任が生徒への全体
指導を行ったのは観察インターバルの約30％、特別支援教育専門教員が全体指導
を行ったのは1％だった。対照的に、特別支援教育専門教員は同インターバルの50
パーセント弱程度、「漂流（ドリフティング）」つまり、教室を歩き回っていたこと
が観察された。この数字は割合として教科担任よりもはるかに多いものだった。著
者は、これらの結果を受けて、コ・ティーチングによる指導が生徒の成績向上に最
も効果的な指導であるということを確かめることが重要であるとの見解を示した。

❈　マストロピエリ（Mastropieri）、スクラッグス（Scruggs）、グレッツ（Graetz）、
ノーランド（Norland）、ガルディズィー（Gardizi）とマクダフィ（McDuffie）
（2005）は理科と社会のコ・ティーチング授業で実施した4編の長期にわたる定性
的ケーススタディについて報告した。インタビュー、観察、ビデオ録画、および他

の資料をもとに、コ・ティーチングに対する幅広い回答を得た。たとえば、いくつかのケースでは、コ・ティーチングは障害のある生徒が通常学級で好成績を得るための支援を提供するうえで極めて効果的だと受け止められていた。他には、ハイステークステストへの重圧という難題が、生徒がコ・ティーチングでの授業を受ける機会やコ・ティーチングの効果を限定してしまったという回答もあった。授業に多大な影響を及ぼした要因として挙げられたのは、特別支援教育専門教員の教科内容に関する知識だった。特別支援教育専門教員は、概して、教科担任と同程度の教科に関する知識を有していなかった。著者は、これが、教科担任が授業を主導する役割を担う一方で、特別支援教育専門教員が助手のような立場に回る傾向を生む理由だと指摘した。また、どの程度強固で良好なパートナーシップを築けているかという認識と自分たちのコ・ティーチングは成功しているとの認識には関連が見られた。

コ・ティーチングプログラムの構成と運営

　コ・ティーチングプログラムの仕組みや人員の配置、そして運営方法に関心を向ける研究者もいます。しかし、これらの内容に関する資料は、教員や児童生徒を対象とした大規模研究の一部として、または、コ・ティーチングに特化した研究調査ではなくインクルーシブ教育実践全般の研究調査の一部として収集されるケースが多くなりがちです。たとえば、前述のヘイゼルウッドら（Hazelwood et al.）（2009）の研究では、わざわざ時間を割いてでも二人揃って授業計画を立てることが児童生徒の学業成績向上に重要な要素だと指摘されていました。学校の運営陣は成功モデルを懸命に求めるため、こういった研究領域は特に重要です。しかし、プログラムの仕組みに関する研究はそういったニーズに十分に応えることはおそらくないでしょう。なぜならば、どのようにコ・ティーチングプログラムを立ち上げ、運営していくかはそれぞれの学校の様々な要因に左右されるからです。また、コ・ティーチングの運営的側面を考察している研究の多くは学位論文だということも留意すべき点です。つまり、学術刊行誌に掲載されている文献でこのテーマを扱っているものの大部分は研究調査に基づくものではなく、コ・ティーチングプログラムに関する説明と提言が主なる内容となっています。次の2件の研究はどちらもコ・ティーチングの計画と運営を扱ったものです。

❖　ソリス（Solis）、ヴォーン（Vaughn）、スワンソン（Swanson）とマッカレー（McCulley）（2012）は、コ・ティーチング実践に関する研究結果を要約あるいは総括した学術文献のなかから、6編の文献を選別し、慎重に分析を行った。幅広く多様に変化するコ・ティーチング実践とはどのようなものかについての大局的な見識を示すためであった。コ・ティーチングプログラムの仕組みと運営の仕方に関してわかったことは、コ・ティーチング授業では、クラス全体から成る大グループ、

同学力レベルから成る複数の小グループ、異なる学力レベルから成る複数の小グループ、そして、クラス全体の中から引き抜かれた児童生徒から成る一つの小グループなど、多くの異なるグループ構成が見られるということだった。それでもやはり、最も一般的な授業の進め方は、教科担任が授業をリードし、特別支援教育専門教員が助手役に回るものだった。加えて、コ・ティーチングプログラムには、授業プランニングのための時間確保とコ・ティーチングに携わっている教員を対象とした専門的な研修が必要不可欠だと考えられていることもわかった。

♣　バーンスタイン（Burnstein）、シアーズ（Sears）、ウィルカークセン（Wilcoxen）、カベロ（Cabello）とスパーニャ（Spagna）（2004）は、インクルーシブ教育へと移行していた二つの学区で 3 年間実践した学校改革モデル（a school change model）を検証した。収集資料は、管理職と教員、そして保護者とのインタビューであった。コ・ティーチングが当研究調査の焦点ではなかったが、得られた結果はコ・ティーチングプログラム開発に関する情報として役立つものだった。この調査から、これら二つの学区の学校はそれぞれがかなり異なったやり方で改革を行ったことがわかった。たとえば、調査対象となった学校はいずれも、従来に比べインクルーシブな教育環境を整えたが、コ・ティーチングに重きを置いた学校もあれば、従来の別教室に通室させる方法とコ・ティーチングを組み合わせて、障害のある児童生徒が通常学級に参加する機会を増やした学校もあった。さらに、インクルーシブ実践を拡大し、重度の障害のある児童生徒のニーズへの対応を始めた学校もあった。特筆すべき研究結果の一つは、これらすべての学校では、児童生徒のニーズに応えるべく多くの教育サービスの選択肢を用意しておくことを優先事項に挙げていたことだった。

　コ・ティーチングに関する研究に関与している教育専門家の方々と話しをする機会を持つたびに耳にするのが、大規模で厳密な調査を含め、さらに多くの研究が本当に必要とされているということです。ミュラー（Müller）、フレンド（Friend）とハーレイ チェインバーレイン（Hurley-Chamberlain）（2009）の研究がこの状況を示唆していました。州の教育省担当者を対象に、州レベルの教育機関としてコ・ティーチングに関する政策および実践情報を周知するためにどのような研究データを収集したのかをアンケートで問うたところ、最も多く得られた回答は、なんと、第三機関のデータを取り寄せた、でした！それぞれの学区は、学区規模での施策を決定する際、必要なデータを集めそれを根拠として使わなければならないプレッシャーを抱えていることもあり、おそらく今後も、教員および教育専門職が実際に、さまざまな状況下で、そして異なる学年で、コ・ティーチングを実施してみての成果や課題についての見識が、経験的エビデンスとして共有され続ける

でしょう。

●コ・ティーチングの哲学的および経験的エビデンス●

　コ・ティーチングに関する哲学的および経験的エビデンスの大半は特別支援教育の分野での研究に基づいています。30年以上も前には、つまり、現在の連邦教育法が制定されるよりもだいぶ前のことになりますが、特別支援教育専門教員は、もし教員同士がパートナーシップを築き、通常学級環境で高い成績目標達成に向けた学習指導と個別支援の両方に取り組めば、障害のある児童生徒もその環境で良い成果を得ることができる、という考えを打ち出していました。早くも1980年代には（Garvar & Parpania, 1982; Bauwens, Hourcade, & Friend, 1989、など）、コ・ティーチングという概念は、従来の、そしてたいていは別環境での、特別支援教育サービスを提供するモデルにとって代わる手段であり、通常教育と特別支援教育の最も優れた要素を融合できる可能性について前向きな姿勢を伝えるものとして、学術文献に現れ始めました（Epanchin & Friend, 2008）。

　コ・ティーチングに関する初期の文献は、インクルーシブ教育の人気の高まりを反映し、*場所*として捉えられていた特別支援教育が、サービスとして新たに概念化される過程を映し出していました。過去を振り返れば、このような変化が現れたのは当然のことでした。1960年には、ロイド ダン（Lloyd Dunn）（1968）が、分離された特別支援教育が障害のある児童生徒の学力向上に効果があるだろうか、という疑問を呈しました。ダンの思想が1975年の全障害児教育法（公法94-142、現在はIDEA）の最も制約の少ない環境条項（LRE）に反映されたことは明らかでした。この条項は現在も有効であり、本章でも通常教育課程へのアクセスの項で述べています。1986年にはマデリン ウィル（Madeline Will）がダンの思想を再び展開しました。当時、アメリカ連邦政府教育省特別支援教育・リハビリテーションサービス局（the U.S. Office of Special Education and Rehabilitation Services）の官職に就いていたウィルは、通常教育と特別支援教育の教員が連携体制を組み、障害のある児童生徒を一般児童生徒と共に教育する、通常教育イニシアティブ（regular education initiative: REI）、を提唱しました（Will, 1986）。

　この当時のコ・ティーチングの論拠は今日でも通じるもので、以下の点が含まれます。（a）すべての児童生徒が教育を受ける機会を高める；（b）児童生徒の教育の断片化を減少させる；（c）障害または特別なニーズがあると認定されることに対する偏見を軽減する；（d）児童生徒の教育に責任がある教育関係者に向けてさらなる強固な支援システムを提供する。

教育機会の増大

　従来のコ・ティーチングの論拠の第1点は、コ・ティーチングはすべての児童生徒に配

慮した教育の機会を高めるということです。すなわち、コ・ティーチング授業でまず配慮することは、障害のある児童生徒や他の特別なニーズがある児童生徒に対して、コ・ティーチングの授業だからこそできる選択肢を用意することです。この考え方は、軽度から中度の障害のある児童生徒にとっては、通常教育課程を学ぶことにつながります。また、重度の障害のある児童生徒にとっては、当初は、社会的スキルを高める目的で一般の児童生徒との交流の機会を増やすことでした。いうまでもなく、今日では、学習目標を達成する機会を高めることが重要事項です。現時点では、学習目標達成の機会を高めるという論拠が、英語学習者である児童生徒を対象にしたコ・ティーチングプログラムの発展の一つの要因になっています。

　コ・ティーチングの授業では、ギフテッドやタレンテッドの児童生徒が自分たちの並外れた才能をさらに伸ばすことができるような選択肢を用意すべきでしょう。ギフテッドやタレンテッドの児童生徒が、習得した知識技能を展開させながら、授業で学んだことを他者に披露したり、興味があることをとことん追求したり、理解を深めたりすることができる学習環境が必要です。教員が二人いれば、大部分の児童生徒のことを念頭に入れて立案した指導計画の枠を超える学びの場を授業の中で作り出すことができるのではないでしょうか。

　同時に、学習面でのつまずきが見られるが、特別支援教育または他の専門的な教育サービスを受ける対象にならない児童生徒に対しても、成績を改善するために必要な支援が与えられるべきです。このグループに属する児童生徒に関する明確なデータは今のところ発表されていませんが、多くの教員は、学業のつまずきがもとで落ちこぼれそうな児童生徒グループは、図らずもコ・ティーチングから最大の効果を得る可能性があるグループであるとの見解を述べてきました。なぜならば、特別支援教育専門教員や英語指導専門教員が、障害のある児童生徒や英語学習者である児童生徒の学習能力を高めると確信して取り入れる指導ストラテジーやスキルの多くは、学業不振の児童生徒にも同様の効果が見られるからです。コ・ティーチング授業では、こういった児童生徒グループも、コ・ティーチング授業以外では得ることができない指導ストラテジーやスキルのメリットを享受することができるのです。

　平均的な学力の児童生徒も、もれなくコ・ティーチングの恩恵を受けるグループに含まれると話す教員の方々もいます。平均的な児童生徒は、普段は特別な配慮を必要としないので、教員が単独で教える授業では見過ごされることもあります。コ・ティーチング授業では、平均的な児童生徒も、小グループの一員として教員とのやり取りをする機会が増えますし、著しく目立つというほどでない学習上のニーズも見逃されることなく対応されるはずです。

教育断片化の減少

　コ・ティーチングの論拠の第2点目は教育の断片化ですが、これは初等教育、高等教育のいずれの現場でも様々な形で見られる懸案事項です。小学校では、通常学級から抜け出て特別支援教育や関連する教育サービス、または英語指導（EL）サービスを受ける児童は、通常学級の授業を短時間、とはいえ結果的にはかなりの時間数になりますが、受け損なってしまうのが一般的です。仮に、ある児童が毎日一定の時間帯に、移動の準備をして、自分がいる教室から別の教室まで歩いていき、特別支援教育専門教員が指導する準備ができるまでしばし待機し、やっと席について指導を受け、指導を受け終わったらまたこの順番を逆にして自分の教室に戻るのに合計12分かかるとすれば、1週間で1時間も通常学級での授業を受け損なうことになります。児童生徒をある教室から別の教室へと移動させることの弊害は、全児童生徒の中で最も学習時間が必要な児童生徒の学習時間が最も少なくなってしまっているということです。コ・ティーチングはこのジレンマを解消することができます。加えて、特別支援教育、関連する教育サービス、あるいは英語指導サービス等を受けている間、児童生徒は通常学級での授業を受け損なってきたわけですが、受けられなかった授業の内容を学習したり、別教室で受けた指導内容を通常学級での学習につなげたりする仕組みが存在していないのがほぼ現状でしょう。

　中・高校生にとって、教育の断片化は可能性を閉ざしてしまうことを意味します。たとえば、もしある生徒が、ある授業の時間を使って何か特定の教育サービスを受けるよう指示されたならば、他の生徒たちが授業を受けている間にその教育サービスを受けなければなりません。例を挙げれば、外国語の授業でその影響は明らかです。仮に、ある中学校で生徒たちがスペイン語の授業を受けている間、数名の生徒たちがそのスペイン語の授業の代わりに特別支援教育サービスを受ける、とします。そうなると、その数名の生徒たちは高校に上がる頃には同級生からはすでに大きく遅れをとっていることになります。大学進学を希望する障害のある生徒や他の特別な支援を必要とする生徒にとって、これは克服することがかなり困難な課題になりかねません。

偏見の軽減

　指導経験の豊富な教員は、児童生徒の中には、特に中・高校生の中には、特別支援教育あるいは英語指導（EL）のクラスに付きまとう偏見のせいで、そういったクラスに（たとえそれが常時でなくとも）入れられるのではないかとビクビクしている児童生徒がいることを理解しています。そういった児童生徒からは、障害や他の理由で特別支援教育を受けているということだけで同級生に悪口を言われる、とか、先生たちは初めから自分たちのことを勉強できないやつだと思っている、などの不安を耳にすることもあるはずです。コ・ティーチングの一つの目標は、途切れのない教育を実現し、障害や言葉の違いを、ど

の学級にも見受けられる多様性の一つとしてとらえ、これらに対する偏見を軽減もしくは
撲滅することです。

　もちろん、偏見を軽減することは、いかにコ・ティーチングを実践するかに大きく左右
されます。もし特別支援教育専門教員または英語指導専門教員が通常学級で、障害のある
児童生徒や英語学習者である児童生徒が授業に集中しているか、指示された学習課題を終
わらせたか、授業態度は良いか、などを確認するために教室内をあちこち歩き回るだけに
終始するならば、偏見は減少するどころかむしろ増大します。反対に、もしコ・ティーチ
ング授業を担う教員が第 4 章で紹介するアプローチを駆使すれば、障害や言語に付きまと
う偏見はかなり避けられるはずです。

▍専門的なサポートシステムの構築

　コ・ティーチングの最後の論拠は教員に関する事柄です。ここまでこの項で論じてきた
テーマの大半がそうであるように、教員への専門的なサポートシステムがどのようにコ・
ティーチングに影響を与えるかについて詳細に述べているデータは数少ないのですが、そ
れでも、このテーマを取り上げる必要があります。何十年もの間、教職とは孤立した専門
的職業である（Lortin, 1975）、つまり、教員はそれぞれが独自に仕事をすることが当然で
あって協働で取り組むということは求められていない職業、と特徴づけられてきました
（Barth, 2006）。こういった受け止められ方はこの数十年で変化してきました（たとえば、
教員による学習コミュニティ、学年団、などに見られるように）。コ・ティーチングは教
育分野における一般通念の転換の一役を担っています（Friend & Cook, 2017; Honigsfeld
& Dove, 2015）。実際に、コ・ティーチング経験が豊富な教員の方々は口を揃えて、教室
でのパートナーという仲間意識は元気づけてもらえるし安心感を与えてくれる、と話しま
す。また、コ・ティーチングは自分自身の教職への責任ある関わり合いを再確認するのに
役立つし、児童生徒の心を動かすための新しいアイデアを生み出そうという気にさせてく
れる、と好意的に受け取っています。さらに、コ・ティーチングパートナーは、児童生徒
に関することや授業の進め方、指導手法、行動規律について別の視点を提供してくれる、
という意見も聞かれます。全国のいたるところで、これまで数多くの教員の方々が、コ・
ティーチングのおかげでどれだけ多くのことを相手から学んできたかについて議論を交わ
してきました。次に述べる感想はある高校の国語教員の方からのものですが、同じような
感想をよく耳にします。「コ・ティーチングには乗り気ではありませんでした。コ・ティ
ーチングがどういったものなのかよく分からなかったからです。今となっては、心配して
いた自分がウソのようです。自分一人で授業をしていた頃には絶対に戻りたくないです。」
別の特別支援教育専門教員です。「自分一人だけで教えていた支援学級の生徒全員に謝り
たいと思うことが時々あります。通常教育がどういうものなのかまったく理解していませ
んでした。コ・ティーチングは全く違う世界です。慣れるまでは大変ですが、生徒たちに

とってはこれまでで最良の指導方法です。パートナーの先生から本当にたくさんのことを学びましたし、協力しながら成果をあげています。」これらのコメントから、コ・ティーチングは教員の方々にコラボレーションの世界を開放し、多様な児童生徒グループの指導に向けたさらに多くの可能性への扉を開くことがおわかりいただけるのではないでしょうか。

さらなる考察に向けて

1. これまでに、障害のある児童生徒や英語学習者である児童生徒、または他の特別支援を必要とする児童生徒の教育に関わる連邦法や関連法規から個人的な影響を受けたことはありますか。あなたならどのように特別支援教育関連の連邦法や関連法規がこれらの児童生徒の学業成績向上に対する成果を挙げていると判断しますか。成果が挙がっていないと判断するならば、その理由は何でしょうか。

2. 本章で紹介したコ・ティーチングに関する研究結果が示唆するコ・ティーチングの最も重要な要素は何だと思いますか。これらの結果を基に、この先ご自身のコ・ティーチングの実践方法に一つ変更を加えるとしたら、それはどのようなものでしょうか。

3. 現時点では、コ・ティーチングは有効で研究に基づいた実践方法だと思いますか。回答が、はい、いいえ、のいずれでも、その理由は何ですか。コ・ティーチングが児童生徒の学業成績に与える影響を明らかにするために、特別支援教育分野では他にどのような研究調査に取り組むべきだと思いますか。他にどのような児童生徒の特徴を研究対象にすべきだと思いますか。

4. インクルーシブ教育が実践されて間もない時期に始まったコ・ティーチングですが、その当時の歴史的背景はコ・ティーチングの論拠としてどの程度重要でしょうか。ご自身の学校の管理職あるいは保護者にコ・ティーチングの重要性を説明するとしたら、コ・ティーチングの哲学的および経験的エビデンスについての情報をどのように利用しますか。

行動を起こすために

1. お勤めの学校で実施可能なコ・ティーチングに関連する研究調査を同僚と共同で計画しましょう。本章で取り上げた研究のどれか一つを手本にするのもよいでしょう。あるいは、アクションリサーチの構想を練るというアイデアもあります。調査結果が現状のコ・ティーチングを改善すると確信できる研究課題に基づいて計画してください。お勧めしたい研究領域の一つは、コ・ティーチングがハイステークスや他の学力テストに及ぼす影響です。この他にも、児童生徒の社会的交流、懲戒手続き、教員の視点

から見たコ・ティーチングを推進させるあるいは抑圧する要因、または、教員が二人いるクラスについての児童生徒の見解といったテーマもよいでしょう。

2. あなたの学校の全教員に、または、少なくともコ・ティーチングを担当している教員に、本章の付録にある引用文献一覧や他の資料文献の中から研究論文をいくつか選んで読んでもらいましょう。その後、数回勉強会を設けて、あるいは部会や職員会議で、各自読んだ文献を要約してもらい、その文献の内容が自分たちの学級や学校全体の指導方法についてどんなことを示唆していると思うかについての考えを発表してもらいましょう。その際、その論文に記述されている実践方法が研究調査に基づくものか個人の見解や意見に基づくものかを確認するとよいでしょう。

引用文献

Agran, M., Cavin, M., Wehmeyer, M., & Palmer, S. (2010). Promoting active engagement in the general education classroom and access to the general education curriculum for students with cognitive disabilities. *Education and Training in Autism and Developmental Disabilities, 45*, 163-174.

Aragon, S., Griffith, M., Wixom, M.A., Wood, J., & Workman, E. (2016, August). *ESSA: Quick guides on top issues.* Denver, CO: Education Commission of the States. Retrieved from https://files.eric.ed.gov/fulltext/ED567801.pdf

Barth, R. (2006). Improving relationships within the school house. *Educational Leadership, 63*(6), 8-13.

Bauwens, J., Hourcade, J.J., & Friend, M. (1989). Cooperative teaching: A model for general and special education integration. *Remedial and Special Education,10*(2), 17-22.

Burnstein, N., Sears, S., Wilcoxen, A., Cabello, B., & Spagna, M. (2004). Moving toward inclusive practices. *Remedial and Special Education, 25*, 104-116.

Chenoweth, K. (2016). ESSA offers changes that can continue learning gains. *Phi Delta Kappan, 97*(8), 38-42.

Dunn, L.M. (1968). Special education for the mildly retarded: Is much of it justifiable? *Exceptional Children, 35*, 5-22.

Epanchin, B.C., & Friend, M. (2008). The adolescence of inclusive practices: Building bridges through collaboration. In J. McLeskey (ED.), *Reflections on inclusion: Classic articles that shaped our thinking* (pp.191-195). Arlington, VA: Council for Exceptional Children.

Friend, M. (2013). Inclusive practices. In J.A. Banks (ED.), *Encyclopedia of diversity in education* (pp. 1144-1147). Thousand Oaks, CA: Sage.

Friend, M. (2016). Welcome to co-teach 2.0. *Educational Leadership, 73*(4), 16-22.

Friend, M., & Cook, L. (2017). *Interactions: Collaboration skills for school professionals* (8th ed.). Boston, MA: Pearson.

Garvar, A.G., & papania, A. (1982). Team teaching: It works for the student. *Academic Therapy, 18*, 191-196.

Hang, Q., & Rabren, K. (2009). An examination of co-teaching: Perspectives and efficacy indicators. *Remedial and Special Education, 30*, 259-268.

Harbort, G., Gunter, P., Hull, K., Brown, Q., Venn, M. L., Wiley, L. P., & Wiley, E. W. (2007). Behaviors of teachers in co-taught classes in a secondary school. *Teacher Education and Special Education, 30*, 13-23.

Honigsfeld, A., & Dove, M. G. (2010). *Collaboration and co-teaching for English learners: A leader's guide.* Thousand Oaks, CA: Corwin.

Huberman, M., Navo, M., & Parrish, T. (2012). Effective practices in high performance districts serving students in special education. *Journal of Special Education Leadership, 25*(2), 59-71.

Keefe, E. B., Moore, V., Duff, F. (2004). The four "knows" of collaborative teaming. *Teaching Exceptional Children, 36*(6), 36-42.

King-Sears, M.E., Brawand, A.E., Jenkins, M.C., & Preston-Smith, S. (2014). Co-teaching perspectives from secondary science co-teachers and their students with disabilities. *Journal of Teacher Education, 25*, 651-680.

Lortie, D. (1975). *Schoolteacher: A sociological study.* Chicago: University of Chicago Press.

Mastropieri, M.A., Scruggs, T.E., Graetz, J., Norland, J., Gardizi, W., & McDuffie, K. (2005). Case studies in co-teaching in the content areas: Successes, failures, and challenges. *Intervention in School and Clinic, 40*, 260-270.

McLeskey, J., & Waldron, N.L. (2011). Educational programs for elementary students with learning disabilities: Can they be both effective and inclusive? *Learning Disabilities Research & Practices, 26*, 48-57.

McLeskey, J., Barringer, M.D., Billingsley, B., Brownell, M., Jackson, D., Kennedy, M.,... Ziegler, D. (2017). *High leverage practices in special education.* Arlington, VA: Council for Exceptional Children & CEEDAR Center.

Meibaum, D. L. (2016). *An overview of the Every Student Succeeds Act.* Cayce, SC: Southeast Comprehensive Center at American Institutes for Research. Retrieved from https://files.eric.ed.gov/fulltext/ED573536.pdf

Müller, E., Friend, M., & Hurley-Chamberlain, D. (2009, May). State-level approaches to co-teaching. *inForum [policy analysis]*, pp.1-7. Retrieved from http://www.projectforum.org.

Pardini, P. (2006). In one voice: Mainstream and ELL teachers work side-by-side in the classroom teaching language through content. *Journal of Staff Development, 27*(4), 20-25.

Salisbury, C., & McGregor, G. (2002). The administrative climate and context of inclusive elementary schools. *Exceptional Children, 68*, 259-270.

Silverman, S. K., Hazelwood, C., & Cronin, P. (2009). *Universal education: Principles and practices for advancing achievement of students with disabilities.* Columbus, OH: Ohio Department of Education, Office for Exceptional Children, Office for Exceptional Children. Retrieved from https://education.ohio.gov/getattachment/Topics/School-Improvement/Ohio-Improvement-Process/Special-Education-Gap-study.pdf.aspx.

Slavin, R. E. (2017). Evidence-based reform in education. *Journal of Education for Students Placed at Risk, 22*, 178-184.

Solis, M., Vaughn, Swanson, E., & McCulley, L. (2012). Collaborative models of instruction: The empirical foundations of inclusion and co-teaching. *Psychology in the Schools, 49*, 498-510.

Sweigart, C. A., & Landrum, T.J. (2015). The impact of number of adults on instruction: Implications for co-teaching. *Preventing School Failure, 59*(1), 22-29.

Tremblay, P. (2013). Comparative outcomes of two instructional models for students with learning disabilities: Inclusion with co-teaching and solo-taught special education. *Journal of Research in Special Educational Needs, 13*, 251-258.

Walsh, J. M. (2012). Co-teaching as a school system strategy for continuous improvement. *Preventing School Failure, 56*(1), 29-36.

Weiss, J., & McGuinn, P. (2016). States as change agents under ESSA. *Phi Delta Kappan, 97*(8), 28-33.

Will, M. C. (1986). Educating children with learning problems: A shared responsibility. *Exceptional Children, 53*, 411-415.

第2章 付　録

　この付録はコ・ティーチングに関する参考文献や資料の一覧です。研究調査に基づく論文や書籍も含まれており、本章で引用しているものもあります。研究調査に基づくものではない文献も含まれていますが、コ・ティーチングに関する情報収集には役に立つはずです。この一覧はコ・ティーチングに関する文献資料を包括的に掲載することを意図したものではありません。それでも、コ・ティーチングに関する多くの資料が入手できるということや、この領域でどのようなテーマが重視されているかを感じ取ってもらえるはずです。

参考文献一覧

歴史的視点

Adams, L., & Cessna, K. (1991). Designing systems to facilitate collaboration: Collective wisdom from Colorado. *Preventing School Failure, 35*(4), 37-42.

Adams, L., Tolman, P., Cessna, K., & Friend, M. (1995). *Co-teaching: Lessons from practitioners.* Unpublished manuscript, Colorado Department of Education, Denver.

Armbruster, B., & Howe, C.E. (1985). Educators team up to help students learn. *NASSP Bulletin, 69*(479), 82-86.

Bauwens, J., Hourcade, J. J., & Friend, M. (1989). Cooperative teaching: A model for general and special education integration. *Remedial and Special Education, 10*(2), 17-22.

Cook, L., & Friend, M. (1995). Co-teaching: Guidelines for creating effective practices. *Focus on Exceptional Children, 28*(3), 1-16.

Epanchin, B. C., & Friend, M. (2008). The adolescence of inclusive practices: Building bridges through collaboration. In J. McLeskey (Ed.), *Reflections on inclusion: Classic articles that shaped our thinking* (pp. 191-195). Arlington, VA: Council for Exceptional Children.

Friend, M., Cook, L., Hurley-Chamberlain, D., & Shamberger, C. (2010). Co-teaching: An illustration of the complexity of collaboration in special education. *Journal of Educational & Psychological Consultation, 20*, 9-27.

Friend, M., Reising, M., & Cook, L. (1993). Co-teaching: An overview of the past, a glimpse at the present, and considerations for the future. *Preventing School Failure, 37*(4), 6-10.

Garver, A. G., & Papania, A. (1982). Team teaching: It works for the students. *Academic Therapy, 18*, 191-196.

Geen, A. G. (1985), Team teaching in the secondary schools of England and Wales. *Educational Review, 37*(1), 29-38.

Warwick, D. (1971). *Team teaching.* London: University of London.

コ・ティーチングに関する研究

Ashton, J.R. (2016). Keeping up with the class: A critical discourse analysis of teacher interactions in a co-teaching context. *Classroom Discourse, 7*(1), 1-17.

Burks-Keeley, R., & Brown, M.R. (2014, Fall). Student and teacher perceptions of the five co-teaching models: A pilot study. *Journal of the American Academy of Special Education Professionals*, 149-185.

Chandler-Olcott, K., & Nieroda, J. (2016). The creation and evolution of a co-teaching community: How teachers learned to address adolescent English language learners' needs as writers. *Equity & Excellence in Education, 48*, 170-182.

Conderman, G., & Johnston-Rodriguez, S. (2009). Beginning teachers'views of their collaborative roles. *Preventing School Failure, 53*, 235-244.

Eisenman, L. T., Pleet, A. M., Wandry, D., & McGinley, V. (2011). Voices of special education teachers in an inclusive high school: Refining responsibilities. *Remedial and Special*

Education, 32, 91-104.

Embury, D. C., & Kroeger, S. D. (2012). Let's ask the kids: Consumer constructions of co-teaching. *International Journal of Special Education, 27*, 102-112.

Grant, M.C. (2017, winter). A case study of factors that influenced the attrition or retention of two first-year special education teachers. *Journal of the American Academy and Special Education Professionals*, 77-84. Retrieved from http//aasep.org/aasep-publications/journal-of-the-american-academy-of-special-education-professionals-jaasep/latest-archived-journals-of-the-american-academy-of-special-education-professionals/index.html

Gurgur, H., & Uzuner, Y. (2010). A phenomenological analysis of the views on co-teaching applications in the inclusion classroom. *Educational Sciences: Theory and Practice, 10*(1), 311-331.

Gurgur, H., & Uzuner, Y. (2011). Examining the implementation of two co-teaching models: Team teaching and station teaching. *International Journal of Inclusive Education, 15*, 589-610.

Hang, Q., & Rabren, K. (2009). An examination of co-teaching: Perspectives and efficacy indicators. *Remedial and Special Education, 30*, 259-268.

Huberman, M., Navo, M., & Parrish, T. (2012). Effective practices in high performance districts serving students in special education. *Journal of Special Education Leadership, 25*(2), 59-71.

Ishewood, R., Barger-Anderson, R., Merhaut, J., Badgett, R., & Katsafanas, J. (2011). First year co-teaching: Discoursed through focus group and individual interviews. *Learning Disabilities: A Multidisciplinary Journal, 17*, 113-122.

King-Sears, M.E., Brawand, A.E., Jenkins, M.C., & Preston-Smith, S. (2014). Co-teaching perspectives from secondary science co-teachers and their students with disabilities. *Journal of Teacher Education, 25*, 651-680.

Magiera, K., Smith, C., Zigmond, N., & Gebaner, K. (2005). Benefits of co-teaching in secondary mathematics classes. *Teaching Exceptional Children, 37*(3), 20-24.

Malone, D., & Gallagher, P. A. (2010). Special education teachers' attitudes and perceptions of teamwork. *Remedial and Special Education, 31*, 330-342.

Mastropieri, M.A., Scruggs, T.E., Graetz, J., Norland, J., Gardizi, W., & McDuffie, K. (2005). Case studies in co-teaching in the content areas: Successes, failures, and challenges. *Intervention in School and Clinic, 40*, 260-270.

McDuffie, K. A., Mastropieri, M. A., & Scruggs, T. E. (2011). Differential effects of peer tutoring in co-taught classes: Results for content learning and student-teacher interactions. *Exceptional Children, 75*, 493-510.

Murray, C. (2004). Clarifying collaborative roles in urban high schools: General educators' perspectives. *Teaching Exceptional Children, 36*(5), 44-51.

Pancsofar, N., & Petroff, J. G. (2016). Teachers' experiences with co-teaching as a model for inclusive education. *International Journal of Inclusive Education, 20*, 1043-1053.

Pardini, P. (2006). In one voice: Mainstream and ELL teachers work side-by-side in the classroom teaching language through content. *Journal of Staff Development, 27*(4), 20-

25.

Pearl, C., Dieker, L., & Kirkpatrick, R. (2012). A five-year retrospective on the Arkansas Department of Educaiton co-teaching project. *Professional Development in Education, 38*, 571-587.

Rytivaara, A., & Kershner, R. (2012). Co-teaching as a context for teachers' professional learning and joint knowledge construction. *Teaching and Teacher Education: An International Journal of Research and Studies, 28*, 999-1008.

Scruggs, T. E., Mastropieri, M. A., & McDuffie, K. A. (2007). Co-teaching in inclusive classrooms: A metasynthesis of qualitative research. *Exceptional Children, 73*, 392-416.

strogilos, V., & Avramidis, E. (2016). Teaching experiences of students with special educational needs in co-taught and non-co-taught classes. *Journal of Research in Special Educational Needs, 16*(1), 24-33.

Tremblay, P. (2013). Comparative outcomes of two instructional models for students with learning disabilities: Inclusion with co-teaching and solo-taught special education. *Journal of Research in Special Educational Needs, 13*, 251-258.

Walsh, J. M. (2012). Co-teaching as a school system strategy for continuous improvement. *Preventing School Failure, 56*(1), 29-36.

Weiss, M. P., & Lloyd, J. (2002). Congruence between roles and actions of secondary special educators in co-taught and special education settings. *Journal of Special Education, 36*, 58-68.

Wilson, G. L., & Michaels, C. A. (2006). General and special education students' perceptions of co-teaching: Implications for secondary-level literary instruction. *Reading and Writing Quarterly, 22*, 205-225.

Zigmond, N. (2006). Reading and writing in co-taught secondary school social studies classrooms: A reality check. *Reading and Writing Quarterly, 22*, 249-268.

書籍およびその他資料

Beninghof, A. M. (2012). *Co-teaching that works: Structures and strategies for maximizing student learning*. San Francisco, CA: Jossey-Bass.

Chapman, C., & Hyatt, C. H. (2011). *Critical conversations in co-teaching: A problem-solving approach*. Bloomington, IN: Solution Tree Press.

Dove, M. G., & Honigsfeld, A. M. (2018). *Co-teaching for English learners: A guide to collaborative planning, instruction, assessment, and reflection*. Thousand Oaks, CA: Corwin.

Fitzell, S. (2018). *Co-teaching and collaboration in the classroom* (3rd ed.). Manchester, NH: Cogent Catalyst Publications.

Friend, M. (2014). *Co-teaching: Strategies to improve student outcomes* [laminated guide]. Naples, FL: National Professional Resources.

Friend, M., & Cook, L. (2017). *Interactions: Collaboration skills for school professionals* (8th ed.). Boston, MA: Pearson.

Friend, M., & Bursuck, W. D. (2019). *Including students with special needs: A practical guide for classroom teachers* (8th ed.). Boston, MA: Pearson.

Friend, M., Burrello, L., & Burrello, J. (2016). *Power of two* (3rd ed.). [video]. Bloomington, IN: Forum on Education, Indiana University.

Honigsfeld, A., & Dove, M. G. (2010). *Collaboration and co-teaching for English learners; A leader's guide.* Thousand Oaks, CA: Corwin.

Honigsfeld, A., & Dove, M. G. (2012). *Coteaching and other collaborative practices in the EFL/ESL classroom: Rationale, research, reflections, and recommendations.* Charlotte, NC: Information Age Publishing.

Murawski, W. W. & Lochner, W. W. (2018). *Beyond co-teaching basics: A data-driven, no-fail model for continuous improvement.* Alexandra, VA: ASCD.

第3章

コ・ティーチング授業を行う
教員ペア（コ・ティーチャー）の
教育指導上の役割と責任

「違いにとらわれることなく、私たちは肩を並べて努力する…
チームワークはたったの5語で言い表せる：We believe in each other.」

—作者不詳

読者に期待される学習成果

1．コ・ティーチングパートナーシップの構築に向けた教育スペシャリストならではの役割を具体的に述べることができる。

2．なぜ強固かつ効果的なコ・ティーチングパートナーシップを築くために共通の信念、前提となるスキル、そして、コラボレーションが重要なのかを説明できる。

3．パートナーシップの強化を図り、コミュニケーションの擦れ違いを防ぐために、コ・ティーチング授業を行う教員ペア（コ・ティーチャー）が対処すべき主題を分析できる。

4．コ・ティーチングを実施するにあたり、授業の流れや児童生徒の行動管理など、コ・ティーチャーが話し合うべき関連事項を考察できる。

　コ・ティーチングの実践は、パートナー同士が教育のプロフェッショナルとしての強固な関係性を築き上げ、それを高めていくことで成り立つものです。これが難なくできるという教員もいる一方で、多くの教員にとっては、実にさまざまな理由から、細心の配慮を払い、授業に関わる重要な問題点について話し合い、粘り強く事に当たることを求められ

るということを意味します（Friend & Cook, 2017；Grant, 2017）。

　多くの要因が教員同士の強力なコ・ティーチングパートナーシップの実現へと導きます。一つ目の要因は、コ・ティーチングを実践するにあたり、自分たちがどのような貢献を成し得るかということをコ・ティーチャーの双方が理解しなくてはならない、ということです。二つ目の要因は、教える科目内容についての知識、共通の信念、そして、どのように連携して取り組んでいくかについての理解、といった基本的事項を話し合い確認することが必要だということです。三つ目の要因は、指導にあたっての個別具体的な状況、業務、指導に関連する活動内容等（どちらが何を分担するか、片方が指示内容を間違った時の訂正はどうするか、など）に関する事柄です。四つ目の要因は、コ・ティーチャーは授業の流れや児童生徒の行動管理のストラテジーについてお互いの役割をはっきりとさせておく必要がある、ということです。授業の準備や授業の進め方、共同で授業を効率的に運営する方法については考えが似ていても、他の側面については見解が異なるということもあるからです。

　本章で取り上げる話題のなかには、自分や同僚にとっては、ほんの些細なこと、と感じるものもあるでしょう。一方で、深刻に受けとめざるを得ない話題もあるはずです。本章で一つ強調したいのは、それが私的なパートナーシップであれ、仕事上のパートナーシップであれ、揺るぎないパートナーシップづくりに欠かせないのは明確なコミュニケーションだということです（Reily, 2016）。本章で取り上げた事例を読み、「えっ〜、他の先生たちはこんなこと気にするんだ。」と、おもわず笑ってしまうコ・ティーチャーもなかにはいるかもしれません。「そうそう、これには手を焼いた覚えがあるね。」と思える内容もあるはずです。もし本章で取り上げている内容がどれもご自身の状況にあてはまらないなら、おそらく、皆さんも、皆さんのパートナーも、豊富な経験を積み、すでに教育指導のプロとしての関係性を確立しているのでしょう。あるいは、ご自身のコ・ティーチングパートナーシップをもう少し注意深く分析し、本章で取り上げた項目に関して互いの関係性を強化すべきところがないか、さらに検討した方がよいということかもしれません。ぜひ覚えておいていただきたいのは、コ・ティーチングを実践していくなかで、何か気掛かりなことがあるときは（先延ばしにしないで）その時点ですぐに話し合えば、ささいな意見の違いが、コ・ティーチングだからこそ得られる指導効果を妨げる深刻な問題になってしまう可能性を未然に防ぐことができるということです。

●コ・ティーチャーならではの貢献●

　第1章で、コ・ティーチングを特徴づける重要な要素の一つは、児童生徒の学習成果を向上させるために異なった専門知識を融合することだということを学びましたね。では、コ・ティーチングを行う教員同士のパートナーシップを詳しく理解するための出発点とし

て、コ・ティーチングに関わる教育のスペシャリストの主な業務について述べていきましょう。

通常学級教員の主要な専門領域

通常学級教員は主に次の四つの領域で専門知識を有しています。

❀ **教育課程と指導方法**　通常学級教員は、何を教えるべきか、どのような順序でそれを教えるべきか、そして、現行の厳格な州の教育基準をその指導内容に適切に組み込むことも含め、どのように教育課程の全体像に沿うように指導するかということについての知識を有していなければなりません。

❀ **学級経営**　通常学級教員は、常に比較的大人数の児童生徒グループを受け持ちます。ということは、その児童生徒全員を授業に集中させ、学習課題に取り組ませ続け、同時に、多様な学習ニーズに対応する高度なスキルを有していなければなりません。

❀ **一般児童生徒に関する知識**　通常学級教員は、児童生徒の学習機能や、社会的および行動的機能が妥当と考えられる範囲内にあるかどうかをよく理解しています。この部分で、特に自分と異なる文化的背景を持つ児童生徒に対して、間違った判断をする教員もなかにはいますが、たいていは、児童生徒が単に成績が伸び悩んでいるだけなのか、あるいは、ある特定のニーズがあるのかを適正に判断します。ここで特に大事な点は、児童生徒を、レスポンス トゥ インターベンション（response to intervention：RTI）やマルティティアード システムズ オブ サポート（multi-tiered systems of support：MTSS）といった介入プログラムを通じての支援や特別支援教育の対象審査に取りつける可能性が最も高いのが通常学級教員だということです。ぜひ覚えておいてください。

❀ **ペース配分**　通常学級教員は、教科課程を割り当てられた授業時間数内に終わらせる方法を心得ていなければなりません。説明責任が問われるこの時代において、これはとりわけ必要不可欠なスキルです。児童生徒が学年ごとあるいは教科ごとに求められる知識や技能全般を身につけ、しっかりとハイステークステストや他の評価テストに向けての準備ができるよう細かく気を配る必要があります。

　もちろん、ここに列挙したものだけが通常学級教員が身につけるスキルというわけではありませんし、特別支援教育専門教員がこれらのスキルを一つも持ち合わせていないということでもありません。要するに、通常学級教員は総じて自分自身の役割の要となるよう

な通常学級教員ならではの知識やスキルを持っているということです。

▍特別支援教育分野のスペシャリストの主な役割構成

通常学級教員と同様に、特別支援教育専門教員と英語指導専門教員（EL teachers）等を含めた特別支援教育のスペシャリストにもやはり優先すべき役割があります。以下に挙げるのが四つの専門領域です。

❀ **学習のプロセス**　幼児であれ、高校卒業間近の生徒であれ、そして、その児童生徒たちがいかなる特別支援を必要としているとしても、特別支援教育のスペシャリストのゴールは児童生徒に学び方を教えることです。つまり、特別支援教育のスペシャリストには、特別に考案された指導法で教える、アコモデーションやモディフィケーションのプランを作成する、そして、学習を促進させるため言語指導やその他の対応策を施す、といった役割があります。加えて、補習や専門的な介入指導も担当します。コ・ティーチング授業で必要となる専門的な指導方法については第5章で取り上げています。

❀ **個別化**　特別支援教育のスペシャリストは、この分野のプロフェッショナルだけに、一人の児童生徒に徹底的に焦点を合わせ、その児童生徒が本当に必要な支援を提供する訓練を受けています。児童生徒に障害がある場合は特にそうです。個別障害者教育法（IDEA）はこの個別化という考え方が基盤にあり、それを具体化したものが特別支援教育を受けている児童生徒一人ひとりに個別教育計画（IEP）を用意しなければならない、という要件です。

❀ **書類提出およびその他職務上の責任を果たす文書業務**　教員が文書業務を行うのは当然ですが、特別支援教育スペシャリストにとって文書業務の負担は、通常学級教員のそれよりも広範囲にわたる傾向にあります。その上、個別教育計画（IEP）や言語学習記録、児童生徒の指導要録、試験報告書、保護者とのやり取りの記録等の関係文書は法律上慎重を要するので、これは特に気を配らなければなりません。

❀ **重視するのは範囲よりも習得、そして進度は優先事項ではない**　説明責任が増大した昨今にあっても、特別支援教育のスペシャリストは、あえて言えば、児童生徒が特定の抽象概念やスキルを間違いなく習得するようになることを優先します。たとえ、授業で扱うべき内容を時間内に教えきれないで終わってしまうとしても、です。このようなやり方を優先する根拠は、もし児童生徒の理解が中途半端なままであれば、学習したことを活用できないであろうし、それ以降の学習にも結び付かないか

らです。

通常学級教員の主な役割について述べたことと同様、ここで挙げたものは優先されるスキルであって、特別支援教育専門教員が身につけておくべきスキルはこれだけではありませんし、通常学級教員がこれらのスキルを身につけていない、ということでもありません。

▎融合した専門知識としてのコ・ティーチング

各領域での教育のスペシャリストが優先すべき業務について考えてみると、特別支援教育専門教員が通常学級教員と授業を共有して指導するためにパートナーを組むとどういったことが起こるか簡単に想像できると思います。教育の専門職としての互いの方向性や専門知識の違いが、それぞれの教育指導への取り組み方に決定的な違いをもたらすのは間違いありません。結果として、その違いが、真剣な議論であり、活発な意見交換であり、互いの考えが融合された最良の指導と学びが期待できる授業となるのです。たとえば、コ・ティーチャーの片方が授業をもっと早く進めたい一方で、もう片方は数名の児童生徒の理解度を心配し、何か追加の教材を自発的に探そうとするかもしれません。片方が、児童生徒が課題を独力で終わらせることを重視する一方で、もう片方は、スキャフォールディング（Scaffolding：足場づくり／足場固め）を行いながらの指導が必要な児童生徒もいるという見方をするかもしれません。あるいは、片方が児童生徒全員に一定の達成基準を設定する一方で、もう片方は、家庭環境がかなり困難な状況にあるこの児童生徒には特別な配慮が必要だと指摘することもあり得ます。

コ・ティーチング授業を担当する教員ペアの方々が次のような発言をするのを耳にすることがあります。「私たちが授業をしているところをぜひ見に来てください。どっちが担任で、どっちが特別支援教育専門か見分けがつかないと思います。」もしこの発言が、見分けることができないほど二人とも能動的に指導にあたっているという意味ならば、そこで行われているコ・ティーチング授業は確かなものであり、児童生徒の学びを促進することが期待できます。反対に、もしこの発言が、誰がコ・ティーチングパートナーになっても同じ、という意味を暗に含んでいるなら、コ・ティーチングの核心をすっかり見失っている、ということを意味します。コ・ティーチャーは双方が余裕と自信を持って指導にあたるべきですし、児童生徒にも、どの先生が組んでも同じ、ではなく、この先生たちだから、という安心感を与えるべきです。コ・ティーチャーにはそれぞれ独自の専門性と成功に導く役割があります。これは、先ほどの発言が、二人とも特別支援教育専門教員のように見える、という意味で言っているのではないと気づけばわかることですね。むしろ、二人とも通常学級教員のように見える、ということを意味していると考えるのが妥当です。コ・ティーチング授業に求められているのは、コ・ティーチャーはどちらも教育指導のエキスパートであり、どちらも能動的に指導に関わっているということが明らかにわかる、

ということです。二人とも常に自ら進んで動いていれば、同じようなことをしているように見えることもあるでしょう。しかし、二人ともそれぞれにこの教室に持ち寄る独自の強みがあるからこそ、常に新しい指導方法を構築していくことができるはずです。

●効果的なコ・ティーチングパートナーシップの本質●

　専門職としての自分の仕事に対する自信は、パートナーとの効果的なコラボレーションの中核を成すものであり、また、コ・ティーチングパートナーシップの強さは、これまで研究の焦点にもなってきました。たとえば、1990年初頭、コロラド州で、コ・ティーチングに必要な要素を把握するための大規模調査が行われました（Adams, Cessna, & Friend, 1993）。数多くの経験豊富なコ・ティーチャーとのインタビューに加え、上手くいった、または、上手くいかなかったコ・ティーチングパートナーシップについての詳細な追跡調査を行った結果、コ・ティーチングパートナーシップには五つの重要な要素が揃っていなければならないということがわかりました。これらの要素はこれまでの研究でも繰り返し妥当性が認められてきましたが、今以て、効果的なコ・ティーチングパートナーシップの柱となっています。これら五つの要素のうち、三つは仕事上の関係がテーマになっており、本章でも簡単に説明しています。他の二つ（学級での指導と管理職からのサポート）に関しては第４章、第６章、そして第８章で述べています。この調査が基盤となった、コロラド　アセスメント　オブ　コ・ティーチング（*Colorado Assessment of Co-Teaching: Co-ACT*）は本章の付録に載っています。Co-ACTはご自身の現在の、そして、理想とすべきコ・ティーチングにおける関係性やコ・ティーチング実践の省察に役立ちます。ちなみに、このアセスメントは、表にある各項目について話し合うためのツールとして活用していただくのが最も有効な方法であり、コ・ティーチングの評価方法として使用することを目的にしているものではありません。

▌コ・ティーチング実施にあたっての前提要件

　コ・ティーチングを実施するにあたり、教育者として各自が前もって身につけておくべき要件を知っておく必要があります。というのも、それらがコ・ティーチングに影響を及ぼすからです。経験豊富なコ・ティーチャーの方々は、コ・ティーチングパートナーシップに最も欠かせない前提要件として以下のものを挙げています。

❀　**個人的な資質**　コ・ティーチャーは同僚との共同作業に協力的になれる個人的資質を有していることが望まれます。たとえば、ユーモアのセンスがあることや、教え方に各自の違いが出てきた場合にそれを乗り越えようとする前向きな姿勢が必要です。けれども、最も重要な要件は、どうやら、自分で物事を仕切ろうとすることを

諦める能力のようです。教員は、元来、指揮を執りたがるところが往々にしてあります。教育指導においては、確かに、児童生徒の学びを導くという意味で、これは一つの長所でしょう。しかし、大人の場合、一方的に指図されることは好まないでしょう。コ・ティーチャーは、これが衝突の原因になる可能性があるということを率直に話し合う必要があります（Conderman, 2011）。自分はパートナーに対してそのような態度を取っていない、と考えている皆さんも、これについては一度相手に聞いてみるべきですし、いかなる反応が返ってきたとしても快くそれを受け入れるべきです。

❋ **プロフェッショナルとしての一般的要件**　コ・ティーチャーは、学校や教育指導、そして、児童生徒のことをよく理解していなければなりません。よくあることではないと思いますが、教員が勤務先の学校の現場や文化についてよくわかっていなければ、さまざまな問題が起こるはずです。教員としてではなくあたかも友人のようにふるまう傾向があった若い特別支援教育専門教員の例を挙げてみましょう。その教員は、生徒たちと冗談を言い合ったりふざけ合ったりするのですが、次第に生徒たちが羽目を外し始め、手に負えなくなると、「いい加減にしろ。」といきなりその生徒たちに向かって怒鳴ります。これまでも同僚や先輩からアドバイスや指導を受けたり、専門的な教員研修を受講したりしていたと思いますが、こういう態度を示すということは、教員としての役割は友人としての役割とは違うということを依然として理解していなかったでしょう。このような教員はまだコ・ティーチング授業を行う準備ができていません。学校現場を理解するということは文化理解に通じるということでもあります。たとえば、米国以外の教育システムに慣れ親しんできた教員の場合、アメリカの児童生徒に対してもアメリカの児童生徒には馴染みのない従順や敬意の示し方を期待してしまい、指示に従わない場合には厳しく接してしまうことがあるかも知れません。

❋ **各自の分野に特化した要件**　最後に、コ・ティーチャーはパートナーシップを組む根拠である専門知識を身につけていなければなりません。先に述べたように、通常学級教員は四つの領域で、そして、特別支援教育専門教員、英語指導専門教員、その他特別支援教育関連のスペシャリストも四つの領域でのエキスパートであるべきです。教員は誰しもコ・ティーチングを通じて互いに学び合い、より優れた教育者になりますが、だからこそ、コ・ティーチングはそれを実践する教員が各自の専門分野での知識とスキルをしっかりと身につけているということが前提になります。

▌共通の信念

　有能なコ・ティーチャーは、指導と学びに対して、自分たちの優先事項や流儀が反映された共通の信念を持っています（Fitzell, 2018）。共通の信念とは、「どんな児童生徒も学ぶことができる。」とか、「教員の仕事とは児童生徒の現在の能力を伸ばせるところまで伸ばしてあげることだ。」といった一般的な声明ではなく、指導や学びのありかたについてや児童生徒の言動について、そして教育のプロとしての責任についての基本理念が共有されていることを意味します。たとえば、片方のコ・ティーチャーが、児童生徒の課題内容を変更する場合には、それがどの児童生徒の課題であっても少なくともある程度は減点すべきだという考えを持っているとします。それに対してもう片方のコ・ティーチャーは、児童生徒の個別ニーズに対応するために課題内容を変える場合は減点すべきではないと異議を唱えるかもしれません。この他に、コ・ティーチングに影響を及ぼすような教員間の考え方の違いにはどのようなものがあるでしょうか。コ・ティーチャーとして教えていれば、相手の考えに同意することの方が多くなるかもしれません。しかし、もし相違点があるなら、しっかりとそのことに触れ、そして話し合い、場合によっては、児童生徒にどんなことを求めているのか事前に協議しておくべきでしょう。大事なことは、コ・ティーチャー双方が掲げる全体的な目標にずれがなく、明瞭な意思疎通が出来ているということを確認しておくということです。互いの相違点は強みと考えるべきですが、信念を共有することがコ・ティーチングの基本なのです。

　信念に直接結びつくのがコ・ティーチングへの個人的な関わり方です。第1章に、コ・ティーチングを始めることに抵抗を示し、特別支援教育専門教員に助手のような役目をするよう指図した通常学級教員の例と、コ・ティーチングに不安を感じてはいるが特別支援教育専門教員と協力しながら何とか頑張ってみようという気持ちを表した通常学級教員の例が出てきましたが、覚えていますか。では、違う例を挙げてみましょう。くだんの特別支援教育専門教員が、日常的に、最初の例に登場した通常学級教員に、次のいずれかの発言をするとします。一つは、「先生が授業で話すことをしっかりと聞いて、メモを取り、私の担当の生徒で授業内容を理解していないような子がいたら手助けします。」もう一つは、「この教科の指導内容を完璧にこなせる自信はありませんが、私たちなら効果的に指導する方法を見つけられると思います。」。これらの発言の違いでお分かりの通り、双方がコ・ティーチングという指導方法を信じるということをはっきりと示さない限り、おそらくコ・ティーチングを成功させることはできないでしょう。もちろん、それは単に言葉だけでなく行動でも示さなければなりません。たとえば、通常学級教員が事前に授業計画を共有し、特別支援教育専門教員にその計画や関連する活動内容についてアドバイスやアイデア、意見などを求める形でコ・ティーチングに貢献しているということを示すことができます。特別支援教育専門教員も、児童生徒のグループ分けや特別なニーズがある児童生

徒にも理解しやすいように授業に組み込むことができるストラテジーの使用について、そして、日々の授業の指導分担について、通常学級教員に提案してみるという形で自身のコ・ティーチングに対する姿勢を示すことができますね。

■ コラボラティヴ リレーションシップ（協働的なつながり）

　第1章では、コラボレーションとコ・ティーチングは同じではないと説明しました。しかし、経験を積んだコ・ティーチャーは、コ・ティーチングはまさに協働的なつながりであり、だからこそ、コ・ティーチングが成功するかしないかは、児童生徒の達成目標を共有し、重要事項を決断する責務や結果に対する説明責任を共に担い、互いの専門知識を分かち合うことで決まるのだと力説します。これらは、すでに説明したように、コラボレーションの特徴です（Friend & Barron, 2018; Dove & Honigsfeld, 2018）。また、相手に信頼と敬意の気持ちを持つことや学級としての連帯感を作り上げることが必要だとの指摘もあります（Tannock, 2009）。コ・ティーチングの可能性を直感的に理解し意欲的に取り組むコ・ティーチャーにとってさえも、コラボレーションは進化的なものです。つまり、コラボレーションは時間と共に、より結びつきが強くなり円熟していくものです（e.g., Bauml, 2016）。

　コラボレーションは直感的に分かりやすいものである一方で、コ・ティーチングにおけるコラボレーションは能力が試される難しい課題になることもあります（Cook & Friend, 2010; Strogilos, Tragoulia, Avramidis, Voulagka, & Papanikolaou, 2017）。たとえば、二人の経験豊富な教員がパートナーを組んだ時に起こり得ることを考えてみましょう。二人とも教育指導のプロとして、ある特定の教授法、教育・学習プロセスを容易にする一連の手順、学級やその他関連業務を管理するストラテジーに長年慣れ親しんできました。何らかの問題が生じても、たいていは、条件反射的に解決してきました。つまり、両者とも、学級や児童生徒のことで問題が起きた時にはそのつど対処してきましたが、それらの問題を一つ一つ意識的に取り上げて検討し判断をくだす必要がなかったのです。そのようなベテラン教員がパートナーを組むとなると、コ・ティーチングによってこれまで半ば無意識に行ってきたことが妨げられるように感じるかもしれません。というのも、他の教員が目の前にいれば、その教員の見解や要望を考慮に入れる必要が出てきます。結果的に、特にベテラン教員の方々は、コ・ティーチングに違和感を覚えることもあります。コ・ティーチングに抵抗を感じる原因に気づき、建設的に話し合う方法を学び、このような問題が起きたときにはパートナーと協議することが特に重要です（Chapman & Hyatt, 2011, など）。いずれは、ベテラン教員の方々も、コ・ティーチングの流れを含め、新しい指導方法を自分のものにしていくものです。

▌自分たちのパートナーシップの土台づくりに関して話し合うべきトピック

_____

_____

_____

_____

● コ・ティーチングパートナーシップの強化 ●

　上述の、コ・ティーチングでの関係性を形成する基本要素を本質的に展開したものが、これらの基本要素を日々の実践に当てはめ、パートナーシップの強化を図る具体的なテーマについての対話です。以下に述べるテーマについて率直に話し合うことで、誤解を防ぎ、励まし合うことができ、だからこそ、児童生徒の学びを最大限に高めることが可能になります。

▌教室での対等性

　皆さんはどのようにして、コ・ティーチングのパートナーに対して、そして、児童生徒や保護者に対して、皆さんと皆さんのコ・ティーチングパートナーはどちらも対等の専門知識があり、教室ではしっかりと指導責任を共有しているということを伝えますか。これは第 1 章で取り上げたコラボレーションの内容にも関連していることです（Friend & Cook, 2017）。小学校では、コ・ティーチングパートナー間の対等性は、どちらが授業を始めるか、あるいは、どちらが児童生徒に教室を出ることを許可するか、などに表れるでしょう。中学校や高等学校では、授業中どちらが教壇に立つか、どちらが成績をつけるか、などに直接関係するかもしれません。他にも、教室に、大きさや質感が同じような事務机を 2 台用意することや（特別支援教育専門教員に生徒の机または作業用テーブルをあてがうのではなく）、コ・ティーチングを新学期の第 1 日目に開始し、二人がさっそく足並みを揃えて授業で能動的にそれぞれの役割を担うことなどに対等性を伺うことができるでしょう。特別支援教育専門教員、英語指導専門教員、通常学級教員はそれぞれ異なる専門知識を持っているということを忘れないでください。コ・ティーチングの目的は、異なる専門知識を融合し児童生徒の学びを高める方法を見つけることです（Murray, 2004）。対等性に関して、一般的かつ原則的な指標のいくつかを本章の付録にチェックリストとして載せてありますので、ぜひ目を通してみてください。ご自身のコ・ティーチングパートナーシップを高めるのに役立つはずです。そのチェックリストに何か加えたい項目はありますか。

▍授業や関連業務に関する責務の分担

　学校によっては、通常学級教員が、特別支援教育専門教員は授業に関連するすべての業務に積極的に携わらなければならないという特定の縛りもなく教室から教室へと移動する、と懸念を示すことがあります。コ・ティーチング授業を複数受け持つ特別支援教育専門教員に対して、担当するすべてのコ・ティーチング授業の関連業務の半分を任せようとするのは合理的ではありませんが、コ・ティーチャーは授業関連業務のどの部分を共有するのか、あるいは、教材の準備をどう分担するかを話し合う必要があります。

▍教室以外でのコミュニケーションの取り方に関する意向

　一日中時間を共に過ごすコ・ティーチャーは授業や児童生徒について話し合う機会を継続的に持つことができます。しかし、授業以外では互いに顔を合わせることができないような規模の大きい学校の場合、コミュニケーションの取り方についての好みや、双方にとって最も効果的で効率的なコミュニケーション方法について二人で話し合う必要があるかもしれません。たとえば、Eメールは伝えたいことを素早く打ち込み、コンピュータに保存できるので最適な手段だと考えられます。しかし、Googleドキュメントや他の電子プラットフォーム（第6章で取り上げています）といった別の選択肢の方がより効果的で効率的な場合もあるでしょう。同様に、携帯電話を使ったショートメッセージは手っ取り早く、ちょっとした連絡交換には最適な手段ですが、詳細な計画のやり取りには向いていません。業務終了後に直接会って話したり電話で話したりすることの方を好むコ・ティーチャーもなかにはいますが、この手のコミュニケーション方法は双方の合意がなければ成り立ちません。

▍授業中の間違いに対処するためのストラテジー

　皆さんはこれまでに、授業中に自分の間違いに気づいたり児童生徒に間違いを指摘されたりしたことはありませんか。たとえば、29 + 48 = 67とボードに書いてしまった、または、perseverance を perserverance と綴り間違えた、などです。間違うことも教育の一部分ですし、そのような時はササッと間違った箇所を訂正して授業を進めたはずです。ところが、授業中にコ・ティーチングパートナーの間違いを見つけた場合、どうやって相手に気遣いながらその間違いを指摘すればよいのか気を揉むことがあります。児童生徒がそのミスにまだ気づいていない場合や、二人ともこれまであまり教えたことのない範囲を教えている場合、または、パートナー同士の関係性がやや希薄な場合、そして、そのミスを訂正したら相手が否定的に取るだろうと思われる場合には特にそうです。

　間違いの対処の仕方については、実際にそういう場面に出くわす前に話題にしておくと話し合いやすいはずです。どちらかの間違いに気づいた時は特に何も言わずに気づいた方

が訂正する、といった案に同意する教員もいるでしょう。間違っている、ということを気づかせる合図のようなものを使いたいと思う教員もなかにはいるかもしれません。たとえば、もしどちらかが、「そこを言い直すと／違うことばで言うと……」と言ったら、それは「訂正が必要な箇所があります。」という合図です、といったように。どのような方法で間違いを訂正するかは問題ではありません。相手の間違いを訂正するにも敬意をもって行うやり方というものがあるはずなので、事前に話し合い決めておきましょう、ということです。

フィードバックを受けることに関する意向

　教員の多くは、自分の仕事に対する反応、意見、評価等のフィードバックを最も好意的に受け取ることができるタイミングがあることを自覚しているものです。是正すべき点があるなら一日の業務の終了後、その日のうちに教訓としてフィードバックを受けることを好む教員もいれば、何か問題が生じたらそれをその翌日に持ち越して話し合うことを望む教員もいるはずです。おそらく、指導方法や児童生徒への対応の仕方、あるいは他の事柄での意見の違いについては非公式に（教員休憩室で、ではなく）話したいとほとんどの教員は考えるのではないでしょうか。意見や評価を交わし合う手段についてはすでに話し合っているが、実際にその必要に迫られていないだけで、必要に迫られればいつでも意見交換をする態勢は整えている、というコ・ティーチャーもいると思います。なかには、双方の意見が一致していない事柄について話しを切り出すことがコ・ティーチングの難しいところ、という教員もいます。その他にも、片方のコ・ティーチャーが児童生徒に対して放つ皮肉な言葉遣いが、もう片方のコ・ティーチャーに嫌な思いをさせることもあるかもしれません。教室での児童生徒に対する行動管理に一貫性が見られないことが互いのパートナーをイライラさせる可能性もあります。こういったことに関して意見を交わす手段を模索することは、後々さらに深刻な問題が起きる可能性を低くするとともに、協働意識の向上にもつながります（Friend & Cook, 2017）。

守秘義務の保守

　教員であれば、児童生徒に関する情報は守秘義務として守らなければならないことをよくわかっています。これはコ・ティーチャーにとっても同様です。しかし、コ・ティーチャーは仕事を共有しているという点で守秘義務に関してはより慎重に行動しなければなりません。廊下を歩きながら、学校で食事をしながら、あるいは、地元のファーストフードレストランで注文待ちの列に並びながら、児童生徒のことを話すことはありませんか。児童生徒のことをそれだけ気に掛けながら仕事に専念する姿勢は称賛に値することです。しかし、だからといって、そのような会話を通してうかつにも守秘義務を怠ることは避けなければなりません。次のような状況でも、守秘義務に対する配慮が必要です。「コ・ティ

ーチャーはどちらかがその場にいないときには二人で受け持っているクラスについて話さない。」このシンプルなストラテジーを使うことで連絡ミスや誤解を防ぐことができます。

▌「不平不満の種」に対する気づき

　どんな教員でもイラつくことはあります。そのイライラの原因は、児童生徒に関することや（ペンでコツコツと小刻みに叩く音、座りながら体を椅子ごと後ろに傾けること、名前ではなく「ちょっと」と言いながら先生を呼ぶこと、など）、教員に関すること（ボールペンや鉛筆を借りること、教材や消耗品を出してきて元に戻さないこと、など）、あるいは、教育現場のあらゆる場面で見られそうなこと（鮮明に印刷されていない資料、汚れの目立つ周辺機器やキーボード、など）かもしれません。コ・ティーチャーの皆さんには、自分が苛立ちを覚えることについて、互いに話し合っておくことをお勧めします。それによって、不満や苛立ちの原因となるものがパートナーと自分とではだいぶ異なる場合でも、不要な誤解は確実に避けられます。たとえば、片方が、児童生徒には、どんな理由であれ、授業開始のベルが鳴った後にロッカーに戻らせたくないのなら、もう片方（この点に関してそれほどこだわりを持っていない方）が相手の要望に沿えばいいのです。

▌自分たちのパートナーシップに関して話し合うべきその他のトピック

_____

_____

_____

_____

●教室および行動管理●

　他にも話し合うべきことがないか考えてみる作業に加えて、コ・ティーチャーは、わずかな時間であっても時間を工面して、授業の進め方や児童生徒の行動管理に関してそれぞれの、こうあるべき、という考えを明らかにしておく必要があります（Wilson, 2016）。これらに関して互いに意見を直にやり取りしておくことで、期待の違いから起こる潜在的な衝突は避けられます。

▌授業でのスペースの使い方

　第4章で解説するコ・ティーチングアプローチの多くは、複数の児童生徒グループへの学習指導を並行して行う手法を取り入れています。各グループの児童生徒が授業に集中し、学習課題を終わらせ、他の児童生徒の学習の邪魔をさせないようにするためには、コ・テ

ィーチャーは教室での自分たちの物理的空間を分析し、教室内をこれまで試したことのない配置に変えることになったとしても、その空間を最も効果的に使うための方策を練る必要があります。たとえば、壁を背にして置かれていた低い本棚を壁に直角に向きを変えて置けば、効果的な視覚および聴覚的な障壁になります。もしホワイトボードが前方と後方に向かい合わせに２台置かれている教室ならば、クラスの半分の児童生徒を１台のホワイトボードの方を向いて座らせ、もう半分の生徒をもう１台のホワイトボードの方を向いて座らせる「パラレルティーチング」という手法を使い、効果的に指導できます。こうすることの狙いは、スペースの使い方を検討し、二人の教員が一緒に授業を行うことにより、児童生徒や教員の集中を促す、あるいは、妨げる可能性があるということを考慮するためです。

█ 雑音に対する許容度と雑音を許容レベルで維持するためのストラテジー

　教室で複数の学習活動が並行して行われる場合の雑音に対する互いの許容度をぜひ話し合ってください。最も効果的なコ・ティーチング授業の多くは、コ・ティーチング授業を見慣れない方にとっては騒々しく聞こえるものですが、この騒々しさは意図があってのことです。コ・ティーチャーは、雑音を管理するために二人とも低めの声で教えなければなりませんし、低めの声で、と自分自身に言い聞かせたり、互いに気付かせ合うことも必要です。また、授業中、どこに立ち、どこに座るかを話し合っておくべきでしょう。たとえば、「パラレルティーチング」では、もし二人がクラスルームを挟んで向かい合わせになるなら、どちらも椅子に腰かけて教えたほうがいいでしょう。そうでなければ、片側で教える声が相手側まで届いてしまうかもしれません。雑音への対処法として、児童生徒や教員の配置を工夫するアイデアは第６章で取り上げています。雑音に関して言えば、教室の雑音を計測するアプリ（バウンス　ボールズ：Bouncy Balls やトゥー　ノイジー：Too Noisy、など）を使って調べることができます。

█ 組織的なルーティン

　このテーマは、学級運営の細部に至るあらゆることに関係します。授業中の学習課題を終えた後、児童生徒は何をしていますか。もし授業が終わる前にやることをすべて終えてしまったらどのような学習活動が適切でしょう。児童生徒がトイレに行きたいとき、先生の許可を得なければなりませんか。それとも単にホール・パス（訳注：授業中に廊下に出てもいいという許可証）を手に取って教室を出ていってもいいですか。教室から出る際、児童生徒はどのように並びますか。終業のベルが鳴る前に児童生徒が教材をカバンに入れてしまっても構わないですか。おそらく、日々のクラスでの決まり事のあれこれを少なくとももう１ダースは挙げられるのではないでしょうか。短時間しか一つの教室にいないという特別支援教育専門教員や他の教育スペシャリストは、たいていは、通常学級教員が決

めた事に従います。つまり、どんな決まり事があるのかを頭に入れておく程度でしょう。しかし、もしコ・ティーチャー同士で丸1日あるいは半日一緒に授業を受け持つならば（小学校やごく一部の中学校で見られるように。第1章ならびに第7章参照のこと）教室での決まり事に関する話し合いが必要かもしれません。たとえば、自閉スペクトラム症のある児童生徒に見受けられることがありますが、学級の一般的な決まり事に従うことができない児童生徒がいる場合には、特別支援教育専門教員がその児童生徒のニーズに対応するための提案をすべきです。

▌代替教員のための手続き

コ・ティーチャーは、代替教員が必要となった場合、その間の担当授業についてどう対処するかを話し合わなければならないこともあります。本章で扱っている話題の多くがそうであるように、代替教員をコ・ティーチングに組み入れるにあたり、こうしてください、というような決まったやり方はありません。残る側の教員が今後の指導内容を理解しているし学級も管理できるという理由で、代替教員にこの教員をサポートする役目を依頼することもあります。もしコ・ティーチャーのどちらかが長期間にわたって不在になるならば、代替教員の職務についての判断は、その方の指導経験と教科や特別支援教育または英語指導プログラムに関する専門的なスキルによって異なるでしょう。

▌安全手順

コ・ティーチャーは、火災時の避難、竜巻や地震時の退避、襲撃が起きた際の安全確保、その他、学校でのあらゆる非常事態対応を含めた全般的な安全手順について話し合っておかなければなりません。二人とも、避難経路や教室に保管してある備品の利用方法を知っておくべきです。加えて、緊急時に特別な配慮が必要な児童生徒がいるかどうかを確認しておくことも必要です。たとえば、火災警報は補聴器をつけている児童生徒をひどく怖がらせる恐れがあります。英語が少ししか話せない児童生徒には、緊急時に誘導してくれる児童生徒を決めておく必要があるかもしれません。同様に、火災発生時に（エレベーターが利用できない状況下で）身体的に制約がある児童生徒が2階で授業を受けている場合など、どのような手順を踏めばよいのか二人とも知っておくべきです。

▌教室内の規則

コ・ティーチャーは、自分たちが受け持つクラスに設けてある規則に双方が合意していることを確認する必要があります。もし学校全体で、ポジティブな行動支援（school-wide positive behavior support：SPBS）に取り組んでいるならば、定められた規則はすべてのクラスに適用するので、そのまま自分たちのクラスの規則として受け入れなければなりません。しかし、もし皆さんが、各教員にルールに関する事柄を任せている学校に勤務して

いるならば、この話題は重要ですね。たとえば、片方のコ・ティーチャーが、教室内の規則と、その規則に従わない場合の、ほとんどが否認的な、措置を書いて貼りだすとします（許可を得ることなしに席を立たないこと。このルールを破った場合：1度目は名前を緑色の枠から黄色の枠に移動。2度目は赤色の枠に移し、休憩時間を数分間短縮、など）。しかし、もう片方のコ・ティーチャーは、肯定的な結果を利用する手法の方を断然好むかもしれません（たとえば、自分の持ち物も他の人の持ち物も丁寧に扱いましょう。適切な行動をすれば"貨幣"を受け取り、2週間に1度、特権またはごほうびの品物と交換することができます、など）。教室内のルールや関連事項、つまり、どの程度一貫してこのような学級規則を遂行するかを話し合う場を持ちましょう。

▍児童生徒に対する懲戒手続きについて

　運営的な流れをすべて確認し、学級での児童生徒の行動規範を検討したうえで、障害のある児童生徒にはさらに配慮を必要とする場合があります。たとえば、椅子から離れて身体を動かしながら学習課題に取り組むことができるような立ち机（レクターンのようなもの；訳注：書見台のようなもの）が必要な注意欠如・多動症（Attention deficit hyperactivity disorder：ADHD）のある児童生徒がいるかもしれません。また、10分間継続して課題に取り組むごとに報酬を得るといった契約手法が有効な限局性学習症のある児童生徒もいるでしょう。通常学級教員はこのような個別の行動支援の必要性を認識していないこともあるので、特別支援教育専門教員は、こういった児童生徒に対して、個別支援計画（IEP）に記載されている支援を提供する、あるいは、これらの児童生徒の特有の行動に配慮し、非公式ではあるが必要な支援であると判断する、のいずれかを確実に行うべきです。

▍教室内での規則や行動管理に関して話し合うべきトピック

_____

_____

_____

_____

　本章で取り上げたさまざまなトピックからわかる通り、強固なコ・ティーチングパートナーシップの構築は、教育に関する幅広い哲学的信念はもちろん、教室を共有し共に指導を行うための基本的な仕組みにどう取り組んでいくかにかかっています（Ploessl, Rock, Schoenfeld, & Blanks, 2010）。コ・ティーチャーが、指導と学びに関して、譲歩できないこと、優先していること、望むこと、そして当然と思っていること、などについてざっくばらんに話し合うことは、児童生徒の成績を改善するような信頼できるパートナーシップの形成を促す確かなコ・ティーチングプログラムを作り上げていくうえでとても重要です。

パートナーとの対話を継続させていくために、それぞれがコ・ティーチングで担う役割とは何かを、本章付録のアクティビティに取り組みながら考えてみてください。

さらなる考察に向けて

1. 本章で述べた、通常学級教員と特別支援教育専門教員の四つの専門領域に付け加えたい領域はありますか。付け加えるとしたらそれはどのような領域ですか。それはどのようにコ・ティーチングパートナーシップに影響を及ぼすでしょうか。片方のコ・ティーチングパートナーが職務に特化した専門的知識／スキルを有していない場合、もう片方のパートナーはどうすべきだと思いますか。

2. 強固なコ・ティーチングパートナーシップの形成を図るための具体的なテーマを挙げましたが、あなたならどれが最も重要だと思いますか。なぜそう思いますか。これらのテーマは、元々は25年ほど前に明らかにされていたものですが、なぜいまだにコ・ティーチングにとって重要なテーマであり続けるのだと思いますか。

3. コ・ティーチャーが話し合うべき教室内の規則や指導に関する項目として、あなたなら他にどのようなトピックを加えますか。あなたが挙げた項目はパートナーが挙げた項目と比較してどうですか。

4. 学級運営や行動管理について考える時、あなたならどのような事柄を重視しますか。パートナーが重視したいことと比較してどうですか。互いの意向を尊重するために、自分の優先事項のなかで妥協できることは何ですか。

行動を起こすために

1. コラボレーションスキル向上を目的とした職能開発訓練の機会をお勤めの学校で設けることを検討してみましょう。教本を使用しての勉強会や講演、ビデオ、その他の方法（大規模公開オンラインコース：MOOC（訳注：大学などの高等教育機関がインターネットを通じて誰でも無料で公開している講義・履修コースなど））を利用し、扱いにくい話題を取り上げながら、対話の仕方、質問や意見を提示しコミュニケーションを深める方法、非言語的コミュニケーションの理解、抵抗への対応方法、保護者との見解の相違が生じた場合や交渉するための効果的なコミュニケーション方法等についての学びを深めましょう。コラボレーションを図るためのスキルが、コラボレーションの教育実践への応用とも言えるコ・ティーチングパートナーシップの強化につながります。

2. お勤めの学校のコ・ティーチングプログラムにとって譲れないことのリストを作成しましょう。コ・ティーチャー全員を参加対象にしたそのリストにはどんな項目が挙が

るでしょうか。そのリストの草案を全員が見られるように掲示し、皆で推敲を続けていくと、コ・ティーチングプログラムに対して皆が何を求めているかが明確になってきます。リストに挙がった「譲れないこと」がどのように教員評価制度の一部となるべきか話し合ってみましょう。

引用文献

Adams, L., Cessna, K., & Friend, M. (1993). *Co-teaching feasibility study*. Denver, CO: Colorado Department of Education, Special Education Section.

Bauml, M. (2016). The promise of collaboration. *Educational Leadership, 74*(2), 58-62.

Chapman, C., & Hyatt, C. H. (2011). *Critical conversations in co-teaching: A problem-solving approach*. Bloomington, IN: Solution Tree Press.

Conderman, G. (2011). Methods for addressing conflict in co-taught classrooms. *Intervention in School and Clinic, 46*, 221-229.

Cook, L., & Friend, M. (2010). The state of the art of collaboration in special education. *Journal of Educational & Psychological Consultation, 20*, 1-8.

Dove, M. G., & Honigsfeld, A. M. (2018). *Co-teaching for English learners: A guide to collaborative planning, instruction, assessment, and reflection*. Thousand Oaks, CA: Corwin.

Fitzell, S. (2018). *Co-teaching and collaboration in the classroom* (3rd ed.). Manchester, NH: Cogent Catalyst Publications.

Friend, M., & Barrons, T. (2018). Collaborating with colleagues to increase student success. In B. Billingley, M. Brownell, J. McLeskey, & D. Ziegler (Eds.), *High leverage practices in special education: Revolutionize instruction for students with disabilities*. Arlington, VA: Council for Exceptional Children and Routledge/Taylor & Francis.

Friend, M., & Cook, L. (2017). *Interactions: Collaboration skills for school professionals* (8th ed.). Boston, MA: Pearson.

Friend, M., Cook, L., Hurley-Chamberlain, D., & Shamberger, C. (2010). Co-teaching: An illustration of the complexity of collaboration in special education. *Journal of Educational & Psychological Consultation, 20*, 9-27.

Gately, S.E., & Gately, F. J. (2001). Understanding co-teaching components. *Teaching Exceptional Children, 33*(4), 40-47.

Grant, M.C. (2017, winter). A case study of factors that influenced the attrition or retention of two first-year special education teachers. *Journal of the American Academy and Special Education Professionals*, 77-84. Retrieved from http//aasep.org/aasep-publications/journal-of-the-american-academy-of-special-education-professionals-jaasep/latest-archived-journals-of-the-american-academy-of-special-education-professionals/index.html

Kohler-Evans, P. A. (2006). Co-teaching: How to make this marriage work in front of the kids. *Education, 127*, 260-264.

Murray, C. (2004). Clarifying collaborative roles in urban high schools: General educators' perspectives. *Teaching Exceptional Children, 36*(5), 44-51.

Ploessl, D. M., Rock, M. L., Schoenfled, N., & Blanks, B. (2010). On the same page: Practice techniques to enhance co-teaching interactions. *Intervention in School and Clinic, 45*, 158-168.

Reiley, M. (2016). Saying what you mean without being mean. *Educational Leadership, 73*(4), 36-40.

Strogilos, V., Tragoulia, E., Avramidis, E., Voulagka, A., & Papanikolaou, V. (2017). Understanding the development of differentiated instruction for students with and without disabilities in co-taught classrooms. *Disability & Society, 32*, 1216-1238.

Tannock, M. T. (2009). Tangible and intangible elements of collaborative teaching. *Intervention in School and Clinic, 44*, 173-178.

Wilson, G. L. (2016). Revisiting classroom routines. *Educational Leadership, 73*(4), 50-55.

第3章 付 録

　本付録には、コロラド アセスメント オブ コ・ティーチング（the Colorado Assessment of Co-Teaching：CO-ACT）の改作版を掲載しています。コロラド アセスメント オブ コ・ティーチングとは、第1章で取り上げ、本章でも詳細に述べたコ・ティーチングの基本要素を基にした研究に基づく評価測定方法で、コ・ティーチャーの職務上の関係性、教室での2名の教員の活用、そしてコ・ティーチングプログラムの構成と計画を考察するものです。本付録の後半には、コ・ティーチャー同士が互いにコ・ティーチングパートナーシップに何を貢献するかについて実りある会話を進めるためのエクササイズと、教室での対等性を評価するためのチェックリストを用意しました。

コロラド アセスメント オブ コ・ティーチング（Co-ACT）

　コ・ティーチングは、主に、一つの教室で2名の教員が連携して児童生徒のグループに指導を行うことによって成り立つものです。コ・ティーチングの形態の一つには、障害のある児童生徒が数名在籍する通常学級の授業で、通常学級教員と特別支援教育専門教員が指導を共有するというものがあります。

　この Co-ACT は、通常学級教員と特別支援教育専門教員の組み合わせでの、成功をもたらすコ・ティーチングを形成する基本要素の理解に役立ててもらうことを目的としています。ここに含まれている項目がコ・ティーチングに関する事柄をすべて網羅しているわけではありません。逆に、ここにある項目は、一般的なコ・ティーチングのチームとは際立って異なる模範的なチームに共通して見られたコ・ティーチングの要素です。[1]

　コ・ティーチングを始めて間もない教員の方々は、アンケートの各設問に答えていくことで、コ・ティーチャーとしての新しい役割や責任を担う準備ができるはずです。経験豊富な教員の方々には、ご自身のスキルを省察し、より洗練させるためのツールとしてお使いいただけます。また、コ・ティーチングパートナー同士で取り組めば、互いの回答についての話し合いにも大いに役立つでしょう。

　Co-ACT は特別支援教育専門教員向けに開発されたものですが、取り扱ったコンセプトや実践に関する内容はおおよそあらゆる状況にあてはまります。仮に、皆さんが英語指導のプログラムの一環としてコ・ティーチングを実施しているならば、表現を少し言い換えることで（たとえば、個別支援計画（IEP）の代わりに個別学習計画（individual learning plan: ILP）など）それぞれの指導環境でのコ・ティーチングパートナーシップに応用できます。

注釈：Co-ACT は、コ・ティーチングが比較的にまだ新しいコンセプトだった時期に、連邦政府の基金による事業の一部として開発されたものです。このアセスメントは経験豊富なコ・ティーチャーの方々との詳細なインタビューに基づいており、実際に、記載項目のほとんどはその方々が述べた日頃の実践を反映した内容になっています。妥当性に関しては、既知のグループスタディ（known-groups study）と呼ばれる技法によって確保されています。つまり、コ・ティーチャーの方々は、勤務先の指導主事の評価に基づいて、（a）模範的、または（b）本アセスメントを記入し終えることに苦戦した、のいずれかのグループに分けられました。自分たちが模範組、あるいは、苦戦組、と評価されたことは知らされませんでした。因子分析でデータ分析した結果、いくつかの項目が両グループの間で明らかに大きく異なりました。本付録アンケートに含まれている設問はこれらの大きな相違が見られた項目のみで

す。ファクターⅣとⅤの４項目に関してはこの例外です。これについては、採点欄で説明しています。Co-ACT は、開発されて以来、コ・ティーチングの実践の質を測る手段として、また、コ・ティーチャーの方々が自分たちの実践を考察する手段として、何篇かの学位論文でも用いられています。

(1) 本アンケートの開発の基盤となった研究調査に参加してくださったコロラド州の先生方に感謝します。

自分たちのコ・ティーチングを分析してみよう

　成功をもたらすコ・ティーチングを記述している以下の各項目について、２通りのやり方で回答してください。まず、各項目の記述内容が、コ・ティーチングにおいてどれだけ重要か、に対するご自身の考えにあてはまるものを左側のスケールから選んで回答してください。次に、各項目の記述内容が、自分たちの現在の状況を表している、と思うものを右側のスケールから選んで回答してください。

各項目の内容はコ・ティーチングを実践するうえでどの程度重要だと思いますか。

各項目の内容はご自身のコ・ティーチング実践の現状にどの程度当てはまりますか。

重要度　　　　　　　　　　　　　　　　　　　　　　　　　　　　　　　　**現状**

全くそうは思わない	そうは思わない	どちらともいえない	そう思う	非常にそう思う	個人的な前提要件	全くそうは思わない	そうは思わない	どちらともいえない	そう思う	非常にそう思う
1	2	3	4	5	1. コ・ティーチャーたちは、互いに、知識や技術を共有することに意欲的だ。	1	2	3	4	5
1	2	3	4	5	2. コ・ティーチャーたちは、児童生徒の進捗状況を定期的に測定する。	1	2	3	4	5
1	2	3	4	5	3. コ・ティーチャーたちは、履修課程の全ての領域での児童生徒の進捗状況を測定する。	1	2	3	4	5
1	2	3	4	5	4. 通常学級教員は教科内容を効果的に教える技量がある。	1	2	3	4	5
1	2	3	4	5	5. コ・ティーチャーたちは、うまくいっていることとそうでないことを定期的に評価する。	1	2	3	4	5
1	2	3	4	5	6. コ・ティーチャーたちは、教員としての技量に自信を持っている。	1	2	3	4	5
1	2	3	4	5	7. コ・ティーチャーたちは、問題解決能力に長けている。	1	2	3	4	5
1	2	3	4	5	8. 通常学級教員の強みの一つは通常教育課程をよく理解していることだ。	1	2	3	4	5

1	2	3	4	5		1	2	3	4	5
1	2	3	4	5	9. コ・ティーチャーたちは、パートナーシップを構築し維持することに意欲的に、責任をもって、取り組んでいる。	1	2	3	4	5
1	2	3	4	5	10. コ・ティーチャーたちは、授業において、それぞれが、明らかにパートナーとは異なるが極めて重要な目的を持っている。	1	2	3	4	5
1	2	3	4	5	11. コ・ティーチャーたちは、各々の専門領域での知識（これだけに限定されるものではないが）に基づいた独自の貢献をしている。	1	2	3	4	5
1	2	3	4	5	12. コ・ティーチャーたちは、学びを促進させるために児童生徒のグループ編成に変化を持たせている。	1	2	3	4	5
1	2	3	4	5	13. コ・ティーチング授業を受ける児童生徒には学習課題をやり終えるための支援と仕組みがある。	1	2	3	4	5
1	2	3	4	5	14. コ・ティーチャーたちは、効果的なコミュニケーションの手本となる言動をしている。	1	2	3	4	5
1	2	3	4	5	15. コ・ティーチャーたちは、連携というものを具体的な形で表している。	1	2	3	4	5
					職務上の関係性					
1	2	3	4	5	16. コ・ティーチャーたちは、パートナーのやり方にある程度従うことができる。	1	2	3	4	5
1	2	3	4	5	17. コ・ティーチャーたちは、教室で起こることについて対等に責任がある。	1	2	3	4	5
1	2	3	4	5	18. コ・ティーチャーたちは、二人で重要事項を決定する。	1	2	3	4	5
1	2	3	4	5	19. コ・ティーチャーたちは、どちらも、やるべき仕事に責任を持って取り組んでいる。	1	2	3	4	5
1	2	3	4	5	20. コ・ティーチャーたちは、授業中、相手が何を考え、どんな指示を出すか、察することができる。	1	2	3	4	5
1	2	3	4	5	21. コ・ティーチャーたちは、穏やかな役割も厳しい役割も分担する。	1	2	3	4	5
1	2	3	4	5	22. コ・ティーチャーたちは、パートナーが言い終えたところから話しを続けることができる。	1	2	3	4	5
1	2	3	4	5	23. コ・ティーチャーたちは、指導しながら児童生徒の授業の取り組み方を観察している。	1	2	3	4	5
1	2	3	4	5	24. コ・ティーチャーたちは、計画的に行動する。	1	2	3	4	5
					教室でのダイナミクス					
1	2	3	4	5	25. コ・ティーチャーたちは、必要に応じて、指導のストラテジーを変更する。	1	2	3	4	5
1	2	3	4	5	26. コ・ティーチャーたちは、児童生徒が確実に学業成果を上げるように、絶えず軌道修正する。	1	2	3	4	5
1	2	3	4	5	27. コ・ティーチャーたちは、必要に応じて、評価の方法や手順を変更する。	1	2	3	4	5
1	2	3	4	5	28. コ・ティーチャーたちは、児童生徒に意欲を起こさせるために多様な指導テクニックを使う。	1	2	3	4	5
1	2	3	4	5	29. コ・ティーチング授業を受ける児童生徒は、学習目標は同じであっても、学習成果を一人ひとり違う方法で示しても構わない。	1	2	3	4	5
1	2	3	4	5	30. コ・ティーチング授業での指導内容には社会情動的スキルも含まれている。	1	2	3	4	5
1	2	3	4	5	31. 特別支援教育専門教員は、児童生徒の特有のニーズに応えるため指導内容を展開したり変更したりする技量がある。	1	2	3	4	5

1	2	3	4	5			1	2	3	4	5
1	2	3	4	5	32.	コ・ティーチャーたちは、児童生徒の多様性に対応する様々な方法を知っている。	1	2	3	4	5
1	2	3	4	5	33.	コ・ティーチャーたちは、児童生徒のニーズが授業で何をすべきかを決定すると信じている。	1	2	3	4	5
1	2	3	4	5	34.	コ・ティーチャーたちは、児童生徒の学習ニーズを考慮し、バランスの取れた指導をすることが重要だと信じている。	1	2	3	4	5
1	2	3	4	5	35.	コ・ティーチャーたちは、コ・ティーチングは努力するだけの価値があると信じている。	1	2	3	4	5
1	2	3	4	5	36.	コ・ティーチャーたちは、学習と指導についての信念を共有している。	1	2	3	4	5
1	2	3	4	5	37.	コ・ティーチャーたちは、自分たちの目的は学びを促進し、知識を伝えることだと信じている。	1	2	3	4	5
1	2	3	4	5	38.	特別支援教育専門教員は個々の児童生徒のニーズに対応するための指導ストラテジーを提案する技量がある。	1	2	3	4	5
						状況的な要因					
1	2	3	4	5	39.	コ・ティーチャーたちは、情報交換する機会を定期的に設けている。	1	2	3	4	5
1	2	3	4	5	40.	コ・ティーチャーたちは、共同で授業計画を立てるための日程を組んでいる。	1	2	3	4	5
						普遍的な要素					
1	2	3	4	5	41.	コ・ティーチャーたちは、お互いに信頼し合っている。	1	2	3	4	5
1	2	3	4	5	42.	コ・ティーチャーたちは、互いの、プロフェッショナリズムに基づく専門性を尊敬している。	1	2	3	4	5

採点方法

以下の方法で分析すると、ご自身の回答について追加の情報を得ることができます。始めに、各ファクターⅠ、Ⅱ、Ⅲ（下記の解説を参照のこと：ファクターⅣとⅤについては別途説明あり）で選んだ回答の数字を足し、その合計をそれぞれの項目別の空欄に記入してください。

重要度

Factor Ⅰ _____

Factor Ⅱ _____

Factor Ⅲ_____

合計　　_____

現状

Factor Ⅰ _____

Factor Ⅱ _____

Factor Ⅲ_____

合計　　_____

次に、それぞれの列の数字を足したものを総得点の欄に記入してください。

得点について：それぞれのファクターの各項目に関する説明と、模範チームから得た回答の平均点が示してあります。ご自身の回答に対する理解に役立ててください。模範チームは、現状の項目の合計が重要度の項目の合計を上回っていますので、模範チームがどのよ

うに自分たちの実践を評価しているかにもぜひ注目してください。

ファクターⅠ：個人的な前提要件　個人的な前提要件とは、各々の教員がコ・ティーチングに貢献する技量と特徴のことです。ここには、指導スタイル、専門分野あるいは担当教科に関する知識、そしてコ・ティーチング授業への貢献度が含まれます。模範チームの平均点は次の通りです。重要度　66.16　現状　68.03

ファクターⅡ：職務上の関係性　職務上の関係性は、コ・ティーチャー同士の協働的なつながりを表します。ここには、互いに対等であるという意識、同じ目標に向けて協力し合える能力、重要事項の決定を共有する度合い、そして、それらの決定事項に対する説明責任、が含まれます。模範チームの平均点：重要度　37.28　現状　38.69

ファクターⅢ：教室でのダイナミクス　教室でのダイナミクスとはコ・ティーチング授業に付加価値を与える信念や行動のことです。学ぶということや指導するということに対する自身の考え方、教科指導や社会スキル指導に関する専門知識、および、使用する個別ストラテジーの幅の広さを含みます。模範チームの平均点：重要度　60.88　現状　62.75

ファクターⅣ：状況的要因　状況的要因にはコ・ティーチングを容易にする一時的な条件が挙げられます。当アセスメントに妥当性を認めた教員の方々が、非常に重要な意味を持つ、と特定したのはここに掲載した2項目のみでした。どちらの項目も、一緒に授業計画を立てる時間を確保することの重要性を示唆しています。このファクターに関しては、含まれる項目が二つしかないため、模範チームの点数の記載はありません。

ファクターⅤ：ファクターⅤの項目は他の項目とやや異なります。このファクターはコ・ティーチングの基盤となる項目で構成されています。記載した2項目はどちらも、当アセスメントの原型となる初期のコ・ティーチングに関する研究調査に参加した教員の方々全員が、極めて重要、と評価した項目です。これらに対する現状スコアはチーム間での大きな差が見られませんでしたが、極めて重要、と評価を受けた項目ということもあり、検討材料にしていただきたいという意味合いで掲載しました。

合計点　このアセスメントに対する回答を考察するもう一つの方法として、コ・ティーチングには多くのバリエーションがあるということを念頭に置きながら、合計点に注目してみてください。一般的には、合計点の高さはそのチームのコ・ティーチングが互いの協働的な関係性に大いに支えられているということを反映しています。極めて協働的なコ・ティーチングは非常に充実感を得られるもので、児童生徒にとっても有益である、と教員た

ちが評価する一方で、さまざまな理由から、コ・ティーチングは誰にとっても最も望ましい、あるいは、実現可能な方法ではないかもしれません。コ・ティーチングほど包括的なやり方でなくても、効果的に指導する方法は他にもあるはずです。模範的なチームによる合計点の平均点は重要度が 163.92、現状が 169.08 でした。

対等、対等、何が何でも対等に！

皆さんは、皆さんと皆さんのコ・ティーチングパートナーが、教育指導を行うにあたり真の協働的関係にある、つまり、互いの関係は対等だ、ということを、どのように児童生徒たちに伝えていますか。以下のチェックリストは、両者間の関係性が、互いにとって、そして、児童生徒にとっても、対等に見えるか（あるいは対等に見えないか）をじっくり考える手助けになるはずです。注）以下の項目がご自身の状況に当てはまるかどうかは多くの要因に依ることに留意してください。

既に行っている	行うべき	当てはまらない	
———	———	———	1. どちらの教員の名前も教室のボードに書かれてある、あるいは、掲示されている。
———	———	———	2. どちらの教員の名前も予定表や成績表に書かれている。
———	———	———	3. どちらの教員も児童生徒の宿題や課題に評価を与えている（たとえば、特別支援教育専門教員は少なくとも時折採点評価をしている）。
———	———	———	4. どちらの教員も教室に自分の所持品を保管する場所がある。
———	———	———	5. どちらの教員にもそれぞれ同等質の自分用の作業用備品（机、椅子など）が用意されている。
———	———	———	6. どちらの教員も教室では主導的な役割を果たすことがある。
———	———	———	7. 授業で講義する時間の長さはどちらの教員もだいたい同じだ。
———	———	———	8. どちらの教員も相手に確認を取らずに児童生徒に指示や許可を出す。
———	———	———	9. どちらの教員も児童生徒全員を指導する。
———	———	———	10. どちらの教員も児童生徒から教員とみなされている。

自分たちのコ・ティーチングパートナーシップに貢献するための私の役割

コ・ティーチャーは、各自、自分たちのパートナーシップに何を貢献するのかをじっくりと考えるべきです。コ・ティーチングに貢献できる自分自身の役割について熟考することで、コ・ティーチングの経験が浅い方でも、コ・ティーチングは二人の教員が単に同じことをするのではなく、むしろ、パートナーの専門性を高く評価することにあるのだということがわかります。同様に、豊富なコ・ティーチング指導経験があるコ・ティーチャーにとっても、互いの専門知識をいかに活用しているかを見直すことができます。

ご自身のコ・ティーチングへの貢献に関して以下の質問に答えてください。第1章と本章の内容を参考に、以下のチャートに回答を記入してください。

1. あなたがコ・ティーチングパートナーシップに貢献できる強みは何ですか。一個人として持つ素養、教育者としての専門知識、そして、ご自身の専門領域に関連する特定のスキルについて考えてください。

2. あなたがコ・ティーチングパートナーシップにマイナスの影響を与えてしまうものは何ですか。自分自身の性格、職業的な役割を問わず決まって直面してしまう問題、ご自身の専門分野や他の専門分野に関して取り組む必要のある課題について考えてください。

コ・ティーチングパートナーシップに貢献できる私の強み	コ・ティーチングパートナーシップの妨げになる私的要因
1.	1.
2.	2.
3.	3.
4.	4.
5.	5.
6.	6.
7.	7.
8.	8.
9.	9.
10.	10.

パートナーシップを築くための専門知識の融合

　コ・ティーチングパートナーと二人で、各自がコ・ティーチングパートナーシップにもたらす知識やスキルそして特徴を書き出し比較してみましょう。下記のようなベン図を描き、以下の質問に答えてください。

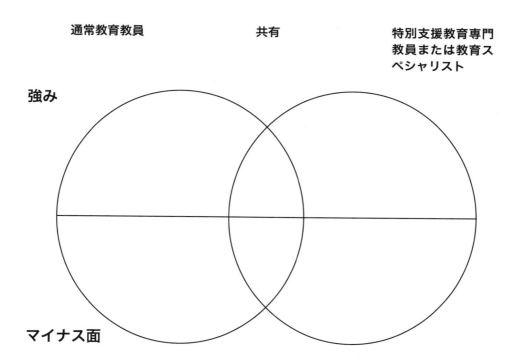

1. あなたとコ・ティーチングパートナーはどのような点が似ていますか。互いの相似点はどのようにコ・ティーチングの効果度に貢献していますか。互いの相似点はどのようにコ・ティーチングの効果度を妨げていますか。

2. あなたとコ・ティーチングパートナーはどのような点が異なりますか。互いの相違点はどのようにコ・ティーチングの効果度に貢献していますか。互いの相違点はどのようにコ・ティーチングの効果度を妨げていますか。

3. コ・ティーチングパートナーシップへの各自の貢献を再考察で改めて振り返ってみて、二人が言及しなかった領域で、コ・ティーチングでの教育指導の向上につながると思われるものは何ですか。それらを日々の実践に確実に組み入れるためにどのように連携していこうと思いますか（児童生徒の積極的な授業参加を促すためのストラテジー、など）。

第4章

コ・ティーチングアプローチ

「チームワーク：簡単に言えば、チームワークは『私』でなくて『私たち』に関心がある。」

—作者不詳

読者に期待される学習成果

1. コ・ティーチングの六つのアプローチを説明できる。また、各アプローチの例、各アプローチが生み出す可能性、各アプローチの課題、そして、各アプローチのバリエーションについても併せて説明できる。
2. コ・ティーチャーが実施するこれらのアプローチに最も影響を与える要因を分析できる。
3. 多様なニーズのある児童生徒のために、二人の教員が教室で互いの指導力を最大限に生かすためのアイデアを発案することができる。

　成功をもたらすコ・ティーチングは多くの要因に依拠するものですが、おそらく、その最も本質的な特徴は、学習によって得られる知識を最大化するために、教員と児童生徒を効果的に配置するということでしょう。これが本章のメインテーマになります。

　二人の教員が教室にいるとはどういうことなのか、ということを考えるにあたり、以下に述べるポイントを覚えておいてください。まず一つ目のポイントとして、コ・ティーチングは意図的であるべきです。これはどういうことかというと、コ・ティーチングは、授業で教える教科内容についての十分な理解と、授業を受ける児童生徒のニーズに基づいて計画されなければならないということです（Friend, Cook, Hurley-Chamberlain, & Shamberger, 2010 ; Gurgur & Uzuner, 2011; Murdock, Finneran, & Theve, 2016 など）。

コ・ティーチャーをしていれば、誰にでも、どちらか一方が、「今日は何をするんでしたっけ？」と言いながら教室に駆け込んでくる日が時々はあるでしょう。しかし、これが、常に、であれば、コ・ティーチングが成功する見込みはありません。

　二つ目のポイントとして、コ・ティーチングが意図的でなければならない理由は、意図的であるがゆえに、障害のある児童生徒が個別支援計画（IEPs）に記載されている専門的な指導を、そして、英語学習者である児童生徒が個別学習計画（ILPs）に基づいた指導を受けることができるからです（Friend, 2016; Honigsfeld & Dove, 2016）。コ・ティーチングには、可能な限り、通常の授業が進められていくなかで、児童生徒が、各自のニーズに合わせたIEP目標、英語学習目標、音声言語目標、またはリーディング目標など、目標達成に向けて取り組む機会が含まれていなければなりません。事実、もしコ・ティーチングに専門的指導が含まれないのならば、一つの授業に二人の教員を置く意味があるのだろうか、と疑問視されるのは当然です。これについては第5章で詳しく述べたいと思います。

　コ・ティーチングが意図的であるべき三つ目のポイントは、コ・ティーチングは教室での役割と責任という点に関して、臨機応変に対応する、ということが前提にあるからです。つまり、通常学級教員が大人数の児童生徒グループを教えることもあれば、特別支援教育専門教員または他の教育スペシャリストが大人数グループを担当することもあります。一方で、教員が二人で小人数の児童生徒グループを教えることもあります。特別支援教育専門教員だけに児童生徒の学習介入対応を任せるのではなく、どちらの教員も学級の児童生徒全員に働きかけます。生徒指導や学級経営も二人で分担します。

　最後のポイントとして、コ・ティーチングは、常に、徐々に介入の度合いを高めていく集中的な指導（increasing instructional intensity：III）の成果を示さなければなりません。つまり、コ・ティーチングを実践する教員は、六つのコ・ティーチングアプローチを検討し、どのアプローチを使い、どのようなグループ構成にするかを判断しながら、自分たちのやり方で二人とも能動的に指導にあたることができるか、多様な児童生徒への学習指導の質が向上するか、そして、結果として児童生徒の成績の改善を得られるかを分析し続ける必要があります。

● 六つのコ・ティーチングアプローチ ●

　コ・ティーチングは、六つのアプローチを用いながら教員と児童生徒の配置を工夫することによって実施されるものです（Friend & Cook, 2017）。それぞれのアプローチは、解説とともに、図4.1から図4.6で示しています。各アプローチにはそれぞれ利点と欠点がありますので、最良のアプローチというものはありません。これらのアプローチは、コ・ティーチングを始めるにあたっての一つの出発点と考えてください。というのも、これら

のアプローチが、これまで、創造性に富んだコ・ティーチャーの方々が、児童生徒のニーズに応えるために生み出してきた多彩なバリエーションをすべて象徴するものではないからです。また、これらのアプローチはそれぞれ独立して存在するものではありません。一つの授業で二つ、もしくはそれ以上のアプローチを用いたり、新しい選択肢を作るために複数のアプローチを組み合わせたりすることもあり得ます。要するに、これらのアプローチの中からどれか一つだけを選択することが狙いではないということです。皆さんがコ・ティーチングを始めたばかりだとしても、少なくとも3種類のアプローチを試してみることをお勧めします。いずれは、授業を受ける児童生徒が最良の学習機会を得られるよう、すべてのアプローチを運用してみるといいでしょう。コ・ティーチングアプローチを検討するにあたっては、本章付録の資料を参考にしてください。近日中に教える予定の授業を利用し、まず、その授業を教員一人で進める場合の素案を作成し、次に、一つか、または、複数のアプローチを使いながらその授業を進める代替案を作成してみましょう。

ワン ティーチング、ワン オブザービング（One Teaching, One Observing）

奨励用途：頻繁に、通常は比較的短時間で

今日、学校の政策決定はデータに基づいて行われることになっているはずです。たとえば、教員は、児童生徒がこれまで学習してきたことを示すための資料として、いわゆる、行動的産物データ（permanent product data）、つまり、テスト成績、日々の課題提出物、作文のサンプル等を収集するのが最も一般的です。コ・ティーチングでは、教員がこれらの資料に加えて、観察に基づくデータを収集する機会も得られるため、この観察データも指導方法の変更や児童生徒の学習改善のための資料として活用できます。ワン ティーチング、ワン オブザービングでは、片方の教員が学級の児童生徒への全体指導を進める間、もう片方の教員が、必要であると双方が判断した学習および社会的行動データを一貫して収集します。こうすることで、たとえば、自閉スペクトラム症のある生徒が同級生とのやり取りの最中にアイコンタクトをするかどうかや、第二言語として英語を学んでいる生徒が代名詞を正しく使っているか、など、かなり特化したデータを収集することができます。児童生徒が課題に取り掛かるまでに

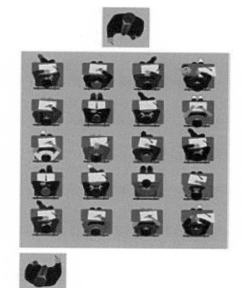

図 4.1　ワン ティーチング、ワン オブザービング

要する時間の長さや、学習課題に取り組んでいる時間の長さ等の学習行動に関する観察データも収集可能です。観察の対象が、児童生徒の無駄話や目の前の学習課題に注意を向けているか、のような行動の場合もあります。こういった観察データは行動的産物データと関連性が強いので、ワン ティーチング、ワン オブザービングは、少なくとも週に1回、もしくは複数回程度、実施すべきです。そうすることで、適切に指導計画を立て、児童生徒のニーズに合わせて指導を調整することができます。

さらに、何か懸念事項が生じた場合（児童生徒数名の授業妨害行為が次第にひどくなってきている、など）や、教員が児童生徒の学習進度を測るうえで特定の情報が必要だと考えた場合（英語学習者である児童生徒のクラスディスカッションでの語彙使用の評価、など）には、児童生徒を観察する必要があります。これらの例でわかる通り、データ収集の対象となるのは、一人の児童生徒、特定の児童生徒数名、複数グループの中から代表として選んだ児童生徒数名、あるいは学級全体など、さまざまな焦点の当て方があります。コ・ティーチングが行われる教室では、データ収集を目的とした多くのストラテジーが利用可能であり、たいていの場合、特別支援教育専門教員は、まさにこの観察技法を扱う授業を大学で少なくとも一つかまたはそれ以上学んできています。たとえば、特別支援教育専門教員は、先行事象―行動―後続事象を表すABC分析を行う方法を学んでいるはずです。この技法は、教員が特定の行動が起こる原因となる事象を明らかにするのに役立ちます。他のデータ収集ストラテジーには、生じた行動の回数を記録する事象記録法があります。これは、児童生徒が自分の席を離れた回数や、大声を出した回数などの記録に適しています。

他にも、インターバル記録法という技法があります。インターバル記録法では、ある一定の時間を短い間隔に分割します（たとえば、15分を15または30の間隔に分割）。観察担当の教員は、分割された各インターバルの間に、観察の対象となっている行動が生じたかどうか印をつけるだけです。この技法は、たとえば、コ・ティーチャーが、ある生徒は教員がクラス全体への講義をしている時に頻繁に大声を出すのではないかと推測する場合に使えます。これは、時間サンプリング法、つまり、各インターバルの終わりにだけ対象生徒を観察し、その時点で標的としている行動が起きているか、いないかを記録する技法（たとえば、各インターバルの終わりの時点で学習課題に取り組んでいるか）としても用いることができます。この手法を使えば、標的行動の生起頻度の大まかな判断が可能です。もう一つ、持続時間記録法という手法もあります。これは特定の行動に従事する時間の長さを記録するもので、対象生徒が、教員が出した指示に取り掛かるまでにどれ位の時間がかかるかを観察する場合に使うことがあります（教材を片づけること、など）。

これらのデータ収集の考え方は、特別支援教育専門教員や他の教育スペシャリストがこれまで学んできた多くの内容の中のほんの一握りにすぎません。これらのスペシャリストは、どの技法を使って観察データを収集するかはそのデータを使う目的によって決まると

いうことを理解しているので、児童生徒の観察が教室での指導についてのさまざまな判断に役立つ貴重な情報源になるように力を貸してくれるはずです。

　最後に、児童生徒の行動観察はコ・ティーチングの一部でもあるので、もう一つ大事なポイントをお伝えしましょう。データ収集は、ここ数年のタブレット端末やスマートフォンの普及に伴い、かなり簡素化されてきました。今では、多くのコ・ティーチャーがデータ収集のために電子表計算プログラムや様々なアプリケーションを利用しており、重要な児童生徒情報を集め、共有し、データに基づいて判断することが従来よりも容易になっています。

実践でのワン ティーチング、ワン オブザービング アプローチ　ここで、ワン ティーチング、ワン オブザービングを用いた三つの例を挙げてみましょう。コ・ティーチャーがどの観察記録法を使ったか考えてみてください。コ・ティーチャーは、得られた観察データを基に、学級での指導や決まり事をどのように変更すると思いますか。

❀　コ・ティーチャーは二人とも、学校の教育支援チームが学習面でのつまずきが見られるある生徒について話し合いの場を持つべきだと思っている。そこで、その生徒が特定の質問に答えられないときに何をしているか、気が散り始めるまでにどれだけ長く学習課題に取り組んでいるか、そして、同級生の誰に助けを求めるか、を把握するために、その生徒が一人で学習課題に取り組んでいるところを観察することにした。

❀　ある高校のコ・ティーチャーは、授業中、どの生徒が全体指導の時間に教員の質問に答えようとするかを知りたいと思っている。そこで、片方のコ・ティーチャーが、座席表を使い、どの生徒が質問に答えるために手を挙げるかを記録することにした。

❀　ある中学校の数学の授業では、生徒が各自、演算の順序に関する問題の解答を自分のホワイトボードに書く。片方のコ・ティーチャーが（生徒たちがホワイトボードに書いた解答を拭き消す前に）、どの生徒が各問題を正解したかを記録しながら、問題に取り組んでいるところを見て回る。

❀　ある学校では、コ・ティーチングを担当している教員全員が、次の9週間で取り組むことになっている教科基準を列ごとに要約した表を作成した。生徒の名前は最初の列に記載され、評価の基準となる課題や活動が終わったら、習熟度基準に達した生徒の名前に終了のチェックマークを入れる。

可能性と課題　教員が二人いれば児童生徒に十分な注意を向けることができますが、一人ではなかなかそのような時間を確保することができません。このコ・ティーチングアプローチを使えば、児童生徒の学習ニーズを理解するうえで、一人だけでは気づきにくい微妙な点を把握することが可能になります。そうとは言え、教員の方々は、多くの場合、どんなデータを集めれば役に立つのか、どうやってそのデータを集めればよいのか、どうやってそのデータを解釈しどう指導に生かせばいいのか、といったことを話し合えればいいのに、と望むだけに終始してしまいがちです。残念なことに、教員向け職能開発訓練のセッションで、教員の方々が（小、中、高、のいずれのレベルであっても）、自分たちの児童生徒の観察データを集めたことがないと発言しているのをよく耳にします。要するに、指導を工夫するために観察データを収集することや、実用的なデータを収集する手法、そして、そういったデータの活用方法についての話し合いが必要だということですね。この話し合いに加えたいもう一つの話題は、誰が観察すべきか、ということですが、何故、授業を進める役割から一旦離れ、客観的に児童生徒の学習や行動に関するデータの収集に徹する機会をそれぞれのコ・ティーチャーが持つことが必要なのか、ということも含めて、ぜひ話し合ってみてください。

ワン ティーチング、ワン オブザービング アプローチのバリエーション　上で挙げた例はどれも、児童生徒の学習、行動、そして社会的スキルに焦点を当てたものでした。このアプローチの基本的なバリエーションでは、行動観察の焦点が児童生徒から教員に移ります。このバリエーションを説明する前に、一つ注意しておきたいことがあります。新しくパートナーシップを組んだばかりのコ・ティーチャーは、互いに打ち解け、二人で授業をすることに対して違和感がなくなるまで、このバリエーションの使用を控えた方がいいでしょう。また、このバリエーションは、授業を進める側の教員を評価していると捉えられてしまう可能性があるので、コ・ティーチャー同士の間に何らかの緊張が見られる場合は、おそらく使用しないほうがいいと思います。とは言うものの、このアプローチは、自分たちの指導スキルの観察に大いに役立つ手段の一つになり得ます（公式の教員評価や校内指導教育プロセスは別として）。たとえば、先ほどの例にあったように、どの生徒が挙手したかを集計するやり方に加えて、男子生徒と女子生徒に均等に名指ししているかどうかを観察することもできます。また、児童生徒たちが基本的内容を理解しているかの確認をするための質問だけでなく、さまざまなレベルの質問を投げかけているかどうかを知ることもできます。もう一つの例は、児童生徒の問題行動に対する一貫性に関わることです。コ・ティーチャーは、二人とも問題行動に対して同じように対応していますか。それとも、片方のコ・ティーチャーがもう片方に比べてより厳しい反応を示していますか。新教員評価システムが普及してきたことで、コ・ティーチング授業を担当している教員の方々は互いに観察し合いながら、この新評価システムが求める基準を満たすべく相互に助け合う機

会を持てるようになりました。結果として、学校管理者が公に教員に対する評価観察を実施する際には、コ・ティーチャーの方々は評価を受ける準備がこれまで以上にしっかりとできているかもしれませんね。皆さんと皆さんのコ・ティーチングパートナーならば、他にどのような教員行動を観察の対象にすると思いますか。対象行動を観察したデータは二人のコ・ティーチングにどのような影響を及ぼすと考えますか。

■ ステーション ティーチング　（Station Teaching）

推奨用途：頻繁に

　学習者の多様なニーズに応えるために、という主題を扱うどの文献にも、推奨される方策として必ず挙げられているのが、より良い指導ができるように、さまざまな方法で児童生徒をグループ分けする、ということです。これは理に適っていますね。小グループであれば、児童生徒の能力レベルや興味を考慮しながら構成することができます。さまざまな学習段階にいる児童生徒や社会的交流の仕方がそれぞれ異なる児童生徒を組み合わせることも可能です。コ・ティーチング環境が整っていれば、小グループの選択肢はさらに広がります。

　基本的なステーション ティーチング アプローチでは、授業で教える内容を三つに分け、児童生徒も三つのグループに分けます。三分割した学習内容を一つずつ、グループごとに順番に取り組むということです。教員は二手に分かれ、各自のステーションでグループ指導を行い、第3のグループは教員がつかない三つ目のステーションで自習に取り組みます。授業時間中、各グループはステーションからステーションへと順番に回り、授業の終了時までには、生徒全員が三分割した学習内容をすべて終わらせ、また、どちらの教員も生徒全員と接することになります。このアプローチは中学校や高校ではあまり一般的ではありませんが、中・高の教員の方々も、ブロックスケジュールの授業にしろ、通常の授業にしろ、グループごとで指導を行うステーション ティーチング アプローチの価値を認めています。

実践でのステーション ティーチング　ステーションを利用したコ・ティーチングの例を挙げてみましょう。

❖　ある小学校の算数の時間、児童たちは概数を学習している。第1グループはおお

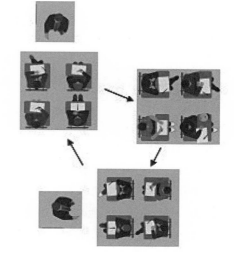

図 4.2　ステーション ティーチング

よその距離（たとえば、教室の外周を歩くには何歩かかるか）、第2グループはおおよその回数（たとえば、1分間に何回飛び跳ねることができるか）、そして第3グループはおおよその量（たとえば、天秤に載っているおもりとバランスを取るのに何本のクレヨンが必要か）。第1、第2のグループは教員主導で取り組み、第3グループは児童同士でパートナーを組み、自分たちで取り組む。45分の授業時間の間に、全グループがこの三つのステーションを順番に回る。

❀　ある高校の歴史の授業（ブロックスケジュール）では、産業革命について学んでいる。第1グループは教員主導でアプトン・シンクレア著によるジャングルについてディスカッションを行っている。第2グループは教員と一緒に教科書からの抜粋教材を復習している。第3グループは20世紀初頭の生活を描写した古い写真を含む地元の郷土史保存会から提供された資料の調査をして、当時の生活の様子を生徒同士で話し合い、写真に写っている人物について架空の物語を書いている。

❀　ある中学校では、コ・ティーチャーが二人で州の学力標準に基づいて、英語の授業を組み立てた。第1グループは教員主導で、すでに読み終えた作品の中から繰り返し使われているフレーズを探し出し、なぜその技法が効果的かを分析しながら、クローズリーディング（close reading）に取り組んでいる。第2グループではもう一人のコ・ティーチャーが、今習っている単元に関連する語彙学習に取り組ませている。第3グループでは、生徒が各自、スタミナ（stamina）、つまり、集中して長時間にわたり読むことのできる持久力をつけられるようリーディングの学習課題に取り組んでいる。

可能性と課題　ステーション ティーチングには多くの利点があります。たとえば、さまざまな方法で児童生徒をグループ分けすることによって、教員はより効果的に指導目標を達成することができます。学習活動によって、いろいろなタイプの児童生徒を組み合わせるべき場合もありますし、能力別にグループ分けしたほうがいい場合もあります。ステーション ティーチングを用いれば、児童生徒のすぐそばで学習の様子を確認することができます。1グループあたりの児童生徒数が6名から10名ならば、どの児童生徒が授業内容を理解したか、どの児童生徒が追加の支援を必要としているか、ということも大グループよりもだいぶ確認しやすくなります。また、このアプローチを使うことで、行動に問題がある児童生徒や、他の児童生徒との共同作業が苦手な児童生徒を離してグループ分けすることも可能です。最後に、ステーション ティーチングは、対話重視の学習環境づくりに役立ちます。複数の児童生徒グループと複数の教員がいれば、ディスカッションや学習活動を通じて、児童生徒のより積極的な授業参加が期待できます。

　しかしながら、ステーション ティーチングにも注意しなければならない点がいくつかあります。最初の点は、各ステーションで行う学習活動は、それぞれが独自の機能を持つものでなければならない、ということです。今いるステーションでの学習課題を終わらせなければ、次のステーションに移動できない、というような内容の学習活動には、このアプローチは適していません。たとえば、学習活動が、一つ目のステーションで小論文に取りかかる前に全体の構成をメモする作業に取り組む、次のステーションで小論文の下書きを書く、そして、その次のステーションでグループの仲間と協力して下書きしたものを編集する、という内容だとしたら、ステーション ティーチングは適したアプローチではありません。この流れで行くと、何人かの生徒は、自分の小論文を書き始める前に編集する作業をしなくてはなりません！上述の例を読み返してみると、それぞれのケースでこのアプローチの基準が満たされていることがわかります。各ステーションでの活動は、児童生徒が1番目、2番目、または3番目に順番が回ったとしても問題なく取り組めるようになっています。

　ステーション ティーチングのもう一つの注意点は、ロジスティクス（実行計画）に関することです。小グループを複数設けると騒音レベルが高くなるので、コ・ティーチャーは、児童生徒全員を学習活動に取り組ませつつも、話し声を許容できるレベルに保つ方法を話し合う必要があるかもしれません。加えて、このコ・ティーチングアプローチでは、時間配分に注意する必要があります。授業を計画する際には、講義や学習活動の時間がどのステーションでもほぼ同じ長さになることを必ず確認してください。授業中、教員と児童生徒の両方に見えるように、各ステーションでの残り時間を示すタイマーを使用するコ・ティーチャーもいます（この話題に関しては第6章でさらに詳しく説明します）。

ステーション ティーチング アプローチのバリエーション　ステーション ティーチングの基本的なバリエーションには、その時々のコ・ティーチング授業の状況に合わせて、グループ数を変更するものがあります。たとえば、ブロックスケジュールではなく従来の時間割を採用している中学校や高校、あるいは、児童の行動が主な懸念事項となっている小学校などでは、一つの授業で三つのステーションを回ることはほぼ不可能か、または、非現実的です。であれば、児童生徒が自習に取り組むステーションを削除し、二つのステーションで進めることもできます。また、ステーション交替の時間が来たら、児童生徒が移動する代わりに教員が移動するようにしてもいいと思います。こうすることで、貴重な授業時間を確保できますし、ステーション移動時に児童生徒が指示通りに動かない、というようなことも避けられます。従来の時間割で動く中学校や高校向けの別の選択肢として、2日間にわたる授業の指導計画の一部としてステーション ティーチングを用いる方法があります。1日目の授業の前半は、二人で授業を進める。その日の授業の後半で、生徒グループは三つのステーションのうちの一つを終える。そして、翌日の同じ授業で残り二つの

ステーションを終える、というような流れです。高校によっては、このようなやり方をさらに拡大し、生徒グループが一回の授業につき一つのステーションで学習課題に取り組む形で3日間にわたる授業計画を立てる教員もいます。

　グループ数に関しては、他の選択肢もあります。たとえば、小学校では教員以外の大人の手を借りられるので（パラプロフェッショナル、学習指導員（インストラクショナルコーチ：Instructional coach）、保護者ボランティア、など）、ステーション数を増やし、教員はコアインストラクション（core instruction；訳注：高度な訓練を受けた教員による、全児童生徒を対象にした、教科指導）を自分たちで引き受け、他の大人たちに復習や問題練習をするステーションを担当してもらうことも可能です。中学校や高校では、コ・ティーチャーがそれぞれ担当するステーションの周りで小グループに分かれた生徒たちがさまざまな種類の数学の問題に各自取り組むことができるように、四から五、または、六つのステーションを用意することもあります。

　他にも、インコンプリート ステーション（incomplete stations）と呼ばれる、興味深いバリエーションがあります。このモデルでは、児童生徒が三つのステーションのうち二つに参加することになっています。たとえば、成績が優秀な生徒は1つ目のステーションでライティングに取り組みます。二つ目のステーションでは、教科担任がこれらの児童生徒一人ひとりにフィードバックを与えたり、主要概念を見直したりします（主要テーマ、話の本筋、詳細、など）。平均的な成績レベルの生徒は、最初に、一つ目のステーションで特別支援教育専門教員と効果的なライティングの要素を復習することから始めます（教科課程基準に照らし合わせながら）。次に、二つ目のステーションでライティングに取り掛かります。ライティングにつまずいている生徒は、まず一つ目のステーションで、教科担任と主要概念の基礎を見直すことから始めます。次に、特別支援教育専門教員がいるステーションで追加の直接指導を受けたり、書いたものを見てもらったりします。このアプローチを用いれば、コ・ティーチャーは長めの課題作業を準備できますし（移動するのが3回ではなく2回なので）、生徒のあらゆるニーズに効果的に対応できます。特に、特別支援教育専門教員や英語指導専門教員が専門的な指導をするために追加の時間が必要なときに役立つアプローチで、第5章でも取り上げています。このインコンプリート ステーションモデルは学年や教科を超えて実施されています。

▌パラレル ティーチング（Parallel Teaching）

推奨用途：頻繁に

　あなたは人数の多いグループの中に目立たないように紛れているときに最も気持ちが落ち着くタイプですか。名前を呼ばれて質問に答える時や、あなたの意見を聞こうと皆があなたの方を向いた時にそわそわして落ち着きがなくなりますか。大人であれば、あなたの

選択の好みは、ただ単に「好み」で済みます。けれども、なかにはやはり同じように、注目されることが苦手な児童生徒もいます。もしそのような児童生徒が自分に注目してもらえるようにアピールしなければ、明確な目標を持たずに学校生活をやり過ごしてしまうことも多く、もっと個別に対応してもらえていたら向上していたかもしれない学力を伸ばせないままになってしまうかもしれません。パラレル ティーチングは、教員が個々の児童生徒に十分な注意を払うことを可能にするアプローチです。

　基本的なパラレル ティーチングは、クラスの児童生徒を二つのグループに分け、同じ授業内容を並行して進めるというものです。たとえ

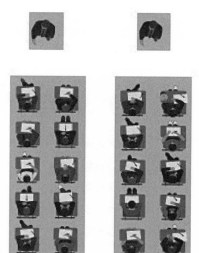

図 4.3　パラレル ティーチング

ば、その日の数学の授業の指導目標に沿って、コ・ティーチャー二人がめいめい自分が担当するグループの児童生徒を対象に、繰り下げ算の導入をしたり、角柱の体積の求めかたの講義をしたり、翌日の単元テストに向けた復習等を行ったりする、というようなやり方です。このアプローチでは、児童生徒は両方の教員からではなく、どちらか一方の教員から教わります。つまり、児童生徒グループを交替して教えることはありません。

実践でのパラレル ティーチング　では、経験豊富なコ・ティーチャーがパラレル ティーチングを実施した例を挙げてみましょう。

❧　ある6年生の国語の授業では、キャサリン パターソン著によるテラビシアにかける橋（*Bridge to Terabithia*）を読んでいる。第1章から第4章まではすでに読み終わっており、これから、読解力を確かめ、登場人物の特徴を分析し、この小説のテーマについて考察するためにディスカッションを行うところである。コ・ティーチャーは二人で、どの児童がディスカッション時によく発言する傾向があり、どの児童の口数が少なくなりがちかに注意を払いながら、さまざまなタイプの児童を組み合わせて二つのグループに分ける。グループ分けが終わったら、それぞれのグループで、以下の質問を使い、ジェスとレスリーの交友関係について話し合う。

● あなたはジェスとレスリーの友情が信用できますか。なぜそう思うのですか。または、なぜそう思わないのですか。本文のどの部分があなたの考えを支持していますか。

● あなたはこれまでにあなたとは違うタイプの子と友達になったことはあります

か。あなたたちはどう違っていましたか。自分とはタイプの違う子と友達になることは自分に似たタイプの子と友達になるより簡単でしたか。それともより難しかったですか。その理由は何でしたか。
- あなたの考えでは、ジェスとレスリーの友情がこの小説の中で起こる様々なことにどのように影響を及ぼすと思いますか。そう思う理由は何ですか。

　二つのグループのディスカッションが同時に進行するため、児童一人ひとりが、自分自身の友情についての経験を話し合ったり、自分の考えを支持または反証する手がかりをその作品から見つけたりする機会を持てる。教員二人もそれぞれ、普段はディスカッションに参加したがらない児童も同じように参加できているかを確かめながら進められる。

✤　ある化学の授業の学習目標は、
- 可逆反応と不可逆反応の違いがわかる
- 化学平衡の概念を説明できる
- 化学反応が平衡状態にあるとき、ルシャトリエの原理がどのように作用するかを理解できる

　まず初めに、生徒全員が一つのグループになり、可逆反応（温度によって色が変わる車、など）、不可逆反応（マッチを燃やす、など）、そして化学平衡（冷水と温水に入った NO_2 と N_2O_4 ガスチューブ、など）を観察し、いくつかの実験にも加わった。次に、生徒たちは、これらの実験観察について話し合い、日常生活で見られる化学平衡の例を考えるために、二つのグループに分けられる。生徒たちは、それぞれのグループで自分たちの回答を表にまとめる。それらの表は掲示されるので、生徒全員が見ることができる。この日の宿題は、化学平衡の原理を示す仮想の対抗紙玉投げ合戦を考案することである。

✤　ある小学校の授業では、中心アイデアと論点を補強する例証の理解を到達目標として取り組んでいる。各児童が短い文章を読みながら段落の主な構成要素を特定するディスカッションに加われる機会を倍増させるため、クラスを二つのグループに分ける。

可能性と課題　パラレル ティーチングの可能性と課題はステーション ティーチングと非常によく似ています。つまり、パラレル ティーチングは、教員が児童生徒をグループに分けることで、授業への取り組みを最大限に高め、行動に関する諸問題を最小限に抑える

ことができます。また、パラレル ティーチングでは、教員主導で児童生徒の授業参加を促すので、各児童生徒の発言回数が増え、また、教員が二人とも能動的な役割を担うことになるので、個々の児童生徒に対する指導の集中度が増すことになります。

　パラレル ティーチングを用いることで予想される課題は次のようなことです。第1に、このアプローチは、教員が二人とも児童生徒に対して同等の指導ができる場合にのみ効果的だということです。もし、片方の教員が教える内容に自信が持てなければ、その教員が担当するグループの児童生徒は評価テストを受ける際、不利な立場に置かれかねません。ということは、特別支援教育専門教員や英語指導専門教員、あるいは、他の教育スペシャリストが高度な専門資格を有していない、または、コ・ティーチャーとして担当する科目内容を指導する準備ができていないのならば、パラレル ティーチングは、必然的に、教科担任が基本的な内容を講義した後の復習やディスカッションのための技法として用いられることがほとんどであろうということになります。

　第2に、このアプローチでは、指導に費やす時間が二人ともほぼ同じであることが求められたため、指導のペースを互いに調整しながら進めることを学ばなければならないということです。第3に、パラレル ティーチングでは、騒音レベルが大きく影響するため、自分たちや児童生徒にとってどのくらいの騒々しさなら許容できるのかを話し合う必要があるということです。

パラレル ティーチングのバリエーション　パラレル ティーチングは、教育指導を充実させるための柔軟な手段です。実施されることの多い2種類のパラレル ティーチングのバリエーションを紹介しましょう。一つは、学力が大きく2極に異なる児童生徒がクラスにいる場合、その児童生徒たちの学習段階に基づいてグループ分けをするというやり方です。学習につまずきが見られる児童生徒を一つのグループに、そして、最も成績優秀な児童生徒をもう一つのグループに割り当てたら、これらのグループに分けられた児童生徒が偏見を持たれないように、残りの児童生徒をどちらかのグループにばらばらに割り当てます。たとえば、ある数学の授業では、最初に教員二人で乗法について説明し、実際に計算の仕方をやって見せました。その後、生徒を理解度に合わせて二つのグループに分けました。片方のグループはマニピュラティブ（manipulatives；訳注：数のゲームやパズルなど）を使いながら乗法の問題に取り組み、もう片方のグループはマニピュラティブを使わずに同じ問題に取り組みました。パラレル ティーチングでの意図的なグループ分けとしては、他にも、興味に基づくグループ分け（たとえば、片方のグループはスポーツがテーマの短編を読み、もう片方のグループは音楽がテーマの短編を読む）や、プロジェクト（同じ単元の内容に基づいて、片方のグループはマルチメディアスライドを作成しクラスで発表し、もう片方のグループは同じテーマについて寸劇を書いて演じる）などがあります。

　二つ目のバリエーションとして、パラレル ティーチングを、一つの話題に対して異な

る視点があるということを示す目的で使う方法です。たとえば、南北戦争の原因という主題を導入するにあたり、片方のグループは、「北の侵略戦争」の観点に焦点を当てながらユニオン軍を離脱した諸州の見解を学習します。もう片方のグループは、奴隷制と人権の問題について学習します。両グループがそれぞれのテーマについての学習を終えた後、クラス全体でのディベートを行います。パラレル ティーチングをこのような形で応用すれば、児童生徒に多角的な視点の理解を促すことを学習目標とするどのような授業にでも活用できるのがわかりますね（主人公の視点、英語や言語技術科目で学習する文学、方程式を解くさまざまな方法、科学的ディベート、など）。

▌オルタナティブ ティーチング（Alternative Teaching）

推奨用途：時々

　コ・ティーチャーは、自分のパートナーにはできないようなやり方で、受け持ちの児童生徒のニーズを理解することがよくあります。この児童生徒は基本の概念をあっという間に習得してしまうから発展学習をさせることでさらに伸びるかもしれない、とか、この児童生徒がこの学習内容を理解するには追加の個別指導が必要だろう、と感じることがあるはずです。同様に、数人の児童生徒が何かに対して同じような興味を示すことや、児童生徒のなかにはコ・ティーチャーのどちらかが小グループで教えると、より集中して学習できる、といったことに気付くこともあると思います。

　こういった例が示す教育ニーズは、オルタナティブ ティーチングを使えば容易に対応できます。このアプローチでは、片方のコ・ティーチャーが大グループを指導する間、もう片方が特定の指導目的のために小グループを担当します。児童生徒がこの小グループに集まるのは、他の児童生徒たちが宿題のチェックをする間やウォームアップ課題に取り組んでいる間の数分間だけということもありますし、授業の最初の導入部分の講義が終わった後に、ということもあります。小学校では、午前中か午後のどこかの時間で、あるいは、初回の全生徒対象の介入指導が始まる直前の教室移動の時間帯に集合することもあります。

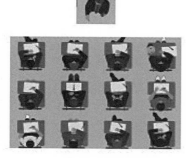
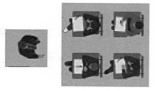

図 4.4　オルタナティブ ティーチング

実践でのオルタナティブ ティーチング　オルタナティブ ティーチングで対応し得る広範囲

にわたる教育ニーズについて、以下に例を挙げてみましょう。

❖ ある小学校のコ・ティーチャーは、何人かの児童は事前指導を受ければ学力が向上するだろうと確信している。そこで、土地のつくりについての単元を始める前に、新しい関連語彙を指導するための小グループを一つ設け、そこに児童を集めることにする。その児童グループのメンバーは、サイモン（読みにおける限局性学習症がある）、ミッチェル（注意欠如・多動症（ADHD）があり薬物治療を受けている）、チャリティー（自分に対して自信が持てず、自分の回答が正解だと確信しない限り、グループでの学習活動に加わるのを避ける傾向がある）、そして、マリア（英語学習者であるため現時点では学校の授業についていくのがやっと）。学級担任がこの4名を含めた小グループの児童を対象にした関連語彙の短い講義（飛行機、メサ、地峡、半島、など）を終えると同時に、特別支援教育専門教員も、他の児童たちが取り組んでいたライティング課題の教材を片付けさせ、社会の授業の準備をするよう促す。

❖ 7年生の数学のクラスでは、コ・ティーチャーが2日間にわたる授業を終了した。その授業の到達目標は以下の通り。
● πを含む実数の性質を区別し応用できる。
● 計器（定規を含む）と単位を選択し求められる精度に適用できる。
● 具体的なグラフや公式を使い平面図形の長さを求めることができる。
　1日目、生徒たちは、周長と円周を計算するために、教室内のいくつかの円形の物体（水筒の底、など）を計測する。次に、円周を直径で割り、その数字がπに近似することを学習する。2日目、何名かの生徒がこの概念を拡大させたワークシートに各自取り組む間、教科担任がこの概念をまだ十分理解できていない6名の生徒を指導する。この6名はさらに追加された円形の物体を計測し、それらを割り算して出した解答をπと比較する。

❖ このコ・ティーチング授業では、9年生の生徒たちが、高校に入学するまで身につけておくべき語彙に関する評価テストを受けることになっている。この評価テストは3日間にわたるもので、生徒たちは小グループに移動してテストを受ける。コ・ティーチャーは、このテストの結果データを使い、どの生徒が語彙習得を目的とした本格的な学習支援が必要で、どの生徒が基準を超えているため語彙範囲の拡大や発展学習が必要なのかを判断する。

可能性と課題　多くのコ・ティーチャーにとっては、障害のある児童生徒や英語学習者で

ある児童生徒が大人数のグループに加わっていると、必要な個別対応が受けられないのではないかということが気掛かりです。オルタナティブ ティーチングを活用すれば、通常学級環境の中で、小グループでの集中的な学習を進めることができます。このコ・ティーチングアプローチも、指導に柔軟性を与えてくれるアプローチです。つまり、発展学習や補習、そして、評価テストや事前指導を行うためにオルタナティブ ティーチングを活用することができます。また、オルタナティブ ティーチングを用いることで、教員は児童生徒たちと個々のやり取りをさらに増やすことができます。

　このコ・ティーチングアプローチの最も明らかな課題は、オルタナティブ ティーチングの小グループが、教室の隅に置かれた支援級、と受け取られないようにすることです。もし他の児童生徒たちが、特別なニーズのある同級生は何度も小グループに加わる、というように見てしまえば、偏見の存在しない継ぎ目のない教育、というコ・ティーチングの核心となるコンセプトが問われることになります。

　この問題を避けるためのストラテジーがいくつかあります。一つ目は、小グループの指導をする教員を交替することです。通常学級教員が補習を必要とするグループを担当すれば、偏見を持たれることが少なくなるでしょう。二つ目は、小グループを作る目的に明確な変化を持たせ、オルタナティブ ティーチングを少なくとも三つの異なった指導目的に用いるということです。そして最後に、学級名簿と本章末の付録にある書式を使い、小グループに加わった児童生徒の記録を取ることです。そして、すべての児童生徒が小グループで取り組む機会を作り、このアプローチが使われる時には必ず決まった児童生徒だけが小グループに加わる、ということのないようにします。

オルタナティブ ティーチングのバリエーション　ここまでは、学習指導という文脈でのオルタナティブ ティーチングの例を挙げてきました。一方で、オルタナティブ ティーチングは児童生徒の行動管理にも効果的なアプローチです。たとえば、一人ないし二人の生徒が授業中に騒ぐ傾向があり、教員が最善を尽くしてきたにもかかわらず他の生徒たちの学習を妨げるのであれば、これらの生徒と、模範的な生徒2名、そして、この学区に転校してきたばかりの生徒をメンバーにした小グループを作り、コ・ティーチャーのどちらかが数日間そのグループを担当するということもできるでしょう。小グループでの授業は、大グループの授業計画と同じように進めます。行動が気になる児童生徒を小グループに入れ、教員が目を離さないようにしながら同級生との適切なやり取りをそこでの指導の一つとして取り入れると、このような児童生徒は授業に集中し、他の児童生徒も学習を進めることができます。

　ダブル オルタナティブ ティーチング（double alternative teaching）と呼ばれる、もう一つのバリエーションがあります。この呼び名が示すように、教員が二人ともそれぞれ小グループを作ります。たとえば、ある学級で、生徒がライティング課題、または、教室内

でのリーディング課題に取り組んでいるとします。コ・ティーチャーは少人数の生徒を集めてそれぞれにグループを作ります。教科担任は自分のグループにいる生徒の課題の出来栄えや進み具合をチェックします。特別支援教育専門教員、または、英語指導専門教員も同じようにグループ内の生徒の課題の出来栄えや進み具合のチェックに加え、これまでの振り返りや追加の課題指導を行います。何人かの生徒は、どちらかの教員に見てもらいながら課題に取り組み、なかには、両方の教員から指導を受ける生徒もいます。課題がかなり進んでいる生徒はいずれの小グループにも加わらず、各自で取り組みます。

■ ティーミング（Teaming）

推奨用途：時々

　コ・ティーチングは「二つの身体に一つの脳ミソ」を持つことだと表現する教員の方々がいます。これは、二人の教員が互いに、相手が話している内容を途中から引き継いでそのまま締めくくることができることや、二人の教員が授業をあたかもお芝居を演じているように進めていく様子を例えてこのように呼んでいるようです。

　ティーミングでは、コ・ティーチャーは二人とも教室の前方にいて、一緒に授業を進めます。幼稚園の教員が園児に自分たちの住む地域について教えたり、中学校の英語教員が生徒たちにリズムや韻についての指導を始めたりするときに見られるようなやり方です。他にも、片方がクラス全体に講義を進め、もう片方が電子黒板を使いその講義のノートの取り方の手本を示すとか、片方が指示を出し、もう片方がその指示に従い実際にやってみせる、といったような、異なるけれども対等に能動的な役割を持つこともあります。このコ・ティーチングアプローチの大きな特徴は、教員が二人とも主要教科の指導に専念するというところにあります。

実践でのティーミング　ティーミングは、学年や科目領域を問わず使われています。では、三つの例を挙げてみましょう。

❀　ある代数学のクラスでは、コ・ティーチャーが直線と傾きの概念について教えている。この日の授業の内容には、既に学習した直線の方程式の立てかたも含まれている。生徒たちは、線をグラフに描く方法や、傾きの求めかた、

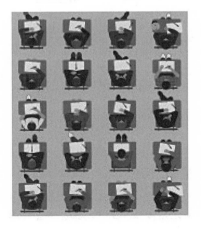

図 4.5　ティーミング

そして、切片の求めかたを復習した後、直線の方程式の求めかたについての講義を
受ける。この授業の開始直後の復習は、特別支援教育専門教員が進め、次に、教科
担任があらかじめ電子黒板に読み込ませてあったグラフを使い、生徒たちが理解し
ているか確認するために各所で質問を投げかけながら、新しく学習する概念を説明
する。この時点で、教科担任の方がどちらかと言えば授業をリードする役に回り、
特別支援教育専門教員は、電子黒板に移動し、授業の前半で教科担任が行ったよう
に、例題を使って解き方を示したり生徒に問題を出したりする。

❧　ある小学2年生の教室では、長さの単位を扱う単元の教材として、ラルフ ミラー
著のハウ ビッグ イズ ア フット（*How big is a foot?*）を読んでいる。この物語は、
女王の誕生日のために王様が注文したベッドの長さが注文よりも短く仕上がってし
まった、という結末になっている。王様が自分の足の長さを目安に、丈は6歩分で
幅は3歩分、と注文したにもかかわらず、職人が王様の足の長さよりも短い自分の
足を目安に、丈は6歩分で幅は3歩分、で製作してしまったからだ。尺度が常に一
定であればこそ測定結果が信頼できるというのがこの物語の指導ポイントである。
この日の授業には、コ・ティーチャーは二人ともサイズの違う靴を履いて授業に来
る。一人は自分が普段履くサイズの明るい色目の靴、もう一人は自分の息子の17
サイズのスニーカーを履いている。二人で、サイズが違う靴で測る「6歩」の違い
を説明してから定規の使い方を導入し、それぞれの靴のサイズを比較してみせる。
次に、二人で教室の床にテープで貼った複数の線を児童たちに示し、それらの線の
中に、標準値のフィートで測った線と標準値で測ったものではない線が何本ずつあ
るか当ててみるように促す。その後、児童全員はめいめい自分の靴を敷き写してそ
の輪郭を切り抜き、それを標準値のフィート（定規）と比較し、他にも複数の物体
の長さを測ってから、学習したことをまとめて書く。

❧　ある中学校の科学の授業では、コ・ティーチャーが二人で地球温暖化は人間によっ
てもたらされたものか、あるいは、自然現象なのか、をディベートしている。二人
はいくつかの視点を互いに主張する。次に、生徒たちはグループに分かれ（パラレ
ル ティーチング）、それらの視点についてさらに詳しく調べ、その後、自分たちで
ディベートを続ける。

可能性と課題　ティーミングは授業を活気づけることができます。コ・ティーチングパー
トナーがいると、児童生徒を理解するために、もし単独で教えていたら決して試すことの
なかった新しい方法に取り組んでみようと前向きになれる、という教員の方々の声をよく
聞きます。また、教えることの喜びや、教えることに対する思い入れも高まります。授業

中に交わす教員同士の授業内容に関する対話や質疑応答のやり取り、そして、このコ・ティーチングアプローチの一部とも言えるのですが、コントのような演出を時折見せることによって、児童生徒の授業への集中度は増すはずです。

しかし、全てのコ・ティーチングアプローチがそうであるように、ティーミングにもいくつかの課題があります。このアプローチの推奨頻度が、頻繁、ではなくて、時々、となっているのは意外ではありませんでしたか。時々、に限定する理由は、このアプローチがグループ分けという教育的技法の価値を失うからです。教員が二人とも教室の前方にいるので、児童生徒個々の目立ちにくいニーズに気づかないでしまう可能性があります。さらに、教員が二人で授業を進めることで、個々の児童生徒たちと直接やりとりする機会がかなり減ってしまうかもしれません。

ティーミングのもう一つの課題は、コ・ティーチャー同士の関係性に関することです。コ・ティーチャー同士がパートナーを組み始めてまだ間もないとか、教室で一緒に指導することに不安を感じる状況にあるとしたら、このアプローチは想像する以上にかなりの適応性が求められるかもしれません。これはどういうことかと言うと、このアプローチを直感的に、かつ、コ・ティーチングを始めたばかりでも実践できる教員ペアがいる一方で、互いの教え方に馴染み、共に授業を受け持つにあたっての信頼関係を築いて、そこではじめてティーミングに取り組めるという教員ペアや、ティーミングは自分たちに簡単にできるアプローチではない、と感じる教員ペアもいる、ということです。

もし、コ・ティーチャーが二人とも話し出したら止まらなくなる傾向があるならば、これもティーミングのもう一つの課題と言えるかもしれません。片方が何かの例を一つ出すと、その例がきっかけでもう片方が他の例を出し始める、といったようなことです。コ・ティーチャー双方が、授業中の自分たちのやり取りが授業のペースを落としてしまっていないかを常に頭に入れつつ、自分たちが互いに何を任されているのかを的確に判断し、授業のペースを一定に保つ必要があります。

最後に、授業計画を立てる時間が持てなかった場合にティーミングを利用しているというコ・ティーチャーがなかにはいます。つまり、計画無しで一緒に授業を進めているというわけですが、「エコー ティーチング（echo teaching）」という、教員の一人が述べたことをもう一人の教員が繰り返す手法にすり替わってしまっている可能性があります。これは明らかに推奨できる実践方法ではありません。

ティーミングアプローチのバリエーション　ティーミングには、教員の創造的な一面を引き出す力があります。ある小学校のコ・ティーチャーが二人で垂直と平行の概念を導入したときには、片方が縦縞のブラウスを、もう片方が横縞のシャツを着用しました。縦と横の概念を自分たちが着ている服を使って説明するためでした。二人の高校教員は英語の授業で、二十日鼠と人間（Of Mice and Men）の主な出来事とテーマを把握できるように、

その作品から抜粋した場面を実際に演じてみせました。ある中学校の科学の授業では、片方の教員が実験の手順を示し、もう片方がそれを実演してみせてから生徒たちに問題を出しますが、生徒が理解しているかをチェックするために時々わざと間違った手順を示したり、生徒の理解度を再確認するために生徒たちに実験の手順を繰り返すよう指示したりすることがあります。

　要するに、ティーミングは、コ・ティーチングパートナーがそれぞれの分野の専門知識、つまり第3章で述べたように、通常学級教員は教科内容に関する専門知識を、そして特別支援教育専門教員や英語指導専門教員は学習のプロセスに関する専門知識を授業に持ち寄るための一つの選択肢だということになります。

▎ワン ティーチング、ワン アシスティング（One Teaching, One Assisting）

推奨用途：ほとんど使用しない（もしくは他のアプローチに比べて少ない頻度で）

　最後のコ・ティーチングアプローチは、片方が授業をリードする役割を引き受け、もう片方が明らかにその授業のサポート役として動くものです。このアプローチでは、片方の教員が授業を進める一方で、もう片方が児童生徒の取り組みの様子を見て回り、授業態度に問題があれば対処し、児童生徒の質問に答え、課題プリントやその他資料等を配布して授業を円滑に進める役目に徹します。サポート役の教員は、児童生徒が、リード側の教員が説明している学習内容や作業指示を理解しかねていることに気付いた時には、児童生徒の理解を促すために、リード役の教員に質問することもあります。状況によっては、ワン ティーチング、ワン アシスティングは非公式の観察方法の一種として多く用いられます。

実践でのワン ティーチング、ワン アシスティング　ワン ティーチング、ワン アシスティングは、特定の指導場面で役に立ちます。例を三つ挙げてみましょう。

❀　生物の授業では、生徒たちが混合物を分離させるための方法としてクロマトグラフィーについて学んでいる。学習目標は以下の通り。

●　ペーパークロマトグラフィーによる色素化合物の分離実験を行い、その

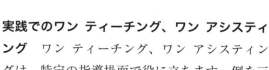
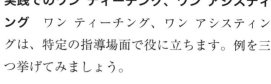
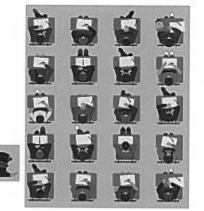

図 4.6　ワン ティーチング、ワン アシスティング

分離した部分のRf（保持係数）値を確定することで分離した成分を分析する。
● リーフクロマトグラフィーを用いてそのRf（保持係数）が定数であることを示す。

　実験はグレープ味のクールエイドと水性マーカーを用いて行われた。生徒たちは、潰した生の緑葉に抽出溶剤を加え始めたら、辛抱強く細部まで細心の注意を払いながら観察しなければならない。潰した緑葉と溶媒混合液を混ぜたものに実験用の濾紙を浸したら、片方の教員が説明と指示を生徒たちに与え、同時に、もう片方の教員は、各生徒が正しく実験を行っているか確かめながら教室を回って歩く。

✤　この5年生の授業では、長い割り算の復習を行っている。片方の教員が黒板に問題を書き、生徒全員が各自のホワイトボードとマーカーを使ってその問題を解く。もう片方の教員が合図を出したら、生徒たちは皆、自分のホワイトボードを持ち上げる。この教員は生徒全員が正解しているか確認するため一人ひとりのホワイトボードに目を通す。

✤　生徒たちは、複数の小グループに分かれて、18、19世紀の地図に見られる地理、歴史、社会に関する情報を特定する調査に取り組んでいる。片方の教員は生徒の調査を導くための質問を呈示しながら授業を進めていく。問題に答えられない生徒がいる場合には、もう片方の教員が低い声で静かにグループや個々の生徒を指導する。

可能性と課題　一般的に言えば、ワン ティーチング、ワン アシスティングの有利性は、個々の児童生徒や学級全体に対する支援提供にあります。個々の児童生徒への支援の例としては、たとえば、ある高校の何人かの生徒は、サポート側にいる教員に静かに合図を送り簡単な質問に答えてもらったり、単語の意味を説明してもらったりできる選択肢があるのは嬉しい、と言います。このほうが、クラス全員の前で挙手をして質問をするよりも恥ずかしい思いをしなくて済むからです。学級全体に対する支援提供についてはすでに説明した通りです。片方の教員に児童生徒の解答をチェックしてもらったり、教材を配布するなどの管理業務をしてもらったりすることで、授業は効果的かつ効率的になるはずです。
　ところが、これまで紹介したコ・ティーチングアプローチのうち、ワン ティーチング、ワン アシスティングは濫用されたり誤用されたりする可能性が最も高いということが、これまで幅広くコ・ティーチングを観察し、多くのコ・ティーチャーの方々に指導してきた教育関係者によって繰り返し指摘されています。事実、コ・ティーチングの濫用や誤用は、コ・ティーチングの指導者や教育評論家が最も懸念することです。あまりにも多くの教室で、通常学級教員がこれまで一人で教えていた授業と何ら変わらない指導法を続け、

一方で、特別支援教育専門教員や英語指導専門教員が、あたかも、相手方が講義を終える までじっと待機し、その後に学習につまずきが見られる児童生徒に手を貸す従順なパート ナーか、もしくは、高給で雇われている指導補助員であるかのごとく指導に関わっている のです。仮に役割を交替することがあったとしても（このアプローチがかなり頻繁に使用 される割には、役割が入れ替わることはほぼありませんが）、問題が減るわけではありま せん。教室に能動的に指導する教員が一人しかいないことに変わりはなく、他のコ・ティ ーチングアプローチにはない、ワン ティーチング、ワン アシスティングならではの非常 に豊かな指導上の潜在能力を排除してしまうことになります。

　また、なかには、児童生徒を授業に集中させるためにこのアプローチを使うという教員 の方々もいます。けれども、サポート役の教員が児童生徒に話しかけるために立ち止まる と、話しかけられた児童生徒は授業に集中するどころかむしろ注意をそらしかねません。 ひいては、リード役の教員が説明している大事な内容を聞き逃してしまうかもしれません。 他にも、コ・ティーチングパートナーである特別支援教育専門教員が必修教科課程にあま り詳しくないので、基本的にこのアプローチを用いていると言う教員の方々もいます。も しそうだとしたら、パートナーシップを育てるためにも、他のコ・ティーチングアプロー チを選択するための話し合いをするべきでしょう。さらに、授業計画を立てる時間がない からこのアプローチを使うという方々もいます。このトピックについては第6章と第8章 で述べますが、授業計画を立てる時間がないというのは、ワン ティーチング、ワン アシ スティングを濫用する言い訳にはなりません。

　おそらく、最も気掛かりなのは、このアプローチが、児童生徒の自ら学ぶ力を育むので はなく、むしろ教員のサポートに依存することを助長するのではないかということでしょ う。教員がいつでもそばにいる状態であれば、何人かの児童生徒は、当然のことながら、 手を貸してくれることを期待するはずです。詰まるところ、このアプローチがかなり頻繁 に用いられている教室にいる生徒が特別支援教育専門教員に対して放った発言がその危険 性を示しています。

- ❀　こんな仕事に学校が給料払ってんの？
- ❀　いつになったら自分の学級持たせてもらえるの？
- ❀　先生のいうことなんか聞かないよ。だって、先生、本物の先生じゃないし。

ワン ティーチング、ワン アシスティングのバリエーション　ワン ティーチング、ワン アシスティングアプローチに関しては、常に頭に入れておくべき数多くの注意点があるた め、このアプローチのバリエーションについてここで述べることが、適切ではない形で用 いられる可能性を高めるのではないかということを考慮し、ここではバリエーションを提 案する代わりに、もう一つこのアプローチについて強調しておくべき点を述べることにし

ます。このアプローチを使用する際は、授業進行役とサポート役を二人で交互に受け持ち、どちらの教員もクラスの児童生徒全員とやり取りができるよう意図的に授業を進め、児童生徒と教員の間に偏見が生じないように心を配ることが大切です。また、このアプローチを頻繁に用いるような場合は、特別な支援が必要な児童生徒が権利として保障されている教育サービスを受けているかを自問自答しながら、自分たちの指導方法を振り返ってみる必要があります。

● コ・ティーチングアプローチの選択 ●

この六つのコ・ティーチングアプローチは、コ・ティーチング授業がどうあるべきかを考えるための枠組みを提供するものです。ところが、コ・ティーチャーのなかには、六つあるなかで、頻繁に用いるのは特定のアプローチだけという方々や、これらのアプローチの実践方法について尋ねたいと思っている方々もいるはずです。

コ・ティーチングに影響を及ぼす要因

コ・ティーチングアプローチの選択にあたって、提案できることがいくつかあります。以下に挙げるそれぞれの領域は、ご自身のコ・ティーチングアプローチの活用についての考えにどのような影響を及ぼすのでしょうか。

生徒の特徴とニーズ　おそらく想像される通り、コ・ティーチングアプローチを選択するにあたり、最初に考慮するのは児童生徒のことです。たとえば、教室にいる児童生徒が、一つの学習活動から次の学習活動に移ることに何も問題がなく、たいてい授業に集中していられるのであれば、おそらく、どのアプローチを用いても大丈夫でしょう。しかし、児童生徒がすぐに注意散漫になるとか、学習活動間の移動の際に指示に従わない傾向があるとすれば、パラレル ティーチングやティーミングのように、児童生徒の動きの少ないアプローチを選択したほうがいいかもしれません。アプローチ選択に影響を与える可能性のある児童生徒の特徴の例を他にも挙げてみましょう。ご自身でも他に思い浮かぶものがあるかもしれませんね。

* 個々の児童生徒に特化した教育的ニーズ
* 構造化と予測可能性が必要な生徒のニーズ
* 生徒の注意能力
* クラスにいる児童生徒の習熟度の多様さ
* 児童生徒の身体的または感覚的ニーズ（通訳が必要か、教室内のどこにでも車椅子で移動できるか、など）

❋　児童生徒のアシスティヴ テクノロジー（assistive technology；訳注：障害のある
　　人々を支援するための技術全般）利用（コミュニケーションボードやコンピュータ、
　　タブレット端末へのアクセス、など）

　最重要事項として、特別支援教育専門教員を含め、教育スペシャリストがコ・ティーチ
ング授業にいる目的は、専門的指導を提供することだということを必ず頭に入れておいて
ください。特定のストラテジーや技術が求められる場合に、それらに容易に応えられるか、
または、制限されてしまうかは、どのコ・ティーチングアプローチを選択するかによりま
す。アプローチを選択するうえで、スペシャリストによる専門的指導がどのような重要性
を持つのかは、特別に考案された指導（specially designed instruction）をテーマに第5
章でさらに詳しく述べていきます。

教員の特徴とこだわり　アプローチの選択に影響を与える二つ目の要因は皆さんと皆さん
のコ・ティーチングパートナーです。たとえば、皆さんがコ・ティーチングパートナーと
タッグを組んでまだ間もないのであれば、パラレル ティーチングかステーション ティー
チングを主に用い、ワン ティーチング、ワン アシスティングは数回程度の利用に留める
ことをお勧めします（もちろん、リード役とサポート役を交替するやり方で）。これらの
アプローチを組み合わせれば、教室で二人の存在感を示すことができますし、オルタナティ
ブ ティーチングを用いることで起こり得る、特定の児童生徒対象の引き抜き型補習プ
ログラムを通常学級内に再現するリスクを回避することや、徐々に介入の度合いを高めて
いく集中的な指導を受ける児童生徒に直接的な支援効果を与えることができます。これま
でもコ・ティーチング指導を実践してきた教員の方々であれば、ご自身の経験を生かして、
違う組み合わせ方を選択してもいいでしょう。
　コ・ティーチング経験の有無に関わらず、一人で授業を受け持つ方が、二人で協力して
受け持つという考え方よりも楽に感じることもあるようです。このような場合、最初の4
週間は互いの関係性を発展させる期間でもあるので、基本形として二つのステーションを
設け、ワン オブザービングとワン アシスティングアプローチを併用して進めるというや
り方でもいいと思います。けれども、それ以降は、このような初歩的アプローチの域を超
えたレベルのアプローチに移行していくべきでしょう。仮に、中学校や高校の特別支援教
育専門教員や英語指導専門教員が、コ・ティーチングで担当する科目の授業をリードでき
るほどの専門知識を有していない場合にも、同じように、教室で効果的な指導が行えるよ
うに何らかのアプローチを考える必要があります。たとえば、特別支援教育専門教員のジェ
イミーにとって、数学教員として12年の指導経験があるクリスと一緒に幾何学の授業
を担当するのに気後れしているようです。ジェイミーは高校で幾何学を学んで以来、これ
まで幾何学を勉強する機会がなかったのかもしれません。そうなると、ジェイミーは、自

分が間違いをしてしまうのではないか、そして、クリスに自分の間違いを修正させることにならないかと怖気づいてしまうかもしれません。ここで求められるのは、先の例と同じように、教室でのパートナーシップを徐々に築き上げられるアプローチを考えることです。ここでクリスがしてはいけないことは、ジェイミーがその教科内容を学べるように、今年度はとりあえず助手的な役割だけを任せよう、と判断してしまうことです。もちろん、クリスとジェイミーにとって2年目のコ・ティーチングは、最初の年よりも間違いなくより有意義で安心できるものになるはずですが、それでもやはり、初年度からジェイミーが直接指導に少しずつ関われるような積極的な指導策を練るべきです。単刀直入に言えば、教員たるもの、自分たちがコ・ティーチング授業で担当する中学校や高等学校の教科内容を学ぶだけで1年分の給料をもらう権利は与えられていません。しかも、教員であるジェイミーが教室でするべきことは、幾何学の概念を理解することではなく、児童生徒の学習を容易にすることだということを念頭に置いておくべきです。

　コ・ティーチングを実施するにあたり、もう一つ留意すべきことは、教員経験と、その経験がどのようにコ・ティーチング授業の組み立て方に影響するかということです。第3章で登場した次の組み合わせを想像してみてください。新米教員または教員経験の浅い教員同士のチーム、ベテラン教員同士のチーム、そして新米教員と経験豊富な教員のチームです。各チームが持つ強みは何でしょうか。それぞれの経験レベルが原因となって起こり得る懸念事項はどんなことだと思いますか。

教科の特色　想像豊かな教員は、学年や教科を問わず、すべてのコ・ティーチングアプローチを活用する方法を常に考え出すものですが、特にコ・ティーチングの初期段階では、担当する教科次第で、ある特定のアプローチが他のアプローチよりも魅力的に見えるものです。たとえば、ステーション ティーチングは、児童を能力別にグループ分けする小学校のリーディングプログラムで頻繁に使われる確率が高いアプローチです。中学校の数学の授業での、生徒の理解度の確認や解答の正確さのチェックには、パラレル ティーチングが最も効率的なアプローチと考える教員の方々もいるはずです。また、高校の公民と政治の授業で特別プロジェクトに取り組ませるには、ティーミングとオルタナティブ ティーチングの組み合わせがしっくりくると感じている教員の方々もいると思います。コ・ティーチングを新しい試みとして始める場合は、教える教科に最も適したアプローチを使う。パートナーシップが育ってきたら、徐々に介入の度合いを高めていく集中的な指導を目指しながら、用いるアプローチの数を増やしていく。これが教科に対するアプローチを考えるときのポイントです。

ロジスティクス（実行計画）に関する事柄　コ・ティーチングアプローチの使用に際して、二つの懸念が生じることが往々にしてあります。この二つとは、コ・ティーチングでの授

業計画を立てる時間がないということと、混み合った教室では空間利用が制限されるということです。授業計画を立てる時間の確保とその時間の有効利用についての提案は、第6章と第8章で取り上げていますので、ここでは、一つ提案するだけにとどめておきましょう。もし授業計画を立てる時間が限られている場合、または、その時間がまったく取れないという場合は、授業での一定の指導パターンを土台にして自分たちのコ・ティーチングを考えてみるといいでしょう。たとえば、数多くの語彙を導入する授業のときにはステーション ティーチングを用いる、と決めてしまってもいいかもしれません。単元の復習の授業は主にパラレル ティーチングを使う、ということでもいいでしょう。金曜日毎に行う1週間の授業の振り返りの時間にはオルタナティブ ティーチングが適しているかもしれません。つまり、計画する時間が限られている場合には、教室の指導環境を整える効率的な方法を見つけることで、効果的なコ・ティーチング実践が可能になります。

　コ・ティーチャーにとって、教室のスペース事情が深刻な懸念材料になる場合があります。広々とした教室であれば、もちろんどのアプローチでも問題なく使えるのですが、混み合った教室であってもグループ分けの方法を何通りか試してみるべきでしょう。第6章では教室空間を最大限に活用するアイデアをいくつか紹介しています。加えて、2か所の空間の利用（廊下を挟んだ教室が開いている場合そこを利用する、など）が適していることもありますが、その場合は、グループを作る意味があるのだろうかと首を傾げるほど少人数でのグループ構成にならないように気をつけなければなりません。また、もし障害のある児童生徒のIEPに、通常学級で授業を受ける旨の記載があれば、その児童生徒が頻繁に通常学級以外の場所で授業を受けることで、法的な問題が生じる可能性があります。さらに、もしIEPを持たない児童生徒が、普段の教室とは違う場所で、特別支援教育専門教員が教える必修教科の授業を受けるとなれば、この段取りそのものの妥当性に疑問が生じるかもしれません。最後に、中学校や高校の場合、コ・ティーチャーが二人とも同じ教室にいて授業を行わなければ、特別支援教育専門のスペシャリストが必修科目を教える資格があるかどうかを問われることになりかねません。

さらに考慮すべきこと

　アメリカ国内全土のあらゆる種類の学校で、コ・ティーチング授業の視察やコ・ティーチング授業を担当する教員の方々との交流を重ねるなかで、よく耳にする事柄が他にもいくつかありますので、以下でそれらについても述べましょう。

六つのアプローチのどれにも当てはまらないアプローチ　どういう訳か、コ・ティーチングの意味は交代して教えることだという結論に落ち着く教員の方々が、少数ですが、存在します。交代で教える、の例は、授業計画や授業の講義を週替わりで（または単元ごとや章ごとに）行うというものです。このような方法で授業での役割を分けてしまうと、コ・

ティーチングを実施するそもそもの目的が損なわれてしまいます。つまり、このようなやり方では、教育のプロフェッショナルである教員二人が教室に持ち寄るそれぞれの強みを生かすことにならないのです。他にも、教員が交代制で授業計画を立てるという例もあります。たとえば、ある教員がこう言ったとします。「私が毎週月曜日の授業担当で、あの先生は毎週火曜日の担当です。この通り、ちゃんと二人で教えています。」このような発言は、たいていの場合、この教員とそのパートナーは、コ・ティーチングの協働的側面を尊重してこなかったということや、コ・ティーチング実践としてはまだ初期の段階にいるということを示唆しています。これらの役割交代の例が本質的に問うているのは、一つの教室に教員が二人いることがなぜ望ましいのか、ということです。交代制で指導するのであれば、明らかにそれはコ・ティーチングではなく、ジョブシェアリングと何ら変わりはありません。

状況に応じたアプローチ　これらのアプローチを自分たちで試し始めると、一つの授業で二つ、または、それよりも多い数のアプローチを組み合わせたり、自分たちなりのバリエーションを工夫したり、自分たちのトレードマークとなるような独自のコ・ティーチングの仕組みを考案したりと、新しい発見をすることになります。一つの例として、パラレル ティーチングとステーション ティーチングを組み合わせ、最初にクラスの児童生徒全員を二つのグループに分けて授業を進め、その後、グループディスカッションやグループでの学習指導をするときには、この二つのグループをさらに二分割するというやり方があります。何か革新的なやり方はないかとイメージを膨らませながら構想を練るときには、ぜひそうしているご自分を褒めてください。つまり、それはコ・ティーチングに対する理解力と実質的な成果が伸びつつあり、コ・ティーチングが日々の授業に欠かせないものになってきているということを意味するからです。本章の冒頭で述べたように、これら六つのアプローチはコ・ティーチング実践の出発点であることを前提としています。つまり、コ・ティーチングについて話し合うときに、分かりやすく説明できるように、そして、コ・ティーチングの教室の様子を鮮明に言葉で描写しやすいように、ということを意図して構想したものです。これらのアプローチは、ご自身ならではのコ・ティーチング指導と言えるような新たなレベルへと移行していくための土台なのです。

習慣を見直してみる　第3章でも話題として取り上げましたが、コ・ティーチングは有能な教員として自分たちが身につけてきた数々の習慣のいくつかを見直すきっかけになることに気づく方々もいるはずです。たとえば、小グループを設けて児童生徒に指導を行う場合、ほとんどの教員は、他の児童たちがいる方向にも顔を向けて全員が取り組んでいるか目視できるように椅子に腰かけます。一方、コ・ティーチングでは、教員二人が児童生徒をグループに分けてそれぞれ同時に授業を進めるときには、互いに平行に並ぶ（つまり、

二人が同じ壁の方向に背中を向ける）、または、背中合わせに立つ（つまり、教室の真ん中に背中合わせに立ち、それぞれ反対側の壁方向に声が届くように）方が、椅子に腰かけて児童生徒の様子を見回すよりも効果的に指導できる、という気づきがあるかもしれません。また、このような位置取りをすると、コ・ティーチャー同士が指導をしながらおしゃべりをして児童生徒の気を散らすようなこともありません。第6章ではこのことについてさらに述べています。

　児童生徒の授業への関心がさらに高まるようにと、コーラル レスポンディング（choral responding：訳注：皆で声を揃えて答えること）の手法を使うことが多いですか。それ自体は素晴らしいアイデアですし、コ・ティーチングで教える場合、ティーミングや大グループでの学習活動では効果が期待できる一般的な手法ですね。しかし、児童生徒がグループに分かれて学習活動を行っているときには、コーラル レスポンディングは他のグループの教員や児童生徒にとって耳障りになる可能性があります。代案としては、各児童生徒に解答を書いて呈示できるようなホワイトボードか小さい黒板のようなものを用意する方法があります。他のグループの妨げにならずに児童生徒が意欲的に授業に取り組み続けられるような方法として、他にどのような非言語的ストラテジーを思いつくでしょうか。ご自身が、あるいは、コ・ティーチングパートナーが、普段習慣的に使っている指導手法のなかに、コ・ティーチングアプローチを用いるうえで影響を受けるものはありますか。

　指導の目的を理解し、グループ分けを慎重に行い、コ・ティーチングアプローチのどれか一つを実践し、その後そのアプローチのバリエーションを試していけば、結果としてそれが、配慮の行き届いた効果的なコ・ティーチング授業になります。二人の教員が才能を発揮することで、最高の学業水準と最良の専門的指導実践を見事に融合させた学習環境を作り上げることになるのです。

さらなる考察に向けて

1. 現在担当している、または、実施計画中のコ・ティーチングに照らし合わせてみて、どのアプローチがご自身の状況に最も適していそうですか。そのアプローチを選んだ理由は何でしょうか。あなたのパートナーはどのように考えるでしょうか。

2. これまでで最も使用頻度が低かったのはどのアプローチですか。どうすれば今後の授業でそのアプローチを使う（単独で、または、他のアプローチと組み合わせて）ことができると思いますか。

3. どのような要因がご自身のコ・ティーチングアプローチについての判断に影響を与えていると考えますか。

4. どうすれば、ワン ティーチング、ワン アシスティング アプローチの濫用、という問題を避ける、あるいは、軽減することができると思いますか。あなたとあなたのパ

ートナーならば、この問題に対処するためにどのような計画を立てますか。

行動を起こすために

1. 本章の付録にある書式を使い、お勤めの学校でコ・ティーチングを担当している教員全員に無記名アンケートを実施してみましょう。アンケート結果は、学校の現行のコ・ティーチングアプローチの利用についてどんなことを教えてくれるでしょうか。児童生徒の学習に最もプラスの影響をもたらすコ・ティーチングアプローチの利用拡大に向けての新しいアイデアを生み出すために、コ・ティーチング ブレインストーミング セッションを開催しましょう。

2. コ・ティーチング授業を担当している教員ペア同士の相互授業視察を計画しましょう。もしお勤めの学校が大規模なコ・ティーチングプログラムを実施しているならば、経験の浅い教員が経験を積んだ教員の授業を視察できるような段取りをするといいでしょう。もし、現行のコ・ティーチングプログラムが比較的新しい取り組みなのであれば、近隣の学校や学区のコ・ティーチング授業を視察する計画を立てるという手もあります。

3. もし、相互授業見学が難しいようであれば、それぞれのコ・ティーチングを担当する教員ペアチームに自分たちの授業をビデオ録画してもらい、重要な部分にだけ焦点を当てて編集してもらいましょう。その後、教員ペア全員で、録画したビデオを鑑賞します。発表する教員ペアは、自分たちのやり方の説明や自己批評をし、また、鑑賞した側の教員ペアチームは提案をしたり、同僚の授業を通して得た情報をどのように自分たちの授業に応用するか等を話し合ったりすることができます。あるいは、録画したものをクラウドにアップロードし、媒体を使ってディスカッションを行うという方法もあります。

引用文献

Friend, M. (2016). Welcome to co-teaching 2.0. *Educational Leadership, 73*(4), 16-22.

Friend, M., & Cook, L. (2017). Interactions: Collaboration skills for school professionals (8th ed.). Boston, MA: Pearson.

Friend, M., Cook, L., Hurley-Chamberlain, D., & Shamberger, C. (2010). Co-teaching: An Illustration of the complexity of collaboration in special education. *Journal of Educational & Psychological Consultation, 20*, 9-27.

Gurgur, H., & Uzuner, Y. (2011). Examining the implementation of two co-teaching models: Team teaching and station teaching. *International Journal of Inclusive Education, 15*, 589-610.

Honigsfeld, A., & Dove, M. G. (2016). Co-teaching ELLs: Riding a tandem bike. *Educational Leadership, 73*(4), 56-60.

Murdock, L., Finneran, D., & Theve, K. (2016). Co-teaching to reach every learner. *Educational Leadership, 73*(4), 42-47.

第4章 付 録

　本章付録には、本文で言及した書式が載っています。各書式は皆さんが
コ・ティーチングアプローチについて熟考する一助として、また、児童生徒
をグループ分けするという特定の作業であれ、授業計画に関する広義の業務
であれ、ご自身のコ・ティーチングの状況に当てはめて活用していただくこ
とを念頭に作成したものです。

小グループ参加状況チェック表（オルタナティブ ティーチング用）

この書式を使えば、どの児童生徒がどんな活動目的で小グループに参加したかを追跡記録することができます。エクセル等の電子表計算プログラムでも似たような書式を簡単に作成できます。

生徒氏名	日付、小グループの活動、目的、小グループ担当教員名、など。										

孤立からパートナーシップへ：
コ・ティーチングアプローチの応用

　教育指導とは教員が一人で舵取りを担うものという考え方が皆さんにとっては最もなじみ深いかもしれません。指導経験が豊富な教員の方々であれば、おそらく、有能な教員であるべく多くのアイデアや指導パターンをお持ちだと思います。コ・ティーチングアプローチを学ぶにあたり、ぜひこの書式を活用し、各アプローチを何か特定の授業に当てはめて、授業計画を立て直してみてください。まず、単独での授業を想定して各項目に記入し、次に、二人の教員の才能を生かした授業計画に変更するためのアイデアをそれぞれの項目に書き込んでください。

教科＿＿＿＿＿＿＿＿＿＿＿＿＿＿＿＿＿＿＿＿　年 / 月 / 日＿＿＿＿＿＿＿

主題 / 授業＿＿＿＿＿＿＿＿＿＿＿＿＿＿＿＿＿＿＿＿＿＿＿＿＿＿＿＿＿＿

評価項目 / 目標 / 基準＿＿＿＿＿＿＿＿＿＿＿＿＿＿＿＿＿＿＿＿＿＿＿＿

教材＿＿＿＿＿＿＿＿＿＿＿＿＿＿＿＿＿＿＿＿＿＿＿＿＿＿＿＿＿＿＿＿

児童生徒の特別なニーズ＿＿＿＿＿＿＿＿＿＿＿＿＿＿＿＿＿＿＿＿＿＿＿

	教員単独授業	コ・ティーチング授業 アプローチ＿＿＿＿＿＿
あらかじめ準備しておくもの		
進めかた		
自主課題　練習問題		
まとめ		
評価		
障害、あるいは、特別なニーズのある児童生徒を配慮した指導方法や他の介入支援		
備考		

コ・ティーチングアプローチを実施するにあたって

　この書式は、各アプローチを実施するにあたり、コ・ティーチャーの時間配分の割合を見積もるためのものです。コ・ティーチングを実施していない場合でも、この書式を使い、自分たちが考える理想の時間配分を考えてみてください。話し合いの必要性や今後の成長という観点から見て、出てきた数字はどんなことを示唆しているでしょう。

実際の割合(%)　理想の割合(%)

実際の割合(%)	理想の割合(%)	
———	———	**ワン ティーチング、　ワン オブザービング**：このアプローチでは、授業に取り組む児童生徒の様子をより詳細に観察することができる。コ・ティーチャーは授業中にどういった観察データを収集すべきか予め決めておき、データ収集方法についても意見をまとめておく。その後、収集データを分析し、指導計画に生かす。
———	———	**ステーション ティーチング**：このアプローチでは、学習活動と児童生徒が分割される。コ・ティーチャーは二人とも各自のステーションで一つのグループを指導する。時間が来たら、順番に、次のグループに対して同じ内容の指導を行う。適切ならば、第三のステーションでは、児童生徒がめいめいで、または、リーダーを決めて共同で課題に取り組ませる。指導目標や児童生徒のニーズに合わせて、ステーションを増やしてもよい。
———	———	**パラレル ティーチング**：状況にもよるが、児童生徒の学習は、教員がより注意深く様子を見守る、児童生徒の発言機会を増やす、ということだけでも格段にはかどることが多い。パラレル ティーチングでは、クラスの児童生徒を二分し、コ・ティーチャーは二手に分かれ、同時進行で、同じ授業内容を自分が担当するグループに教える。このアプローチを用いれば、児童生徒を学力レベル別に分けたり、グループ別に異なる視点や観点を呈示させたりできる。
———	———	**オルタナティブ ティーチング**：数名の児童生徒は特別な配慮を必要とする、ということはたいていのクラスであり得る。オルタナティブ ティーチングでは、片方が大グループの指導を担当し、もう片方が小グループを担当する（復習、事前学習、発展学習、評価など）。
———	———	**ティーミング**：ティーミングでは、二人で授業を進める。これを“二つの身体に一つの脳ミソ”と呼ぶ教員もいる。ほとんどのコ・ティーチャーは、最も複雑だが充実感が得られるのがこのアプローチと考えるが、一方で、互いの、教育指導に対する流儀やパートナーシップ意識に最も影響を受けやすいアプローチでもある。
———	———	**ワン ティーチング、ワン アシスティング**：このアプローチでは、コ・ティーチャーの一人が主に授業をリードする役割を引き受け、もう一人が、必要に応じて、目立たないように児童生徒を援助しながら教室内を見て回る。
100%	100%	**合計**

第5章

コ・ティーチング授業での指導

「言われたことは、忘れる。教わったことは、覚える。熱心に取り組んだことは、学ぶ。」

―ベンジャミン フランクリン

読者に期待される学習成果

1．一般的な教育専門用語（ディファレンシエーション（differentiation 指導上のさまざまな調整）、アコモデーション（accommodation）など）の意味を分析し、コ・ティーチングでそれらの専門用語がどのように適用されているかを説明することができる。
2．特別に考案された指導（specially designed instruction: SDI）の特徴を説明できる。これには、通常、どのような学習活動で見られるか、具体的にはどのような形で行われるかを含む。
3．コ・ティーチングで SDI をどのように活用しているかを自己評価し、六つのコ・ティーチングアプローチの範囲内で SDI の実施頻度を高めるための計画概要を述べることができる。
4．通常学級に在籍する特別なニーズのある児童生徒の学習成果を評価し成績をつけるために使用する様々な方法について批評することができ、またそれらの方法を自身のコ・ティーチングに役立てることができる。

　私たちは今まさに教育界における大混乱の渦中にいます。一般的な児童生徒と特別なニーズのある児童生徒の間の成績格差を減少させるということも含め、児童生徒の学業成果を向上させるということに対するプレッシャーは従来にも増して重くのしかかっています。また、今日の極めて厳格な学力達成基準に則り、自分たちの指導アプローチを大幅に変更しなければならないという難しさを抱えています。同時に、特別なニーズのある児童生徒

が自らが持つ潜在能力を発揮するためには、ほとんどの場合、一般の児童生徒と同じ学習環境にいながら教育サービスを受けるべきである、ということを認識しており、だからこそ、コ・ティーチングはますます重要視されてきています。そして、現状はそこまで複雑ではないと思う方がいるかもしれませんので一応念のために述べておきますが、現行の教員評価システムの多くが、児童生徒の学業成果と教員の業績評価とを、場合によっては、教員の金銭的な報酬とを関連させている、ということに対して疑問の声が上がっています。こういったすべての変化の真只中にいながらも、コ・ティーチャーはさまざまな児童生徒のニーズに応えるという日々の喜びややりがいを感じているのです。

　本章の目的は、コ・ティーチャーが直面している数々の指導上のジレンマに対して、至極単純な対応策を提供することや、教室で使用する指導ストラテジーを列挙することではありません。簡単に対応策を提供するだけというのは倫理的ではありませんし、ただ情報提供をするだけならば、本章付録に掲載しているような、エビデンスに基づく指導ストラテジーをまとめた数多くの本や他の出版物の内容を重複させるだけになってしまいます。むしろ、本章の狙いは、障害や他の特別なニーズのある児童生徒のための教育サービスの選択肢として疑う余地なく妥当な指導方法とはどのようなものかを慎重に検討することです。

●教育指導に関する語彙とコ・ティーチング●

　アメリカ国内外のコ・ティーチャーの方々と話しをする際に私がよく尋ねるのは、二人とも授業の進行に関わっているかや、クラスには障害や他の特別なニーズのある児童生徒が含まれているか、といった、一目瞭然の事象ではなく、自分たちのコ・ティーチング授業が、教員が一人で受け持つ授業（学年、教科、コースは同じと考えて）と本質的にどう異なるかについてです。ここから先を読み進めて行く前に、現状あるいは今後実施するコ・ティーチング授業を念頭に、ご自身とご自身のパートナーだったらこの問いにどう答えるか考えてみてください。コ・ティーチャーの方々からの数多くの回答の要点をまとめると、以下のようになります。

❀　私たちは学校側から、このクラスの特別なニーズのある生徒たちは、他の生徒たちと同じ学力基準を満たさなければならないし、他の生徒たちと同じ評価テストを受け、同等の習熟レベルにあるということを示さなければならない、とはっきり言われています。ですから、この生徒たちのためにも、指導内容に大幅な変更を加えることは適切ではありませんし、何かを変えてしまえば、他の生徒たちにとっても不公平になります。特別なニーズのある生徒たちがこのクラスに割り当てられたのなら、授業についていけるはずでしょう。ついていけないというのであれば、そもそ

もこのクラスに来るべきではなかったと思います。

❅ 私たちのコ・ティーチングは、このクラス全体に、非常にプラスの影響を与えてきました。私たちのコ・ティーチング授業では、生徒全員がより多くの援助を受けられるので、成績をさらに上げることができます。このクラスに援助する手が2組あるというのは間違いなく有益なことです。

❅ 私たちは、コ・ティーチング授業であれば生徒全員に合わせてディファレンシエーション（指導上のさまざまな調整）ができるということがわかりました。二人とも、追加の援助が必要な生徒たちがいればそれに対応できますし、他の生徒たちに対しても状況に合わせて調整を行うこともできます。互いに力を合わせることで、どちらか一方が一人で対処するよりも、より一層効果的に生徒のニーズに応えることができていると思います。

❅ 私たちのクラスに特別支援教育に通じているスペシャリストがいる理由は、特定の生徒が確実に必要な援助を受けられるようにするためです。スペシャリストは（特別支援教育専門教員であろうと英語指導専門教員であろうと）、特別な支援が必要な生徒が授業内容を理解しているかを確認する時間的余裕がありますし、学習につまずいている生徒に手を貸すこともできます。

❅ 私たちのコ・ティーチングのクラスにいる生徒たち（障害のある生徒たち）は様々なアコモデーションが必要です。特別支援教育専門教員はそれらのアコモデーションがどういったものなのかを把握していますし、あの生徒たちが必要なアコモデーションを受けているかもしっかり確認してします。そのおかげで、あの生徒たちはこの授業には欠かせない学習課題や学習活動を終わらせることができています。

これらのコメントのなかに、ご自身の回答に似たものはありましたか。教員一人体制の授業と比較し、コ・ティーチング授業のどこにコ・ティーチングならではの独自性が見られますか、という問いに対するこれらの回答に、コ・ティーチング授業として適切なものは一つもない、と聞いたら皆さんは驚きますか。皆さんが一人ひとり、コ・ティーチャーとして最善を尽くしているとしても、です。コ・ティーチング授業での指導に求められていることを理解するための基礎として以下の内容を読みながら、これらのコメントが示唆していることを一つ一つ簡潔に見ていきましょう。

いかなる変更も許されない

　すべての児童生徒に対して同様の高い学業基準を期待するという傾向が強まったその延長として、コ・ティーチング授業に際しても「例外のない」取り組み方をするということを全く理解できないわけではないのですが、やはり、断じて受け入れられるものではありません。このような捉え方は、特別なニーズのある児童生徒は、教育活動に関して何か特別な支援を受けてこそ他の児童生徒と同様に高い学業水準を目指すことができる、という事実を見落としています。重度の知的障害のある児童生徒を除くすべての児童生徒に対して求める目標達成基準は同じです。ただし、なんらかの調整を行う、というのが、特別支援教育や英語指導教育サービスをそうたらしめる本質的な要素です。

追加の援助

　私は、つい先頃、ある特別支援教育担当主事とともに、コ・ティーチングが行われている授業を視察しました。私たちが訪れたクラスでは、教科担任が一人で授業を進め、特別支援教育専門教員が生徒に手を貸しながら教室内を歩き回っていました。見学の終わり際にその主事が私に言ったのは、あの特別支援教育専門教員の給与を彼女が受け持つ授業時数で割ると、ヘルパーとしてクラスにいるあの 1 時間に対して、年間約 12,000 ドルも（訳注：日本円にして約 135 万）費やしていることになる、これはかなりの人件費の無駄だ、ということでした。辛辣な発言ではありましたが、まったくその通りなのです。2 名の教員を一つの授業に割り当てるのは、それぞれの教育のプロフェッショナルに特化した職務を確実に果たすという目的があるからです。もし求められているのが「手を貸す」ことだけだとしたら、ボランティアや、大学のインターン、または年上の学生チュータ等をそのクラスの支援に割り当てることもできるはずです。

ディファレンシエーション（指導上のさまざまな調整）

　ディファレンシエーションという用語は、非常に数多くの教育実践方法を説明するために広く使われてきているため、今日では幾分その技術的意味が失われています。ディファレンシエーションの専門家は、概して、児童生徒のニーズ対応をより良くすることを目的とした指導上の調整を行うための枠組みと考えます。調整の対象になるのは、指導内容、指導／学習のプロセス、児童生徒の提出物、そして学習環境です（Park & Datnw, 2017; Tomlinson, 2017 など）。この定義からすれば、ディファレンシエーションは、コ・ティーチャーにとっては適切な目標のように思えるかもしれません。確かにそれはそうです。しかし、コ・ティーチング授業を担当する教員だけがディファレンシエーションを目指すのでは不十分です。授業を一人で教えようが、同僚と一緒に教えようが、通常学級環境、英語指導環境、特別支援教育環境のどこで教えようが、すべての教員が児童生徒のためにデ

ィファレンシエーションを行うべきなのです。単独で教える教員よりもコ・ティーチングで教える教員ペアの方がより多くのディファレンシエーションを提供できるというのは事実ですが、コ・ティーチャーの主な、あるいは、唯一の目的がディファレンシエーションをすることだとするならば、依然として、特別なニーズを持つ児童生徒は権利として受けるべき専門的な指導を受けていないということになります。

▎個別支援

　コ・ティーチャーのなかには、教員一人体制のクラスと二人体制のクラスの決定的な違いは、対象児童生徒への個別支援だと述べる方々がいます。特別支援教育専門教員を含む特別支援教育分野のスペシャリストが、「私の」生徒たちのことは注意深く観察していますから、というような言い方をすることもあるでしょう。多様なニーズのある生徒たちが多く在籍するクラスでは、特に、通常学級教員が、このクラスに個別支援を提供できる特別支援教育専門教員がいると安心だ、と安堵を口にすることもよくあることです。前述の「手を貸す」という例と同じで、これらは授業における指導上の調整としては不十分な対応です。個別的ディファレンシエーションの形式の一つではあるので許容できる程度ではあるものの、十分とは言えません。

▎アコモデーション

　アコモデーションとは、特別支援教育（リハビリテーション法第504条に基づくセクション504支援計画を有している児童生徒も含めて）に直接関連する専門用語です。アコモデーションは、児童生徒が知識やスキルを習得し、それらを保持し、そして、学習活動やテストを通じて学んだことを実証するために必要なさまざまな手段を包括したものです。つまり、アコモデーションは、児童生徒が学べるようにするための「対策」であり、この概念は英語学習者である児童生徒にも当てはまります。おそらく、小規模で構造化された環境でのテスト受験、課題範囲の軽減（主要な内容は削除せずに）、デジタルオーディオレコーダーや音声テキスト化ソフトなどのテクノロジーの使用など、数々のアコモデーションに詳しい方々もいると思います。ここでジレンマとなるのが、アコモデーションは児童生徒が通常学級環境で好成績を得ることを目的としているということです。これはどういうことかと言うと、一般的には、アコモデーションは、特別支援教育専門教員に対して、継続的な指導への参加を求めていません。つまり、特別支援教育専門教員は児童生徒のニーズに基づいてアコモデーションを考案し、児童生徒がそれらのアコモデーションを確実に利用できるように策を講じる責任はある一方で、殆どの場合、アコモデーションを行うのは通常学級教員です。アコモデーションを行うためにコ・ティーチングが必要とされるべきではないのです。さらに、もし児童生徒のニーズが完全にアコモデーションの利用を通して満たされるならば、その児童生徒はその指導環境では特別支援教育（あるいはその

他の特別な教育サービス）は必要ないはずです。

　さて、この議論がどこに向かおうとしているのか疑問に思っているかもしれませんね。もちろん意味があってのことです。将来の実践のために今コ・ティーチングについて学んでいる方々にも、コ・ティーチングに取り組み始めたばかりの方々にも、そして、コ・ティーチングの経験が豊富な方々にも、ぜひ理解していただきたいのは、これまでいろいろなやり方で一生懸命努力してきたことがどれだけ善意にあふれ、しかも、効果的だったとしても、一つの教室に2名の教員を置く目的は、追加の支援がありますよ、という漠然とした口約束を守るためではないということです。教員が二人揃うことで、コ・ティーチングでの授業を受ける特別なニーズがある児童生徒が、法律によって義務付けられている教育サービスを効果的に受けられることを保障するためです。

● 特別に考案された指導（Specially Designed Instruction: SDI）●

　ここまで、コ・ティーチングの実践としては不十分なことや許容できないことについて述べてきましたが、これらはすべて、どういったものを含むのがコ・ティーチングによる指導なのかを考えていくための根拠になります。コ・ティーチングでの教育指導は、現今の教育指導に求められているすべての基準を満たす必要があります。つまり、厳格であり、州が定めた学力達成基準を遵守し、児童生徒の成績評価データを基本にした指導でなくてはなりません。そのうえ、科学的エビデンスに基づくアプローチを反映し、授業を受ける児童生徒のさまざまなニーズに対応するためのディファレンシエーションが行われているはずのものです。しかし、同時に、障害のある児童生徒（そして、より一般的な意味では、英語学習者である児童生徒や他の特別なニーズのある児童生徒も含め）にとってのコ・ティーチング指導とは、児童生徒一人ひとりの特性や、特別支援教育やその他の教育サービスが必要と判断されるに至ったニーズに専門的に対応するものでなければなりません。

▍特別に考案された指導（SDI）の定義

　児童生徒が特別支援教育を受ける資格があると認定されると、その児童生徒は次の3種類の教育サービスを受ける権利が与えられます（Friend & Bursuck, 2019）。

　❁　特別支援教育―これが、特別に考案された指導、と定義される。

　❁　関連サービス―必要に応じて（言語療法、理学療法、など）

　❁　補助的な援助とサービス―これらは児童生徒が通常学級環境で有意義に他の児童生徒と共に学ぶことを可能にする支援であり、アコモデーションや、モディフィケー

ション（重度の知的障害のある児童生徒のための）、アシスティヴ テクノロジー、特別支援教育を受ける児童生徒を受け持つ教員向けの専門能力開発訓練、その他、さまざまな支援策が含まれる。

　最初に挙げた教育サービス「特別に考案された指導（SDI）」が、特別支援教育の本質的な目的であり、特別支援教育の唯一の普遍的要素であるため、コ・ティーチング授業における指導に関するあらゆる議論はここが出発点でなければなりません。他の二つの教育サービスは、必要に応じて提供することを義務付けられていますが、特別に考案された指導を必要としない児童生徒は、特別支援教育を受ける資格が与えられません。もしコ・ティーチングが教育サービス提供の手段として最良の選択肢、つまり、児童生徒が特別支援教育を受けるための（少なくとも、その児童生徒が在籍する科目または教科の授業で）最も適した手段であると認められる場合には、その授業で特別に考案された指導を行う責任を担うのは特別支援教育専門教員です。

　特別に考案された指導（SDI）の定義は、特別支援教育を受ける資格のある児童生徒の現在の能力レベル、特に、対象児童生徒の障害の領域での能力レベルやその結果として作成されたIEP目標が指導実践と明確に結び付くように、指導の内容、方法論、または、具体的な指導手法に適切に変更を加えること、です（Friend, 2016; North Carolina Department of Public Instruction, 2016など）。英語学習者である児童生徒に対してのSDIは個別学習計画（ILP）に直接関連することになります。SDIは意図的、体系的、かつ慎重に計画するべきものですし、それが対象児童生徒の学習にどう影響しているかを注意深く観察しなければなりません。また、SDIはその児童生徒に特化したものであると同時に、その児童生徒が通常教育課程を学ぶ機会を得ることや、求められている学力基準に到達することを可能にするための目標としてあるべきです。最後に、SDIは、特別支援教育専門教員や他の特別支援教育分野のスペシャリストに、児童生徒の学習進度と到達度に関する情報収集、教育指導、および評価手法に関する知識とスキルを求めることを特徴とします。

　このSDIの定義は、第3章で述べた専門的役割に関する内容を拡大したものだというところに注目してください。通常学級教員が障害のある児童生徒を含む児童生徒グループに授業を行っているときには、アコモデーションを提供している場合もありますし、当然ディファレンシエーションは行っているはずです。けれども、ほとんどの州（すべての州ではありません）では、通常学級教員がSDIを提供することを義務付けていません。なぜならば、それは特別支援教育専門教員の仕事だからです。コ・ティーチングでの授業時間は、特別に考案された指導を提供する時間だということです。SDIの技術的な側面を理解すると、なぜ、援助、サポート、アコモデーション、コ・ティーチングの利点の認識、といった見解だけでは不十分なのかということもはっきりします。ある意味、コ・ティー

チングは、考え得る中で最も洗練された教育活動だと言えます。なぜならば、コ・ティーチングは、教員に、通常教育課程に特別に考案された指導を組み入れ、丁寧かつ児童生徒が偏見を持たれないようなやり方で、児童生徒の特別な教育ニーズに対応することを求めるからです（Friend & Cook, 2017）。

　SDI は対象児童生徒に必要であろうと判断されたニーズや IEP 目標または個人学習計画（ILP）目標に沿うように調整されなければならないという事実は、他の児童生徒がSDI から恩恵を受けないということを意味しているわけではありません。実際に、コ・ティーチング授業を担当している教員の方々から、一人の児童生徒を対象に実施した指導ストラテジーが同じ授業を受けている他の何人かの児童生徒にとっても非常に役立っている、との報告を受けることがよくあります。その児童生徒たちが SDI から受けているのは、時に、*付随的利益（incidental benefit）* と呼ばれるものです。しかし、もしコ・ティーチャーが、どういうわけか自分たちが障害のある児童生徒のために行う指導ストラテジーがすべて他の児童生徒全員にも大いに役立っている、と気付いた時には、次に挙げる二つの質問のいずれかを問い掛けてみる必要があります。障害のある児童生徒が受けているのは本当に SDI なのか？あるいは、もしその障害のある児童生徒が必要としている指導ストラテジーがどの児童生徒たちにも用いられるべき指導ストラテジーなのであれば、その児童生徒はそもそも障害を持っているとみなされるべきなのか？

　教員が言い表す、特別に考案された指導、にはいくつかの特徴が見られます（Friend & Bursuck, 2019；Kennedy, Lloyd, Cole, & Ely, 2012、など）。たとえば、どのような指導法を用いるかについては、児童生徒の現在の学習レベル（予備テストの結果を見ると、この生徒は新しい単元の題材を学習するために必要なスキルがいくつか不足していることがわかる、など）、予想されるギャップ（次の教材の読解レベルはこの生徒の現在のレベルよりも 3 学年以上高い、など）、そして、学習者としての特性（この生徒は短期記憶に大きな問題を抱えており、言語を処理するペースが非常に遅いことがわかっている、など）を注意深く分析してから指導計画を立てるのが一般的です。また、指導は総じて明確でわかりやすいものにするべき、という特徴も挙げられています。つまり、児童生徒が習得しなければならない知識やスキルを丁寧に一つひとつ段階的に教える、ということです。三つ目の特徴は、他の児童生徒たちが必要とするよりもさらに多くの練習の機会を提供する、ということです。

▌特別に考案された指導の特質

　おそらく、今日、コ・ティーチャーの間で最も重要な話題は特別に考案された指導に関することでしょう。たとえば、SDI とは何なのか、SDI は誰のメリットになるのか、SDIはこの学区が掲げる教育課程の目標や基準とどのように整合するのか、SDI は教室ではどのように見えるものなのか、どうやって実践計画を根拠づけ、どのように経過観察を行う

のか、などです。これらの話題は、SDIを実施するにあたっての責任範囲はどこまで及ぶのかという部分を適切に慮っています。教育者の大半が認識しているように、IEP計画を持つ児童生徒には学習ニーズがあると同時に、社会的、行動的、自己統制的な側面を含むいくつかの部分で難しさを感じている場合もあります。図5.1は、特別に考案された指導が必要となる可能性がある領域をまとめたものです。

　何を重要視するかが、特別に考案された指導について考えるもう一つの方法です。例を挙げれば、SDIは、通常は、個別の指導環境で提供される、高度に構造化されたプログラムに取り入れられていることがあります。これらの指導プログラムはリーディングや数学を扱うことが多く、明確な定型的な指示と手順に従って進められます。特別支援教育専門教員の多くはコ・ティーチング授業での指導に加えて、このような個別指導プログラムでもSDIを行います。

　コ・ティーチング授業では、SDIは、具体的かつエビデンスに基づいた学習ストラテジーを児童生徒に指導するという形を取ることがあります。次のシナリオを考えてみてください。ある教室では、スミス先生が、サラという生徒が週ごとに習う単語を覚えたり、記憶したり、自分の作文に使ったりすることにつまずいていることをわかっているので、サラがその週の語彙に取り組む時には静かに援助します。サラはそのことに感謝していますし、スミス先生は自分がサラの学習にプラスの影響を与えていると感じています。別の教室にいるバラク先生は特別支援教育を受けている3名の生徒が語彙習得に難しさを抱えていることを知っています。そこで、バラク先生は、週ごとに習う単語リストを教材として利用しながら、この3名に頭文字を使った暗記ストラテジーを教えています。バラク先生の目標は、この生徒たちが最終的にその暗記ストラテジーを各自で使えるようになることです。

　最初のシナリオを見れば、サラは援助を受けていますし、表面的には、スミス先生は効果的にサラに必要な教育サービスを提供しているように見えます。けれども、バラク先生のアプローチの方がどれだけより大きな影響力を持っているか考えてみましょう。生徒は単語そのものを学ぶと同時に、教員の援助に依存しなくてもいいように自力で単語を習得するためのストラテジーも学びます。児童生徒のためのSDIは「学び方を学習すること」を含むべきであり、これが学習ストラテジーを指導する目的でもあるのです。

　SDIの三つ目の特質は、指導の集中度合いに関することです。学年のレベルや指導内容に関わらず、以下の指導技法がどのように一人の児童生徒のSDIを構成するかを考えてみてください。

❀　指示や課題を細分化し、小分けにした部分ごとに、はっきりと明確に教える。

❀　他の児童生徒が一般的に必要とするよりもさらに数多くの正しい例を提示する。

❖ 重要な概念を教える時は、慎重にスキャフォールディングしながら（訳注：外部からの援助を徐々に減らしながら、児童生徒が自分で問題を解決したり、仕事を遂行したり、目標を達成したりすることを可能にする足場づくりをすること）練習する機会を多く提供する。

❖ 重要な概念やスキルを指導する場合には、通常よりもさらに内容を分かりやすく組み立て、復習する機会をさらに増やす。

❖ 児童生徒が、ある学習環境で、または、ある教員に教わった知識やスキルを、別の学習環境、または、他の教員の授業でも確実に応用できるよう指導する。

❖ 児童生徒が正確にスキルを習得する可能性を高めるために、背向型チェインニング（backward chaining）などの専門的なアプローチを用いる。

学習ストラテジーの指導と同様に、さまざまな指導テクニックで構成される SDI はコ・ティーチング授業に組み入れることができます。IEP 目標や児童生徒の特性に対応する指導テクニックを見定め、それらを通常学級での授業に取り入れるのが特別支援教育専門教員の主なる仕事です。

❖　学習　　　　　　　❖　機能

❖　自己統制　　　　　❖　身体 / 運動

❖　行動　　　　　　　❖　感覚

❖　社会性　　　　　　❖　職業

❖　情緒　　　　　　　❖　テクノロジー

❖　コミュニケーション

図 5.1　予想される SDI の領域

　次の項では、SDI の具体的な例を見ながら、コ・ティーチングの最も重要な特質についての考察を進めていきましょう。

学習面での SDI 例

　障害のある児童生徒の IEP には、通常、学習面でのニーズが取り上げられます。特別支援教育を受ける資格を得るためには、該当する障害が、児童生徒の学業成績にマイナスの影響を及ぼしている必要があるからです。ここでのコ・ティーチャーの課題は、学習面での達成目標を学年レベルの教育課程に合わせて設定することです。以下の例は、SDI を行う上で必要となる考え方を示すものですが、教育課程基準、SDI、およびコ・ティーチングアプローチの組み合わせには、無数のバリエーションがあります。

リーディングに流暢性が見られない小学 3 年生　コーリィのリーディングは、非常に遅く、単語単位で読み、一本調子で変化に乏しい、という特徴があります。各単語の意味は理解しているのですが、読解力は、単語を一つひとつ読み上げては各行を読み終えていく、という骨の折れるプロセスによって妨げられていることが多いようです。流暢性がコーリィの IEP 目標の一つとして記載されています。コ・ティーチング授業では、リーディングの流暢性を高める指導をすることを現在の優先項目として挙げています。コ・ティーチャーはいくつかの方法を用いて、この目標の達成を目指すことになります。まず、ステーション ティーチングを用いるときは、片方のコ・ティーチャーが流暢な読み方の手本を示し、次に、児童数名を選び、その児童たちと一緒に、声を出して読むアシスティド リーディング（assisted reading）を行います。コーリィが自習活動を行うステーションに移動し、各自で学習課題に取り組むよう指示を受けたときに頻繁に行うのは、ヘッドホンをつけ PC を利用しての流暢な読みやアシスティド リーディングの追加練習です。週に 2 度、大学生のインターンも教室に来ます。そのインターンが担当する学習活動はリピーティド リーディング（repeated reading）です。彼女には自分のステーションに呼ぶ児童のリストが渡されているので、その児童たちを自分のステーションに呼び寄せ、「今週のリーディング教材」を 2、3 回読ませます。特別支援教育専門教員は 2 週間に 1 度、コーリィが 1 分間に何語正しく読むかのデータを取り、流暢性をチェックします。

算数障害がある中学 1 年生、関数について学ぶ　数学のコ・ティーチング授業を受けている 4 名の生徒は、算数に関するニーズがあると認定されていますが、いずれも他の生徒と同様の教科基準に到達することを求められています。そこでまず、コ・ティーチャーは、ある関数に基づいて何かを入れると何かが出ているという「関数マシーン」を作成し、ティーミングアプローチを用いて、関数とは何かを説明しました。今度は、生徒たちが今学習したことを応用して、書き込み式のプリント問題を解く番です。生徒たちは 3 列のパラ

レルティーチングの形になるよう三つのグループに分けられました。配布されたプリント
は全部同じように見えますが、学力レベルの高い生徒たちには、先程学習した基本的な内
容よりも難しいプリント問題が配られています。このグループは、各自、何が出てくるか
ではなく、その関数に何を入れるかを特定する問題に取り組んでおり、自分たちの解答が
正しいことを示すために各設問に対していくつかの例も示すことになっています。第2グ
ループでは、片方のコ・ティーチャーが、質問に答えたり問題の解き方を指導したりしな
がらプリント問題に取り組ませています。6名の生徒（前述の4名と他の生徒2名）がい
る第3グループでは、もう片方のコ・ティーチャーが、関数とは何かや、どうやってある
関数に特定の数字を入れて答えを導き出すかを、順を追いながら復習しています。次に、
習った解き方の順番を一つ一つ見返しながら、さらに練習問題に取り組みます。そのあと、
ペアになって関数の問題を解きます。翌日、このグループは、他の生徒たちがウォーミン
グアップ用の学習活動をしている間、追加の練習問題に取り組みます。

アメリカ史の語彙がなかなか覚えられない高校2年生　アニーには限局性学習症があり、
アメリカ史の授業で習う数多くの単語がなかなか覚えられません。第一次世界大戦の単元
だけでも40の主要単語があります。コ・ティーチャーは、ブロックスケジュールの授業
中、ディスカッションを活発にする目的でパラレルティーチングをよく使います。そこで、
そのディスカッションに語彙の指導を組み入れることにしました。二人は、アニーが単語
を適切な文脈で使い、また、そのディスカッションの時間内にそれらの単語を数回使う機
会を持てるよう段取ります。これらはいずれも語彙学習のためのエビデンスに基づくアプ
ローチです。さらに、毎日単語を復習できるように、簡単な再ティーチングストラテジー
を使うこともありますし、アニーと、自分自身に自信が持てないように見える女子生徒、
そして、英語学習者である生徒3名を対象にステーションでテクノロジーを利用しながら
復習することもあります。ティーミングアプローチを用いるときは、追加の語彙指導をそ
こに組み入れることもあります。たとえば、特別支援教育専門教員が語彙の習得に効果的
なゲームを始めるときには、そのゲームに関連語彙を組み合わせて行います。このストラ
テジーは他の生徒の語彙習得にも効果がありますが、アニーがもっと練習できるようにと
の狙いで講じたものです。そして、この授業では、コ・ティーチャーは宿題を出したり集
めたりするのにオンラインシステムを使っています。こうすることで、生徒のニーズに応
じて、異なる宿題を出すことができるのですが、アニーには語彙練習の宿題を他の宿題の
代わりに出すことがあります。

▍行動面でのSDI例

　コ・ティーチャーの方々から、授業の一環としてSDIを提供することは何も苦になら
ないが、通常学級での授業中に、他の児童生徒の邪魔をしたり授業を妨害したりする児童

生徒が数名いることが気掛かりだ、という声を聞くことがあります。他にも、極端に引っ込み思案の児童生徒や、退屈そうにしている児童生徒がいると、この授業がこの児童生徒のプラスになっているのだろうか、と疑問を持つこともあるようです。行動面が重要な懸念事項であることが IEP に示されている児童生徒は、不適切な行動を減らし、適切な行動を増やし、そして何よりも、問題行動を回避するためのストラテジーを身につけるために SDI を受けることができます。学習面と同様に、行動面での SDI 例は、コ・ティーチングのクラスにいる児童生徒の数だけあり、実に多様です。以下の例で、行動面に基づく SDI をどのようにコ・ティーチング授業で提供するかを見てみましょう。

与えられた課題ができないとすぐイライラし始める小学 4 年生　ロバートは、軽度の知的障害があるため、特別支援教育サービスを受けています。イライラするとかなり破壊的な行動を取るという理由から、行動介入計画（behavior intervention plan: BIP）が立てられています。たとえば、先週の算数の授業で、ロバートは 25 秒ほど学習課題に取りかかる様子をみせました。その後、その課題を机の外に押し出し、鉛筆をゴミ箱に向かって投げつけ、机の上に突っ伏してしまい、教員が頭を上げるように指示すると、何度も大声で「やだ、やだ、やだ！」と叫びながら抵抗しました。ロバートの IEP には行動目標として、フラストレーションを言葉で伝えることを学ぶことと、破壊的な行動を示す代わりに援助を求めることが記されています。

　コ・ティーチャーは、この目標に取り組むために、国語の授業でステーションを一つ設けました。このステーションには特別支援教育専門教員がつき、児童たちはイライラすることについてやイライラする気持ちを抑えその状況に対処する方法についての物語を書きます。特別支援教育専門教員が進めるディスカッションには、ロバートが習得すべきストラテジーをわかりやすく指導できるように工夫した質問が含まれています。他の児童たちが物語を書き、自分だったらこうするという例えのやり取りをし始める傍らで、特別支援教育専門教員は、授業での学習課題にイライラしたときに使うスクリプトを、一つのストラテジーとしてロバートに教えます。次に、ロバートを含む児童たちは、自分たちのシナリオに実際に身ぶりを入れて演じます。授業が終わる前に、特別支援教育専門教員は、別の児童に、ロバートのシナリオを使いもう一度ロールプレイするよう指示を出します。この一連の練習はもう数回繰り返して行われますが、コ・ティーチャーは、ロバートが学習課題にてこずっている様子を見せた時には、あのスクリプトを使うのは今だよ、とロバートに合図を出します。ロバートがそのスクリプトを使ったら、口に出してその行動を褒めます。また、ロバートがこのスクリプトを使った場合には（使わなかった場合も）それを書き留めておきます。生徒全員がフラストレーションに関するライティング活動に取り組んだことになりますが、ロバートのための SDI は他の生徒たちに向けた指導計画よりもさらに詳細なもので、しかも、数日間にわたり実施され、その効果は文書として記録され

ました。この SDI は、ロバートがこのストラテジーをいつでも効果的に使えるようになるまで、数週間にわたり定期的に見直されることになっています。

授業に集中できず授業と関係ない行動を取る、または、注意散漫になる高校１年生　シアラには行動障害があり、これまではほとんどの学習活動を個別の環境で受けてきました。しかし、高校１年生になった今年度は、コ・ティーチングでの英語の授業を受けることになりました。資料によると、シアラは授業中、課題に集中できないことが多く、大事な説明を聞き逃していることは間違いないようです。最近の観察からは、シアラが学習課題に取り組まずに授業とは関係のない行動を取っている時間が平均して授業時間の 65％にもなることがわかりました。他の生徒たちがノートを取り、小グループでディスカッションをしている間、彼女が取った行動には、化粧をする、近くに座っている生徒とおしゃべりをする、頭をパーカーのフードで覆いずっと下を向いたまま座っている、何かをじっと見つめ座ったまま動かない、が含まれていました。彼女の IEP 目標の一つは、学習活動に集中して取り組む行動を増やせるように自分の行動を監視するメタ認知的スキルの習得です。シアラにはこれまでに、コ・ティーチング授業を部分的に使い、メタ認知的スキルとは何かを説明し、授業中に生徒が自分の頭の中で言うべきことの手本を示しており、現在は、シアラも含め、生徒全員に、授業中はどのような行動を取るべきかを実演させてみる、という指導段階にいます。コ・ティーチャーはシアラをこの学習活動のリーダーに指名し、シアラが実際に実演するときには二人とも指導や助言を行います。シアラには、この他にも、この授業の一環として、個別の行動契約（behavior contract）があり、学習活動に取り組む行動が週ごとに着実に増えれば、宿題の一部が免除になります。この報酬はシアラが自分で選んだものです。コ・ティーチャーがそれぞれ個々の生徒と話をする時間を持つときに（オルタナティブ ティーチングのバリエーションを使って）、特別支援教育専門教員がメタ認知ストラテジーとしてセルフトークに関する追加の指導を行うこともあります。

▌社会的スキルの SDI 例

　障害のある児童生徒にとって、社会的スキルの習得が達成目標の重要な項目の一つに挙げられるのはよくあることです。学力面や行動面の SDI と同様、児童生徒が自分の IEP に掲げられている社会的スキルに関する目標を達成できるように、コ・ティーチング授業の中で SDI に取り組む必要があります。

限局性学習症と社会的スキルの困難を伴った行動障害がある小学１年生　エマの IEP チームは、観察とインタビューの結果から、エマは社会的スキルがかなり不足している、と判断しました。たとえば、エマは、他の児童が遊んでいる玩具をつかんだり、勝手にゲームに割り込んで入ってきたり、他の児童の悪口を言ったりするのですが、これらの行動の

原因は、エマが仲間との適切なやり取りの仕方がわからないということです。そこで、コ・ティーチャーは、年度当初の計画を立てるにあたり、エマのIEPの社会的スキルに関する目標を見直し、特別支援教育専門教員の判断に基づいて、まずは、同級生に対する否定的な発言ではなく、肯定的な発言に焦点を当てることにしました。このスキルの指導を今年度のコ・ティーチング授業に組み入れたことに加え、通常学級担任は、単独で受け持つ授業でもエマの社会的スキル練習を継続しています。たとえば、コ・ティーチャーは、ティーミングアプローチを使い、互いが互いに対して肯定的であることの手本を示しました。次に、自分たちと受け答え練習をするように児童たちに声を掛け、エマがこの練習に積極的に参加するように配慮しました。また、同級生同士でパートナーを組ませての学習活動も行います。この活動は、毎回、児童たちが自分のパートナーについて「何かいいこと」を言うことから始まりますが、コ・ティーチャーはエマの言動を観察し、エマが何を言えばいいのかわからなそうなときには助言を与えます。二人はエマがこの社会的スキルを使っている瞬間を「捉える」ことにも熱心で、エマが同級生と肯定的な言葉のやり取りをしているときは声に出して褒め、その言動を強化します。実際に、特別支援教育専門教員は、先週少なくとも8回は、エマがこれらの望ましい行動を自発的に起こしているところを目にしました。これを踏まえて、二人は、これまでの指導にもう一つ別の社会的スキルを加えることを計画しています。同時に、エマの同級生への肯定的な発言を今後も強化し続けるとともに、定期的にデータを収集し、エマがこのスキルを維持していることを確認することにしています。

自分が好きではない話題の会話に加わることや、相手と会話のやり取りを学ぶ必要がある自閉スペクトラム症のある中学3年生　スコットは、中国のテラコッタウォリアーズについてなら非常に細かいことまでほとんど知っている、といった具合に、いくつかの話題に関しては豊富な知識を持っています。自閉スペクトラム症のある児童生徒によく見受けられますが、スコットは、自分が現在夢中になっている話題を他人は繰り返し聞きたいと思わない、ということに気付かないことがよくあります。また、スコットは、会話の際には相手と交互に話しをする、ということを忘れることもあります。スコットのIEP目標にはこれらのスキルの習得が含まれています。スコットのコ・ティーチャーは、このコ・ティーチング授業で、パラレルティーチングに観察を組み合わせたアプローチを用いることがあります。クラスの生徒全員を二つのグループに分け、コ・ティーチャーが一人ずつ片方のグループを指導するものです。最初に、各グループ内で生徒たちにペアを組ませ、ディスカッションのテーマを与えます。スコットにはこの授業の流れをすでに教えていました。ある日の授業中、生徒たちは学習課題に取り組んでいましたが、スコットがあっという間にそれを終えてしまったので、その空いた時間にコ・ティーチャーがソーシャルストーリーを使いこの流れを教えていたのです。スコットがいるグループを受け持ったコ・テ

ィーチャーはスコットの会話の様子を注意深く観察し、スコットがペアの相手と交互に会話をしていない場合や、急に話題をテラコッタウォリアーズに切り替えた場合は、スコットに見えるように合図をします。生徒全員がクラス全体のグループに戻るとき、教員はスコットが「手放す」ことの必要性を理解したかを確認するためにスコットに声を掛けます。このような指導が功を奏し、スコットは自分の行動を観察し自分の進歩を評価できるようになってきています。

英語学習者である児童生徒と SDI

　ここまでの、特別に考案された指導についての解説は、障害のある児童生徒に焦点を当ててきました。というのも、特別支援教育法は、特別に考案された指導、を必須の教育サービスの一つとしており、この SDI の概念を最も即時的に適用できるのが、障害のある児童生徒だという理由があるからです。けれども、英語学習者である児童生徒も教育サービスを受ける必要があり、それをコ・ティーチング授業で提供する場合、教育指導は個々の児童生徒の学習計画に基づくべきである、という考え方は、英語学習者である児童生徒に対しても同じです。ですから、英語指導専門教員がコ・ティーチングで通常学級教員とパートナーシップを組む目的は、一般的な援助や通訳をするためではありません。コ・ティーチャーが直接的かつ明示的な指導ストラテジーを駆使し、対象児童生徒が、シェルター型英語や教科学習に必要な語彙の明示的な指導、そして／または、児童生徒が次の授業に向けての事前知識が足りない場合のスキャフォールディング指導を通じて教科内容を学びながら、英語力を身につけることができるようにするのがパートナーシップの意図するところです。

●児童生徒の学習に対する評価●

　コ・ティーチング授業で児童生徒に適切に指導を行うというテーマを考えるうえで、欠かすことのできないもう一つのテーマが学びの評価です（e.g., Friend & Bursuck, 2019; O'Connor, 2010）。コ・ティーチング授業での日々の課題に評点をつけることは、時には、論争や葛藤を呼ぶこともありますし、また、評価に伴う葛藤を解決できる唯一の策というものはありません。リポートカード（report card；訳注：習熟度を測る州ごとの統一テストの結果に基づき、児童生徒を性別、人種、障害の有無、英語能力等で分類し、そのサブグループごとに出した学習到達度データおよび学区ごとの実績に関する情報を含んだ通知表）に成績をつけるときにも似たような論争が起こります。最も重要なのは、成績づけをするということに対する姿勢が公平であるということ、そして、児童生徒の特別なニーズを考慮するということです（Jung & Guskey, 2011）。この項では、この重要なテーマについての皆さんの対話を促す一つの手段として、評価と成績づけに関するいくつかの最重要

ポイントを取り上げたいと思います。

日々の課題に対する評価

コ・ティーチャーは（さらに言えば、他の教員の方々も）、障害や他の特別なニーズのある児童生徒の日々の課題を評価するにあたり、以下で述べるポイントに留意してください。

❖ 障害のある児童生徒の80％以上は知的障害がない。必要に応じて、専門的な指導やアコモデーションを利用するが、通常教育課程を学習する能力がある。さらに、ほとんどの児童生徒は、規定のハイステークステストを受けることになっている（重度の知的障害のある児童生徒と初期段階の英語学習者である児童生徒は例外）。

❖ 教育指導の目標は一貫して、児童生徒にSDIとアコモデーション（要するに、本章の前半で定義づけしたように、児童生徒がより容易に学習できる手段）を提供すること、であるべきであり、これは英語学習者である児童生徒に対しても同様である。障害のある児童生徒やセクション504教育計画を有する児童生徒のSDIやアコモデーションは、504教育計画、IEP、または、授業計画、といった公式文書に記載されている。モディフィケーション（通常教育課程基準の知識や技能を一部削除または軽減すること）は、児童生徒に重度の知的障害がない限り避けるべきであり、指導内容は通常教育課程に合わせるべきである。モディフィケーションもIEPに記載されている。

❖ 児童生徒に必要なSDIとアコモデーションに関する話し合いは、年度初頭の授業開始までに、できれば、コ・ティーチング授業開始までに行っておくべきであり、学期ごとに少なくとも一度は見直す必要がある。コ・ティーチャーは、特定の児童生徒のニーズに合わせた指導計画を明確に把握しておくべきであり、どのようなアコモデーション（そして、少数の児童生徒にはモディフィケーション）が義務付けられているかや、それらが児童生徒の課題や進度の評価にどのように影響するかを話し合っておかなければならない。

❖ コ・ティーチャーは、教育課程基準が求めていることと、児童生徒が従来、授業でどのような学習行動を求められてきたかを対置して明確に理解する必要がある。殆どの場合、児童生徒が基準に到達していることを示す方法はいくつもあるし、特別なニーズのある児童生徒には、他の児童生徒に用いるアプローチに代わるアプローチを使う必要がある場合もある。

❖ 児童生徒にアコモデーションを提供する場合、それがその児童生徒の日々の成績評価にマイナスの影響を及ぼすことがないようにすべきである。たとえば、児童生徒が何らかのアコモデーションによる支援を、学習を容易にするためや学習成果を示すために利用していても、その児童生徒が他の児童生徒と同じ教育課程を受けていれば、他の児童生徒と同じ採点基準で評価を受けることになっている。簡単な例を挙げれば、高校の公民の試験では文章の代わりに箇条書きで解答する、など。評価対象になっているスキルが論理的に物事を伝えるために役立つパラグラフ ライティングではないのであれば、箇条書きの使用を許可することでその課題の複雑さが軽減されるため、その生徒は「A」の成績を取ることができない、と判断するべきではない。しかし、課題そのものになんらかの変更を加えてしまえば、その生徒が学習しなければならない内容は限定されるということになり、評価基準が大幅に下がるため、採点結果に影響する可能性はある。

❖ 勤勉だがテストで良い成績を残せない児童生徒に対し、教員によってはテストの成績よりも授業中の取り組みや宿題を考慮し採点することがある。反対に、テストでは良い点数を取るが宿題をほとんど提出しない児童生徒には、宿題に最低の評点をつける教員もいる。また、課題の未提出やテストでの低い点数を補うために追加の点数を得ることができるという選択肢を与える教員もいる。他にも、テストを部分的に再受験させることと学習したことをテスト以外の方法で呈示させる方法とを組み合わせて採点する教員もいる。教育指導に関する他の多くの事項と同様に、コ・ティーチャーは、どのストラテジーがクラス全体に適するもので、どのストラテジーが特別支援教育法で守られている立場にいるという理由から障害のある児童生徒だけに限定して使えるものかを話し合う必要がある。

❖ 課題を変更したり SDI を提供したりする代わりに、単に評価基準を低くする、という判断をする教員がいる。これは適切な手段ではない。児童生徒が取り組みやすいように配慮し、かつ、他の児童生徒の課題を評価する手段との整合性を取るためにも、課題を調整して出すべきである。評価基準を低くする、というだけでは、児童生徒の学習を支援するために適切な手段を講じているということにはならない。

　何よりも、コ・ティーチャー双方が、特別なニーズのある児童生徒の学習課題の評価の仕方をしっかりと理解しておく必要があります。また、評価の仕方については児童生徒自身および児童生徒の保護者にはっきりと説明するべきです。いずれの場合においても、コ・ティーチャーは、児童生徒に対して最高の達成基準を保つことと、指導と評価方法には調整が必要だと認識することとのバランスをどのように取るかを常に熟考する必要があ

ります。

▎リポートカード（実績通知表）の成績評価

　児童生徒の日々の学習課題をどう評価するかを入念に議論すると、リポートカード《実績通知表；訳注：全ての生徒が成功する法（the Every Student Succeeds Act）の施策により、各州が連邦政府からの補助金を受けるためには、州内統一学力テストを実施し、その結果に基づくリポートカードを作成しなければならないことになっている。このリポートカードに記載される情報は、リーディングや算数の州全体の成績や評価に加え、サブグループ別（性別、低所得、人種・民族性、障害の有無、英語能力、ホームレス、里親、現役軍人を親に持つ、等）に分けられた児童生徒の学習到達度データ、学区ごとの実績などである》の成績評価に付随する多くの問題があることがわかってくるはずです。教育サービスや法律に関わる問題に大きな意味合いを持つという点で、障害のある児童生徒にとってリポートカードの成績評価は重要な問題です。同時に、リポートカードの成績評価は英語学習者である児童生徒にとっても極めて重要です。というのも、英語学習者である児童生徒を対象にした明確な学区または学校の評価政策が設けられている可能性がかなり低いからです。たとえば、学区のなかには、小学校のリポートカードを各学年の達成基準に基づいて評価しているところもあります。コ・ティーチャーにとって気掛かりなのは、障害のある児童生徒たちが取り組んでいるのが実際の学年基準よりも低い学習内容である場合、効果的な SDI によって著しく学習成果が上がったとしても、常に非常に低い成績をつけることになってしまうかもしれないということで、これはリーディングや算数で頻繁に起こる問題です。コ・ティーチャーは、アコモデーションを介した場合にどの基準を満たすのかを見定めるために、そして、児童生徒の進度が正確に伝えられるようにするために、コ・ティーチング授業開始に先立ってこのジレンマについて話し合っておくべきでしょう。また、校長や特別支援教育主事にガイダンスを依頼するのもいいでしょう。こういった評価格差を縮められるように、児童生徒の学習を促進する SDI を計画することが必要です。

　他の例として、ハイステークステストの結果を特定の教科の成績評価に直接反映させる高校もあります。もし、その教科の最終成績をつけるうえで、ハイステークステストの結果がごくわずかしか影響しないのであれば問題にはならないでしょう。しかし、このテストの結果のみが最終成績評価に大きく影響するのであれば、IEP チームは何らかのアコモデーションを記載すべきかどうかを話し合う必要があるかもしれませんし、英語指導専門教員も、対象となる児童生徒がいるのであれば、評価方法についての代替案を提案してもいいかもしれません。コ・ティーチャーは、全ての学年レベルにおいて、学習進度を測定する他の方法について話し合うべきです（IEP を有する児童生徒に必要なため）。他の測定方法があれば、規定のリポートカードに学習課程に調整が加えられていることが記載されていても、または、一般的な児童生徒に求められる学力基準に到達していなくても、障

害のある児童生徒の進度をはっきりと説明することができます。

　学年基準を超えて考えれば、リポートカードにもいくつか目的に適うところがあります。小学校や中学校の段階では、リポートカードは、教員や児童生徒、そして保護者との間で情報を共有する仕組みとして成り立っています。ですから、この段階でのリポートカードの目的は、明確に情報を伝えることを保障するということです。高等学校の段階では、成績の評点はやはりコミュニケーションの手段の一つではありますが、情報の受け手は将来の雇用主や高等教育機関へと拡大します。従って、成績の評点は、障害があるという理由で人為的に高くしたり低くしたりせず、正確に生徒の学業成績を伝えるものでなければなりません。

さらなる考察に向けて

1．あなたの学校では、障害のある児童生徒や英語学習者である児童生徒、または、他の特別なニーズのある児童生徒について話し合う際、どういった教育専門用語を使うことが多いですか。教育専門用語の厳密な法解釈上の意味を理解し、正確に使うことがなぜ重要なのでしょうか。

2．本章で示した定義を用いて、受け持ちの児童生徒のためのSDIを、少なくとも4から6例ほど挙げてみましょう。それらの例は、ご自身のコ・ティーチング授業での学習活動にどの程度組み込まれていますか。どうすれば、SDIの必要性と、SDIを受ける児童生徒に対して偏見を抱かせないようにすることとのバランスを取ることができるでしょうか。

3．特別支援教育専門教員のなかには、児童生徒が特別支援学級や他の個別の学習環境にいるときはSDIを受けているので、コ・ティーチングの授業でSDIに取り組む必要がない、と主張する方々がいます。このような議論を行う教員に対してあなたはどのように応答しますか。なぜ特別支援教育専門教員はコ・ティーチング授業でSDIを提供することを義務付けられているのでしょうか。

4．お勤めの学校や学区の教育指導指針には、成績評価に関してどのような内容が記述されていますか。所属している学年、学年団、または学科で設けられている付加的なガイドラインはどのようなものですか。これらの指針やガイドラインは、障害やその他の特別なニーズのある児童生徒にどのように役立っていますか。または、そのような意図はなくとも、どのように悪影響を及ぼしているでしょうか。あなたとあなたのコ・ティーチングパートナーは、特別なニーズのある児童生徒にどのように成績付けをすべきでしょうか。

行動を起こすために

1. お勤めの学校で、障害のある児童生徒、英語学習者である児童生徒、そして、他の特別なニーズのある児童生徒への教育指導に関する 30 分間の職能開発研修を計画し、実行し、評価しましょう。重視するテーマは、児童生徒は何を受け取る権利を有しているか、これがコ・ティーチング授業での指導にどのような意味を持つのか、そして、それがどのように成績付けという業務に影響を与えるか、です。

2. 1 週間分の授業計画、図 5.1 に挙げた SDI の領域、そして、受け持ちの児童生徒のIEP または ILP を使い、どのように SDI がコ・ティーチング授業の一部として行われているかを明確に示すために、その週の授業計画に説明的な注釈を施してみましょう。SDI のどういった側面がコ・ティーチング授業に組み入れるうえで課題になっているかを特定し、この課題にどう取り組むかをコ・ティーチングパートナーと話し合いましょう。

3. 校内で、教員対象のコ・ティーチング授業視察を計画しましょう。その視察で重視したいのは、コ・ティーチング授業が教員一人体制の授業と大きく異なる例を見つけることです。視察後は、全員参加のミーティングを開き、良い手本となるような例を賞賛したり、良い例を増やすための方法を模索したりしながら、視察を通してわかったことを話し合いましょう。SDI を教育活動の一連の流れの中に組み入れるための方策に焦点を合わせて議論を進めてください。

引用文献

Friend, M. (2016). Welcome to co-teaching 2.0. *Educational Leadership, 73*(4), 16-22.

Friend, M., & Bursuck, W. D. (2019). *Including students with special needs: A practical guide for classroom teachers* (8th ed.). Boston, MA: Pearson.

Friend, M., & Cook, L. (2017). *Interactions: Collaboration skills for school professionals* (8th ed.). Boston, MA: Pearson.

Jung, L. A., & Guskey, T. R. (2011). Fair and accurate grading for exceptional learners. *Principal Leadership, 12*(3), 32-37.

Kennedy, M. J., Lloyd, J. W., Cole, M. T., & Ely, E. (2012). Specially designed vocabulary instruction in the content areas: What does high quality instruction look like? *Teaching Exceptional Children Plus*. Retrieved from http://tecplus.org/articles/article/1/0.

North Carolina Department of Public Instruction. (2016, April). Considerations for specially designed instruction. Raleigh, NC: Author, Exceptional Children Division. Retrieved from http://ncimplementationscience.ncdpi.wikispaces.net/fiIe/view/SDl-Considerãtions.2016-04-19.pdf/581508063/SDl-Considerations.2016-04-19.pdf

O'Connor, J. (2010). *Students with disabilities can meet accountability standards: A roadmap for school leaders*. Lanham, MD: Rowman & Littlefield.

Park, V., & Datnow, A. (2017). Ability grouping and differentiated instruction in an era of data-driven decision making. *American Journal of Education, 123*, 281-306.

Tomlinson, C. A. (2017). *How to differentiate instruction in academically diverse classrooms* (3rd ed.). Alexandria, VA: ASCD.

第5章 付 録

　本章付録には、適切な教育指導を行うという重要なテーマに取り組むうえ
で役に立つ二つの資料が含まれています。一つ目の資料は、通常教育環境に
おける特別なニーズがある児童生徒への指導に関する書籍のリストです。こ
のリストに挙げた書籍の他にも、このテーマに関する学術論文は、科学的研
究に基づいたものから著者の経験に基づいたものまで多数出版されています
ので、ぜひ目を通して見てください。二つ目の資料は、障害や特別なニーズ
を持つ児童生徒が、通常学級環境で有意義に学び学習成果を上げるための指
導に関する多種多彩なアイデアやリンクを提供しているウェブサイトのリス
トです。

学習や行動ストラテジーおよび介入に関する選書一覧

Brownell, M. T., Smith, S. J., Crockett, J. B., & Griffin, C. C. (2012). *Inclusive instruction: Evidence-based practices for teaching students with disabilities (what works for special-needs learners)*. New York, NY: Guilford Press.

Cipani, E. (2018). *Functional behavioral assessment: A complete system for education and mental health settings* (3rd ed.). Springfield, IL: Charles C. Thomas.

Collins, B. C., & Wolery, M. (2012). *Systematic instruction for students with moderate and severe disabilities*. Baltimore, MD: Brookes.

Dove, M. G., & Honigsfeld, A. (2013). *Common core for the not-so-common learner, grades K-5, English language arts*. Thousand Oaks, CA: Corwin.

Gordon, D., Meyer, A., & Rose, D. H. (Eds.) (2014). *Universal design for learning: Theory and practice*. Wakefield, MA: CAST Professional Publishing.

Gore, M. C. (2010). *Inclusion strategies for secondary classrooms: Keys for struggling learners* (2nd ed.). Thousand Oaks, CA: Corwin.

Gregory, G. H., & Chapman, C. M. (2012). *Differentiated instructional strategies: One size doesn't fit all* (3rd ed.). Thousand Oaks, CA: Corwin.

Honigsfeld, A. M., & Dove, M. G. (2013). *Common core for the not-so-common learner, grades 6-12: English language arts strategies*. Thousand Oaks, CA: Corwin.

Hulac, D. M., & Breusch, A. M. (2017). *Evidence-based strategies for effective classroom management*. Boston, MA: Pearson.

Leon-Guerrero, R. M., Matsumoto, C., & Martin, J. (2011). *Show me the data! Data-based instructional decisions made simple and easy*. Overland Park, KS: Autism Asperger Publishing.

McWilliam, R. A., Cook, B. G., & Tankersley, M. G. (2013). *Research-based strategies for improving outcomes for targeted groups of learners*. Upper Saddle River, NJ: Pearson.

Reed, D. K., Wexler, J., & Vaughn, S. (2012). *RTI for reading at the secondary level: Recommended literacy practices and remaining questions*. New York, NY: Guilford Press.

Reid, R., Lienemann, T. O., & Hagaman, J. L. (2013). *Strategy instruction for students with learning disabilities* (2nd ed.). New York, NY: Guilford Press.

Scanlon, D. M., Anderson, K. L., & Sweeney, J. M. (2016). *Early intervention for reading difficulties* (2nd ed.). New York, NY: Guilford Press.

Schillinger, M., & Wetzel, B. (2014). *Common core and the special education student: Your guide to instructional shifts and implementing services and supports*. Palm Beach Gardens, FL: I-RP Publications.

Sprick, R. (2013). *Discipline in the secondary classroom: A positive approach to behavior management* (3rd ed.). San Francisco, CA: Jossey-Bass.

効果的な指導に関するインターネットリソース

❇ **Behavior Advisor**

http://www.behavjoradvisor.com/

受賞歴のあるウェブサイトで、単純な行動や複雑な行動を問わず、児童生徒の問題行動に対応するための非常に多くのアイデアやリンクが掲載されています。時間があるときに閲覧することをお勧めします。

❇ **Collaboration for Effective Educator Development, Accountability, and Reform (CEEDAR) Center**

http://ceedar.education.ufl.edu/

フロリダ大学の CEEDAR テクニカルアシスタンスは、障害のある児童生徒への効果的な指導実践に関する幅広い情報を提供しています。Resources/Tools のタブを参照のこと。

❇ **Division for Learning Disabilities of the Council for Exceptional Children Current Practice Alerts**

http://teachingld.org/alerts

このウェブサイトには、限局性学習症のある児童生徒の成績改善のための研究で実証された指導実践に関する 4 頁超の要約が多数載っています。

❇ **Graphing Made Easy**

http://www.oswego.edu/~mcdougal/web_site_4_11_2005/

ニューヨーク州立大学オスウェゴ校のウェブサイトで、学習や行動的データの記録に使用できる簡単なスプレッドシートをダウンロードすることができます。同サイトには、グラフをカスタマイズするための提案も載っています。

❇ **Improving Student Reading Comprehension**

https://files.eric.ed.gov/fulltext/ED451650.pdf

The Review of Educational Research という学術ジャーナルに掲載された本論文は、障害のある児童生徒の読解力向上に関する研究を包括的に要約したものです。

❇ **InterventionCentral.org**

http://www.interventioncentral.org/

このウェブサイトには、成績データのグラフ化や可読性の調整、読みの流暢さ／数学の計算の計測、CMB（curriculum-based measurement：カリキュラムに基づく尺度）／CBA（curriculum-based assessment：カリキュラムに基づく評価）データの収集、などの関連資料が載っています。個々の学習者に合わせて可読性の調整ができるセクションがあり、1 ページ毎と 1 行毎の文字数が自動的にカウントされるため、教員にとっては時間の節約になります。

✿ Meadows Center for Preventing Educational Risk（MCPER）

https://www.meadowscenter.org//

当センターはテキサス大学に置かれており、児童生徒、特に障害のある児童生徒、英語学習者である児童生徒、そして、落第等の理由から新しい学習環境への適応が難しくなっている児童生徒の学力向上に向けた情報を提供しています。

✿ National Library for Virtual Manipulatives

http://nlvm.usu.edu/en/nav/vlibrary.html

幼稚園から高校 3 年生対象の、仮想マニピュラティヴ（訳注：ゲーム、パズル、数ブロックなど）への大規模なリンク集があります。数と演算、幾何学、代数、尺度、データ分析および確率などのトピックが含まれています。

✿ Strategies and Interventions to Support Students with Mathematics Disabilities

https://www.council-for-learning-disabilities.org/wp-content/uploads/2014/12/Math_Disabilities_Support.pdf

国際教育機関の一つである Council for Learning Disabilities による当論文は、限局性学習症のある児童生徒によく見られる数学学習における課題に対処する主要なストラテジーを要約したものです。

✿ Study Guides and Strategies

http://studygs.net

このウェブサイトは、スタディガイドの他にも、テストの準備対策や受験対策に関するストラテジーを提供しています。スタディスキルガイドや対話型学習プログラムへのリンクを含めたスタディスキルが掲載されており、25 言語で利用可能です。

✿ The Center for Applied Special Technology

http://www.cast.org

学習教材のユニバーサルデザイン化に関する提案や、通常学級に在籍する個々の児童生徒のための特別なアコモデーションやモディフィケーションを立案する必要性を低める指導実践に関するアイデアを提供しています。

❀ The IRIS Center

https://iris.peabody.vanderbilt.edu/
当センターはヴァンダービルト大学ピーボディ教育学部に置かれており、障害のある児童生徒に関わる教育関係者向けに、学習ストラテジーから行動介入まで、さまざまなテーマのモジュールを提供しています。

❀ The National Center to Improve Practice in Special Education through Technology, Media, and Materials

http://www2.edc.org/ncip
テクノロジーや障害、そして幅広いリソースを活用しての教育実践に関する情報がまとめられているウェブサイトです。

❀ High-Leverage Practices in Special Education

https://highleveragepractices.org/
このウェブサイトは、すべての特別支援教育専門教員が理解し実践すべき重要な実践方法を集約しており、コラボレーション、評価、社会面/情緒面/行動面、学習指導、に関するトピックを中心に構成されています。

❀ What Works Clearinghouse

http://ies.ed.gov/ncee/wwc/
推奨されているプログラムや実践方法が、科学的エビデンスに基づくものか否かを評価する連邦政府プロジェクトのウェブサイトです。日頃実践している指導アプローチが研究に基づくものかを確認できる重要な情報が掲載されています。児童生徒の学力向上に向けた多くのトピックに関する手引きやアドバイスを含む実践ガイドラインは特に役立ちます。

第6章

プランニングとクラスルーム ロジスティクス（実行計画）

「準備を怠ることは、失敗するための準備をするようなものだ。」

—ベンジャミン・フランクリン

読者に期待される学習成果

1．最新のコ・ティーチングプランニングモデルの構成要素を簡潔に述べることができる。
2．コ・ティーチングを目的とした、マクロプランニング、日常プランニング、その場でのプランニングを行うにあたり、時間効率のよいストラテジーを活用することができる。
3．コ・ティーチング授業において、児童生徒の学習効果を高め、授業中の騒音を最小限に抑える物理的なレイアウトを組み立てることができる。
4．効果的なコ・ティーチング指導の方法や手順について明確に述べることができる。

　コ・ティーチャーの多くは、自分たちのパートナーシップは強固でありしっかりと連携ができている、あるいは、そうなるように積極的に働きかけていると言います。また、多様な児童生徒の集団を指導するために、さまざまなコ・ティーチングアプローチを活用しながら、互いの持ち味をうまく生かせるような創造的かつ効果的な指導方法を何とか自分たちのものにしてきている、と話すコ・ティーチャーの方々も多くいます。それでもやはり、さまざまな課題に直面することもあるようです。なかでも、最も頻繁に話題に挙がるのが、コ・プランニング（co-planning）、つまり、共同でのコ・ティーチング指導のプラ

ニングをする機会が限られているということ、そして、その貴重なコ・プランニングの時間を最大限に活用する方法についてです（Hawbaker, Balong, Buckwalter, & Runyon, 2001; Scruggs & Mastropieri, 2017）。これらの課題は、いわば、クラスルーム ロジスティクス（classroom logistics：実行計画）とも呼ぶべき、コ・ティーチング授業を行う事前準備としての物理的なレイアウトや他の具体的な事項、および、効率的なコ・ティーチング授業の実施に必要不可欠な方法や手順に関連する内容です。本章ではこういったテーマについて解説していきたいと思います。

●状況に応じたコ・プランニング●

　教員や管理職の方々が、コ・ティーチング授業プログラムの事前準備や見直しを行ううえで、最大の課題と口にするのが、共同でプランニングする時間の調整とプランニング時間の活用です（Pearl, Dieker, & Kirkpatrick, 2012 ; Pratt, Imbody, Wolf, & Patterson, 2017）。ところが、最新のコ・ティーチング実践にじっくりと目を向けると、新たな視点を取り入れればこれらのコ・ティーチングにまつわるストレス要因が軽減できるということがわかってきます。

プランニングにおけるジレンマ

　コ・ティーチャーには、自分たちの授業指導や受け持つ児童生徒について話し合うことを目的とした時間が不可欠である、ということは疑いようもありません（Murawski & Bernhardt, 2016）。しかし、教育を専門とする方々の中には、ともすれば、「プランニングする時間」というものに、21 世紀のこの時代の考え方ではなく、むしろ、1960 年代あるいは 1970 年代ならばふさわしかったであろうイメージを持っている方が少なからずいるようです。

　たとえば、私が教員の方々に、コ・プランニングにどのくらいの時間を割り当てるべきだと思うか、という質問をすると、以下のような回答がよく返ってきます。

- ❀　一日につきコ・ティーチングパートナーの一人とだけ、という前提で、毎日 1 回
- ❀　自分とパートナーを組む各教員と、週に 1 回
- ❀　少なくとも週に 1 回、2 時間。この 2 時間を自分とパートナーを組む教員たちで分割して

少数ですが、次のような現実的な回答もあります。

- ❀　今よりも多くの時間を使うべきだとは思いますが……時間がありません！

　もしお勤めの学校が、資金と人材の両面で、頻繁に定期的なプランニング時間を確保することを後押ししてくれているのであれば、皆さんは素晴らしく協力的な職場環境にいるということになります。大半の学校にとって、こうした理想的な環境を用意するというのは現実には難しいか、あるいは、コ・プランニングをするための時間をあらかじめ学校スケジュールの中に入れておくということが全くできない状態です。コ・プランニング時間の分析から明らかになった課題には以下のようなものがあります。

❀　高校では、実に多くの要因が学校全体のマスタースケジュール（master schedule: 主要日程計画）に影響を及ぼす。体育系の授業プログラムや、音楽系の授業プログラム（バンド、オーケストラ、合唱、など）、単科の授業（中国語の初級のみのコース、など）を考慮しなければならず、「これはこのように予定を組まなければならない」といったスケジュール調整上の諸案件にすべてに対応すると、コ・ティーチャー双方のスケジュールが偶然に合致しない限り、双方とも都合がつくプランニング時間を前もって確保しておくことができないことが多い。

❀　ある小学校では、特別支援教育専門教員や英語指導専門教員は、一つの学年と、週ごとのプランニングのための学年会議に参加するよう任じられることはあるが、これはその学年全体の準備時間であり、通常、コ・ティーチング授業に特化した作業は優先されない。さらに、多くの学校では、特別支援教育専門教員は複数の学年を受け持っており、また、受け持っていない学年のプランニングには参加しない。

❀　ある中学校では、生徒たちが美術や美術関連の主要科目以外の授業を受けている時間に、教員チームによるプランニングを行う。残念なことに、数名の生徒にとって、この時間帯は、その日一日の時間割の中で、補足の特別に考案された指導を受けることのできる唯一の機会なので、特別支援教育専門教員は、チームプランニングに出席できない。

❀　ある高校では、特別支援教育専門教員に、一人のコ・ティーチングパートナーとのコ・プランニング時間を提供している。しかし、残念なことに、この特別支援教育専門教員は、現在3名の同僚とコ・ティーチングを行っており、他の2名とのコ・プランニング時間が持てない。

❀　小・中・高等学校のどの学校レベルでも同様に見られることだが、教員は、共同でプランニングをする時間が設けられていると、その時間を必ず使わなくてはならないように感じるため、ほぼ毎日ミーティングを行っている、と話す。その結果、自

分たちがそれぞれ終わらせなければならない他の仕事が中途半端なままになってしまうので、それらの仕事を残したまま帰宅するか、あるいは、家に持ち帰ることが多い。

✤　特別支援教育専門教員も、コ・プランニングの時間があらかじめスケジュールに組まれている場合、その時間の大部分は、扱う教科の指導内容の要点の説明や、学習活動の具体的な説明と授業での各自の役割の確認に終始してしまうことが多い、と話す。見逃されてしまいがちなのは、個別の児童生徒のニーズや、それらのニーズにどのように対応するか、そして、特別に考案された指導をどのように授業計画に組み入れるべきかについての話し合いである。つまり、所定のコ・プランニング時間内で重要な話題をすべて検討できているとは言えない。

これらの例は、コ・ティーチング授業を担当している教員にコ・プランニング時間を提供するための真摯な取り組みが行われていてさえも、教員として、膨大な時間を要する業務の一つ一つをこなしていかなければならないという難題を簡単に解決する方法はないということを示しています。

▌別の角度から考える：現代のプランニングモデル

今日の目まぐるしく移り変わる世界におけるほぼ全ての専門的職業を分析すると、時間不足が大きな特徴だということがわかります。これは、ビジネス業界や医療業界、その他、多くの分野にも言えることですね。必然的に浮かんでくるのが次の質問です。そういった多くの分野の専門職の方々は、どのようにして、この時間、という課題に対応しているのだろうか。そして、何よりも、他のさまざまな分野で活用されているどういった考え方が、教育というこの独自の分野でうまく機能するのだろうか。現今の、時間的制約、というこの広範な問題を熟慮した結果、コ・ティーチングプランニングの時間についての新しい考え方が生まれました。それが以下に示す3部構成のモデルです。

1.　**定期的な対面プランニング**（Periodic face-to-face planning）　直接会って行うプランニングが重要でないということではありませんが、私たちが、どれだけの時間を無理なく工面できるのか、そして、どのようにすればその時間をスケジュールに組み入れ、効率的に使うことができるのか、ということについての考え方を変える必要があるということです。多くの学校管理職の方々と会話をするなかで、私が、学校の基本日程計画にコ・プランニングする時間を組み込もうとするのをやめて、その代わりに、3ないし4週間に1度、少なくとも1時間程度（できればもう少し長く）、コ・ティーチャーがマクロプランニング（*macro planning*）をする時間を確保する方法を見つけ

てはどうですか、と提案すると、その方々はそこでしばし黙り込み、それから、その方がよりはるかに現実的ですね、と同意してくださることが多いですし、大概は、そういった時間を作るための方法を捻出できるものです。

2. **電子プランニング**（Electronic planning）　コ・ティーチャーは、対面プランニングに労力を割くことを基本としながらも、日々の授業指導の概要を説明したり、役割を分担したりするための基本的な手段として、電子機器を用いたプランニングを活用すべきでしょう（Charles & Dickens, 2012、など）。プランニング用の電子機器には幅広い選択肢がありますし、また、電子機器を使えば、一緒にプランニングできない場合でも、各自の時間の都合に合わせてプランニングすることが容易にできますし、双方の指導案の記録を保存することもできます。

3. **その場でのプランニング**（On-the-spot planning）　対面プランニングと電子プランニングを利用してコ・ティーチング授業の準備を効果的に行っていても、計画通りに進まないこともあります。授業の進み具合が計画していたよりも遅くなってしまったり、何か特別な行事が入ったことで時程が短縮になったり、コ・ティーチャーの片方が、教員研修参加や児童生徒のアセスメント実施のため不在になったりすることもあるでしょう。こうした場合、もちろん、他の多くの場合も同様ですが、コ・ティーチャー同士が情報のやり取りをするちょっとした数分間の時間が必要になります。二人が手短に話しをする間、児童生徒たちに取り組ませておける日課活動のようなものがあれば、授業時間を大幅に無駄にすることなく、そのまま授業を進めていくことができます。

　定期的な対面でのプランニング時間を調整するのは学校側の管理業務ですが、このことについては第8章で詳しく取り上げています。第8章では、学校指導責任者の方々がコ・ティーチングを成功させるためにご自身が担うべき役割を理解していただける内容になっています。では、ここからは、対面プランニング、電子プランニング、その場でのプランニングの方法と手順についての提案をしていきましょう。

●コ・ティーチャーによるプランニングプロセス●

　コ・プランニング時間に関する一般的な課題やコ・プランニングの構成要素の概要を理解したところで、この最新のプランニングプロセスの内容に目を向けてみましょう。以降の項でこのプロセスを概説していきます。

▍対面マクロプランニング（Face-to-Face Macro Planning）

　皆さんの学校の管理職がどのような方法で皆さんや皆さんのコ・ティーチングパートナーが定期的に対面プランニングできるような調整をしているかはともかくとして、対面プランニングを成功させる秘訣は、与えられた時間を賢く使うことです（Friend & Cook, 2017; Texas Education Agency, 2011）。皆さんが、一日の業務を終え、ようやく同僚と面と向かってやり取りする時間ができた時に起こることを考えてみてください。その時間が「愚痴やおしゃべり」の時間になってしまうことがよくあります。先週末のサッカーの試合での出来事や、最近観た映画の話、自分の子どもが参加しているさまざまな活動に関する話など、プランニング以外の話題に数分間も費やしてしまいます。コ・ティーチャーの方々はぜひ覚えておいていただきたいのですが、重要なテーマについて話し合うことに貴重な時間を使えるように、どのようなマクロプランニングのミーティングであっても、明確な検討議題を用意しておくべきです（Embury & Dinnesen, 2012）。次の項で具体的に説明するプロセスに基づいた検討議題の例が本章付録にありますので目を通して見てください。それから、この対面プランニングの時間は、主要教科の指導内容はもちろん、専門的な指導の必要性について話し合う時間でもあるということも覚えておいてください。

対面プランニングセッションの前後　図 6.1 が示すように、この対面プランニングのプロセスでは、通常学級教員が、次回の授業の内容、授業で取り組むプロジェクト、学習活動等について話し合うプランニングセッションに出席する必要があります。数分間を、必要な指導手引書や教材を集めたり、授業の進度に関する手引書を参照したり、電子機器をすぐ使えるように用意することに使いますが、これらの作業が終われば、コ・ティーチャーが各自、全般的な指導内容に関する事柄をパートナーに説明するという流れになります。このプランニングセッション後、特別支援教育専門教員には、次回の授業に向けて児童生徒の特別なニーズに合わせた詳細な計画、専門的な教材の準備、児童生徒の理解を促すための指導技法の決定、そして、児童生徒の IEP 目標または言語習得目標に対応するための指導ストラテジーがこの授業の指導計画内容に組み込まれていることを確認する義務があります。

プランニング プロトコル（protocol: 実施要綱）　図 6.2 は、定期的なプランニングミーティングで行うべき内容をまとめたものです。なお、この進め方は、1 時間のプランニングミーティングが基になっています。時間の確保ができるか、また、コ・ティーチャーが 4 週間に複数回の頻度で集まれるか、によって調整が必要でしょう。このプロトコルには以下のステップがあります。

プランニングセッション前

通常学級教員が次回の授業の指導内容、プロジェクト、学習活動、その他、授業に関する主な内容に関する情報を集め、これらに関する資料を持ち寄る。

プランニングセッション中

通常学級教員と特別支援教育専門教員または英語指導専門教員は、児童生徒に関するデータを用いて、授業での重要指導ポイントについて話し合い、児童生徒の学習に関するデータを再度見返し、次回の授業で取り組むべき IEP 目標や言語習得目標を検討し、自分たちのコ・ティーチングの指導パターンを模索する。このセッションは、これまでの授業指導やパートナーシップについての評価や省察で締めくくる。

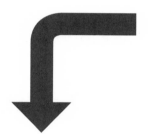

プランニングセッション後

特別支援教育専門教員または英語指導専門教員は、授業指導に必要な独自の教材や、専門的な指導ストラテジーを準備し、教科課程の範囲内での IEP 目標や言語習得目標を達成するための計画を立て、さらに、他に懸念事項があればそれらに対処する。

図 6.1　コ・ティーチングプランニングプロセスの概要

1. 通常学級教員が次回の授業指導の要点を説明します。これには、どの章を扱うか、どの文学作品を取り上げるのか、どの数学的概念やスキルを導入するか、どのようなプロジェクト学習を行うのか、どういった科学的実験や実習を行うのか、などの簡単な概括が含まれます。

2. 次に、プランニングをさらに進める前に、二人で児童生徒に関するデータを見直し、児童生徒の学習状況に関する詳しい情報を互いに確認し合います。教員はほぼ毎日の

	ミーティング前

通常学級教員が、ミーティングでの話し合いに向けて、次回の授業に関する教育課程をしっかりと見直す。

時間配分	テーマ
12分	1．通常学級教員が、次回の授業の教育課程、指導内容、学習活動やプロジェクト学習で扱う教材について概要を説明する。
10分	2．二人で児童生徒のデータを見直す。データの見直しは、児童生徒の学習状況や、学習スキルのギャップ、そして、授業指導に関する判断決定に影響を及ぼしかねない特別なニーズを特定することに役立つ。
15分	3．次回の授業の問題点について話し合う。児童生徒の学習を妨げるものとしては何が考えられるか。どうやってそれらを軽減あるいは克服できるか。どうすれば、SDI を活用しながら、児童生徒の IEP 目標や言語習得目標をこの授業指導に組み入れることができるか、など。
15分	4．二人でコ・ティーチングでの指導パターンについて話し合う。六つのコ・ティーチングアプローチ（とバリエーション）を検討し、復習やテスト、その他よく行われる学習活動の際の指導パターンを特定し、いつ、どの場面で、どのコ・ティーチングアプローチを使うのが最適かを決定する。
8分	5．この時間は、コ・ティーチングに関する懸念事項、コミュニケーション、教室の維持管理に使う備品等、過去4週間の成果や問題点などを話し合う時間に使う。

ミーティング後

特別支援教育専門教員や英語指導専門教員、その他の専門指導教員が、特別に考案された指導（SDI）を準備し、必要に応じて、児童生徒のニーズに特化したアコモデーションやモディフィケーションを用意する。また、指導内容のディファレンシエーションを図るための一般的なストラテジーを準備する。

図 6.2　60 分間のマクロプランニングプロトコル

ように児童生徒のデータを活用しているはずですので、この部分の話し合いに費やす時間は比較的簡潔にとどめます。しかし、児童生徒の学習の動向や、次回の授業指導に必要な前提スキルが不足している児童生徒に関する情報、いくつかの領域でのスキルはあるが同時にスキルにギャップが見られる児童生徒についての注記、障害のある児童生徒や英語学習者である児童生徒に特化したデータ等の話題は取り上げる必要があります。

3．指導内容と児童生徒の学習状況が一通り頭に入ったら、次に、児童生徒たちが直面する可能性のあるさまざまな課題や、特に慎重に取り上げるべき教材、そして、指導の方法を児童生徒の学習状況やニーズに合わせるためのアイデアなどを話し合います。この話し合いには、次の二つの側面があります。第1に、ここで、コ・ティーチャー

は、ディファレンシエーション（指導上のさまざまな調整）や、全ての児童生徒に効果的なコアインストラクション（科学的エビデンスに基づく学習指導）を検討します。第2に、特別支援教育専門教員がこのプランニングミーティング後に、障害のある児童生徒たちが仲間と共に授業を受けながら各自の個別目標に向けても取り組めるように、特別に考案された指導を提供するストラテジーや、教材、その他の手段を準備できるようにするためです。

4. ここまでの内容を確認したら、いよいよ、自分たちが受け持つコ・ティーチング授業がここから4週間どのようなものになるべきかを検討します。たとえば、新しく導入する語彙がかなり広範囲に及ぶので、毎週2回、語彙を学ぶステーションを1ヶ所設け、特別支援教育専門教員がそこで指導する計画を立てることにする。もし児童生徒全員が提示された主題についてディスカッションをする機会が増えれば、計画した学習指導の効果が最大になると考え、毎週1回、コ・ティーチング授業の約半分の時間をパラレル ティーチングで教えることにする。といったような指導の中身を二人で話し合いながら決めていきます。この段階での目標は、少なくとも一つか二つ、この先4週間の授業の中で繰り返すことができる指導パターンを見つけることで、ひいては、この後の、電子機器を使ったより詳細なプランニングを容易にします。コ・ティーチャーのなかには、授業で用いる指導パターンを考えたり、定型のコ・ティーチングアプローチにそれらの指導パターンをどう当てはめるかを考えたりすることで、自分たちのコ・ティーチング授業を3分の1、または、それ以上計画できることに気づく方々もいます。こういった指導パターンに関する具体的な内容は、電子プランニングを通じて行われることになります。

5. 最後に、対面プランニングの時間をいつ設けるにしても、過去4週間の授業でうまくいった事や直面した諸問題、あるいは、二人のいずれかが取り上げたいと思っている懸念事項などを考慮に入れながら、自分たちのパートナーシップについて話し合う時間を数分でも確保すべきでしょう。強固なパートナーシップを維持するには、教室での指導や、プランニングの進め方について、その他、第3章で取り上げたさまざまなテーマについて感じていることや考えていることを伝えあうことが重要だという認識を持たなければなりません。

　このような構造化されたプランニングの過程に沿って話し合いを進めるというのは、最初のうちは少し抵抗を感じるかもしれませんが、教員の方々は、たいていは、各ステップを効率的に進むために、自分たちで時間を計ってでも着実にこの過程に従えば、次回の授業内容や、多様な児童生徒が確実に授業内容を理解できる指導方法について、互いによく理解し合ったうえで対面プランニングミーティングを締めくくることができると気付くようです。

▌週ごと、日ごとのプランニング ストラテジー

　　コ・ティーチングプランニングを効果的にする秘訣は、対面プランニングがコ・ティーチングプランニングの過程における一つの構成要素にすぎないことをはっきりと理解しておくことです。日々の授業計画の詳細は、マクロプランニングの後で検討されることになります。たとえ、学年団や教科チームが教育課程の達成基準を作成し、殆どの教員が綿密な授業計画を立てる代わりにその達成基準を利用しているとしても、あるいは、授業計画を立てることを特に求められていなくても、コ・プランニングの過程において、日々の授業計画を具体的に検討していく作業を実施することは必須です。コ・ティーチャーにとって、日ごとの授業計画は必要不可欠なものなのです。

　　この段階でのプランニングは、クラウドベースの方法を使って電子的に行われるのが一般的です。これはビジネスの世界では普通に行われていることで、この分野から学んだ知識は教育界にも急速に適用され、直接顔を合わせなくても教員が連携できる革新的な方法を生み出しています（Charles & Dickens, 2012）。しかしながら、以下に示す提案を検討する際には、児童生徒についての守秘義務の順守に関する学区の政策に従わなくてはならないということに注意してください。使用が認められているクラウドベースの選択肢については管理職の方々に確認してください。

Google ドキュメント　　アメリカの半数以上の学校で Google のアプリケーションが使われていることから（Singer, 2017）、教員の多くは電子プランニングに最適な選択肢は Google ドキュメントだと考えています。専門指導を担当する教員の中には、情報を提供しているコ・ティーチャーの二人と共にこの書式に要点を簡潔に記述する方々もいます。推奨する使い方としては、自分たちの計画を構造化できるプランニングテンプレートを使うことです。Google ドキュメントのテンプレートを検索すると、日、週、月ごとプランニング用の既成テンプレートが見つかります。教員が単独で教える授業用のテンプレートもありますが、それらをコ・ティーチングのニーズに合わせて変更することも可能です。また、コ・ティーチング用のテンプレートもいくつか揃っています。自分でテンプレートを作成することもできますし、テクノロジー専門のスペシャリストに手伝ってもらう手もありますね。

共有カレンダー　　ほかにも、Google や Outlook 上に（または、共有機能が付いているカレンダーならいずれでも可）共有カレンダーを作る方法もあります。一般的には、通常学級教員が、コ・ティーチング授業を行う日をクリックすると表示される記述欄に日々の基本授業計画を入力します。入力した内容が保存されると、特別支援教育専門教員がそれを受け取ります。共有カレンダーは、通常、ファイルを添付することができるので、指導に

使う教材も共有することができます。この方法を使用するにあたっての難点は、本項で説明している他のプラットフォームほど双方向からのやり取りが容易ではないということです。

専用の電子教員教務手帳　教員向けのプランニングツールもいくつか開発されています。よく知られているのが Planbook.com というアプリで、主要なオペレーティングシステム（OS）で利用でき、様々なタイプのデバイスにも対応します。このアプリは、教員が教員のために開発したプランニングツールで、教員目線でのアイデアがアプリの機能にも反映されています。州の教育課程基準が最初から組み込まれており、それらをマウスで移動し授業プランに挿入することができますし、さまざまな種類の授業計画のテンプレートの取り込み、ファイルの添付、必要に応じてプランの変更や変更の取り消しに加え、もし同じ授業プランを数日使うのであればそのプランを該当日に延長する機能もあります。これらの機能や他の多くの機能に加えて、このアプリでは、コ・ティーチャーが共同で立案した授業計画を見ることができますし、通常学級教員が作成したものを特別支援教育専門教員が直接編集することもできます。TeacherPlanbook.com や Planbookedu.com でも同様のことができます。なお、これらの電子的ツールの全機能を利用する場合は有料となり、また、製品によって料金がかなり異なるということに注意してください。

他のクラウドベース コラボレーション アプリ　多くの専門分野では、電子手段を駆使して連携することは今や当たり前のことになっています。その結果として、クラウドベースでプランニングをするための方法が多く存在します。教員によっては Evernote や OneNote といったノート共有アプリを好む方々もいますし、他にも、Trello や Mindmeister、あるいは、これらの類似アプリの視覚的な体裁が気に入っている教員の方々もいるようです。また、Slack を使う方々など、選択肢はいくらでもありますね。前述の教員向け電子手帳と同様、これらのアプリの中には、プレミア機能を利用すると有料になるものもあります。

　最後に、もし、皆さんの学校や学区が Edmodo や Schoology といったソーシャルネットワーキング学習プラットフォームを利用しているならば、教員だけが利用できる非公開のグループを作ることができます。そうなれば、この仕組みを、コ・プランニングや他の情報交換に活用することも可能です。

メールやテキストメッセージの使用について　なかには、e メールを使ってプランニングをする教員の方々もいますが、一般的には、この方法は電子的な連携ストラテジーとしてはもはや時代遅れと考えられています。これにはいくつかの理由があります。何よりもまず、私が相手に何かを送信したら、その相手が返信してくるまで、私は次の行動を起こす

ことができない、という意味で、eメールは、完全に往復的なやり取りです。そうしなければ、互いのコミュニケーションに擦れ違いが起きたり、私と相手が共同で作業している文書とは違うバージョンのものを送信する間違いを起こしやすくなります。加えて、eメールはメールシステムにあるいくつかのフォルダの中に埋もれてしまう傾向があります。場合によっては、許容量の制限により、事前通知なしにメールが削除されてしまうこともあります。コ・ティーチャーの方々も、以前にやり取りしたメールを捜したり、以前に送られてきた添付ファイルの場所を特定しようと複数のフォルダ内を検索するのに貴重な時間を費やすことがあるかもしれません。すべてのアイテムを一つのクラウドの場所で共有したり保管したりする方がシステムプランニングのやり方としてはより効率的であり効果的です。

　同様に、テキストメッセージも良い選択肢ではあるものの、これ自体が一時的なものなので、プランニングを目的としてのテキストメッセージの価値は限定されてしまいます。教員は自らのプランニングに説明責任を負わなければなりません。つまり、事前に授業の準備を整え、特別に考案された指導（SDI）をそれらの授業に組み込まなければなりません。前述したさまざまな電子プランニングの選択肢は、その説明責任を果たすことができますし、文書を保存することもできます。一方、テキストメッセージは、取り急ぎの連絡や簡単な質問には向いていても、それらを使用して永久的な記録を作成することも、一連の電子プランニングの過程を網羅することもできません。

電子プランニングでは誰が何をするのか　クラウドを利用したプランニングの例で示したように、一般的には、通常学級教員が、授業で取り上げる主題や学習活動、評価手順の概要をクラウドに上げるところから、週ごと、日ごとのプランニングが始まります。通常学級教員は　コ・ティーチングアプローチの選択や、選択したアプローチでの指導の際の役割についての提案もします。特別支援教育専門教員は、この初期計画を見直し、修正点や追加点の提案をしたり、特別に考案された指導の内容を明確にし、授業のどの部分でどのようにそれに取り組むかの具体的な説明を加えます。意見の食い違いが生じた場合には、二人でその食い違いを解決するためにクラウド上で対話を続けます。

　電子プランニングは、コ・ティーチングのためのプランニングとして望ましい形を実践するものです。つまり、コ・プランニングでは、通常学級教員が規定の教育課程に沿った基本的な授業プランを立案するという責任の大部分を担い、専門指導を受け持つスペシャリストである教員は、障害のある児童生徒や英語学習者である児童生徒の独自のニーズに重点的に取り組みます。

▎その場でのプランニング

　もしコ・ティーチャーの双方が、電子プランニングを活用しつつ、マクロプランニング

ミーティングを設け、さらに、授業で扱う重要概念、児童生徒たちが直面する学習上の問題、特定の児童生徒の個別指導目標、プロジェクト学習や学習活動のねらいを、自分もパートナーも十分に理解していると確信できるのであれば、その場でのプランニングを利用して、補足説明をしたり、問題点を取り上げたりすることができます（教員の不在、予定の遅延、児童生徒の行動上の問題にどう対処するかの判断、自習グループの学習課題についての考えの相違、など）。つまり、コ・ティーチャーは、次に挙げる技法を利用すれば、ほんの短い時間で、日々の指導に関する諸事項について素早く情報交換をすることができる、ということです。

ウォーミングアップ時　多くの教室では、何かしらのウォーミングアップ活動をしながら授業が始まります。この時間をその場でのプランニングに利用することができます。授業開始時に、または、小学校であれば、特別支援教育専門教員がコ・ティーチング授業をしに教室に入ってきた時に、各自で、または、ペアを組んで、学習活動に取り組むよう児童たちに指示を出します。この時の学習活動は、前日に導入した問題と同じような練習問題でもいいでしょうし、教科書を使って答える問題、または、読み書きの課題などでもいいと思います。児童たちには、緊急事態が生じない限り、どちらの教員にも話し掛けることなく自習に取り組むように指示を出します。この学習活動に費やす3、4分の時間を使って、互いに、この授業の準備ができているかを確認します。

復習と予見　小学校の授業でもそうですが、中学校や高等学校であれば、特別支援教育専門教員がブロックスケジュール授業の後半に入る場合に、その場でのプランニングを授業の一部として活用することが可能です。特別支援教育専門教員あるいは英語指導専門教員が教室に入ってきたら、その教員か通常学級教員のいずれかが、生徒たちに、この授業の前半で取り組んだことや学習したことについて簡単に振り返ってみるよう指示を出します。これは、特別支援教育専門教員がこの授業の学習活動の指導に取り掛かるのに役立ちます。次に、二人のいずれかが、児童生徒たちに、ここからは私たちと一緒に次の学習活動に取り組むようにと指示を出します。このやり方は、通常学級教員が、児童たちに、ここからコ・ティーチング授業が始まるという心構えをさせたということは明らかですが、同時に、このような形でコ・ティーチング授業を始めるのは、ただ単に、学校の時間割の都合でそうなった、ということもよくあることです。たとえそうだとしても、授業の途中で児童生徒に学んだことを復習させたり、次に取り組むことについて考えさせたりするのは、理に適った指導実践ですし、ウォーミングアップ活動と同様に、特別支援教育専門教員が指導の準備を整えるのにも役立ちます。

短い空き時間での打ち合わせ　理想的な方法でないことは確かですが、もし、コ・ティー

チャーが、特に、中学校や高等学校のコ・ティーチャーが、対面プランニングと電子プランニングをすでに終え、双方とも次の授業での指導内容をよく理解しているのであれば、授業と授業の間の数分間を利用しその場でプランニング修正をすることは可能です。ただし、これは、特別支援教育専門教員が授業の開始時間までに教室に来ることができれば、という条件付きですが。たとえば、特別支援教育専門教員が、これまでの授業で取り組んでいる年表の数カ所を埋めるために、複数の小グループの生徒たちを教室の片側に連れて行こうとしたら、通常学級教員が、歴史上の二つの時代の類似点についてのディスカッションを続けたい、と特別支援教育専門教員に意思表示してきた、といった例です。こうした数分間の空き時間を使うやり方は、より詳細なプランニングに基づいているからこそ、短い会話のやり取りで済みますし、ひいては、効果的な指導と学びを促すことにも繋がります。また、特別支援教育専門教員が指導に加わるタイミングをうかがいながら、貴重な指導時間を無駄に過ごすこともなくなります。

教育ビデオやコンピュータを用いた学習活動　もし、もう少しだけ授業計画について話し合う時間が必要だという場合、適切な教育ビデオやコンピュータを用いた学習課題（過去の学習内容の復習、スキル学習、など）が準備できるのであれば、これらを利用して、プランニングする時間をもう数分確保することもできます。児童生徒たちの様子を見守る必要があるため、この時間に行う打ち合わせの質は高くありませんが、コ・ティーチャーが指導や学習をよりよいものにする価値ある数分間を見つけるのに役立つこともあります。

　教員であれば誰でも、プランニングのための時間がもっとあればと望むはずですが、ここまで述べてきたストラテジーを活用すれば、コ・ティーチングを実行可能で計画的なものにするために必要な時間を確保することができるはずです。英語学習者である児童生徒や個別指導計画を持つ児童生徒にとって、このプランニングモデル、すなわち、対面プランニング、電子プランニング、そして、その場でのプランニングは、特別支援教育専門教員が、担当する児童生徒が権利として受けるべき専門的な指導を提供するという義務を、有意義な方法で果たすことを保障するものでもあります。

●コ・ティーチング授業に向けての教室の配置●

　プランニングのための時間に加えて、コ・ティーチング授業を実施するにあたり、教員が取り組まなければならないのがさまざまなクラスルームロジスティクスです。教室内のレイアウトや、教員と児童生徒の配置を決める最善の方法についてじっくりと考えることは、児童生徒たちがそれぞれ他のグループの様子に気を取られがちな授業と、細かい部分にまでも十分に配慮しているため児童生徒たちが授業に集中しやすい授業との間に、大きな指導効果の違いを生み出します。

▍学校用家具やその他の備品

　理想の世界ならば、コ・ティーチャーには、自分たちの授業に適した机や椅子、作業テーブルなどの学校用家具が教室にあり、また、それらの家具は、全体指導用、小グループ学習用、個別学習用と用途に合わせて活動ステーションを組むことができ、また、簡単に組み替えができるものであるはずです。しかし、実際には、大半の教室にあるのは、教員が単独で教えることを想定した家具備品があるだけなので、教員の方々はそういった教室用机やテーブルをできるだけ効果的に使わざるをえない状況にいます。学校用家具やその他の備品を効果的に使うために、指導上のさまざまな目標や児童生徒の特徴を慎重に検討することが求められているのです。

昔ながらの教室用机・椅子　もし皆さんの教室にある机や椅子が、従来から使用されている通常教室用のものだとしたら、それらをどのようにステーション ティーチングやパラレル ティーチング、そして、オルタナティブ ティーチング向けに最も効率的に配置できるかをコ・ティーチングパートナーと話し合う必要があります。以下の質問について考えてみてください。

❈　どうすれば、教室内の家具をできるだけ動かさないようにしつつ、グループ同士が互いに向き合わないように、しかも、可能な限り離れて座れるように、生徒用机を使って生徒たちを二つのグループに分けることができるか。

❈　片方のコ・ティーチャーが小グループを指導し、もう片方が他の児童生徒全員を指導するようにするにはどの机を動かすのが最も簡単か？

❈　ステーション ティーチング用に、三つないし四つのグループを作るには机をどのように動かせばいいか。その中の一つのステーションで電子機器を使うのであれば、複数のコンセントが使えるか。もし片方のコ・ティーチャーが、あるいは、二人ともメディアプロジェクターやホワイトボードを使うのであれば、どうやってそれらを調達するか。

　ひとたび教室家具の配置パターンを二つか三つ特定してしまえば、コ・ティーチング授業の配置の準備を手伝ってくれることを想定して、その配置パターンを児童生徒たちに教えるのに役立ちます。教員のなかには、生徒用机を配置パターンに合わせて置く位置を示すために、教室の床に何色かのマスキングテープを貼り、児童生徒たちが配置パターンを覚える間そのテープを貼ったままにしておく方々もいます。

四人掛けのテーブル　もし教室に四人掛け用のテーブルがあるなら、児童生徒をグループ分けする作業は、生徒用机を動かすよりもいくぶん楽になります。2台のテーブルがあれば一つのステーションを作ることができますし、テーブルが1台あればオルタナティブティーチングに利用できます。テーブル使用は小学校でもっともよく見られるものですが、パラレル ティーチングを行うならば、片方の児童生徒グループをテーブルにつかせ、もう片方の児童生徒グループを、読書活動を行う際に使用するカーペット（reading rug）の上や、直に床に座っても居心地の良い教室の一角に集めるのが望ましい形でしょう。

動かすことのできない学校家具　もし皆さんの学校の理科教室にある実験台が移動式でない場合、前述した例はどれも実用的なものではありませんね。このような場合、理科教室には実習用テーブルの他に、生徒用机も備えられていることが多いので、片方の児童生徒グループに実習用テーブル、もう片方のグループに児童生徒用の机を用いて、パラレルティーチングを行うことができます。同様に、実習用テーブルを一つないし二つのステーションとして使用し、児童生徒用の机を使って追加のステーションを作ることもできます。

教員用の学校家具　第3章では、教員が使う机や椅子などの学校家具は、コ・ティーチャー同士が対等であるということを示す一つの指標だと説明しました。ここでは、この教員用の学校家具も教室のロジスティクスの一つの要素として考えます。もし教室内のスペースがコ・ティーチングを行うには十分の広さで、しかも、コ・ティーチャーが二人ともかなりの時間をその教室で共に過ごすのであれば、二人分の作業空間が必要でしょう。しかし、もしその教室でのコ・ティーチング授業が一つだけ、あるいは、コ・ティーチングでの指導が比較的短い時間（30分、40分など）であれば、教員用机を2台用意するのは合理的ではないかもしれません。

　なかには、児童生徒たちのグループに加わりやすいように、そして、教材を置く場所を確保するために、生徒用の机2台を自分たちが作業する場所として使うコ・ティーチャーもいます。他にも、自分たち用の机を設けないことにした方々や、二人が共同で使える作業台を1台要望する方々もいます。教員は各自、自分たちの所持品を置いておける決まったスペースと、座り心地の良い椅子／スツール／座席、を確保する必要があるということさえ忘れなければ、教員用机や椅子等の問題に対する創造性に富んだ答えはたくさん見つかります。これは、対等性の問題であると同時に、快適さの問題でもあります。さらに、教員の方々は、教室内の自分たちの作業スペースを確保するという理由で児童生徒のグループ活動に必要なスペースを取り上げないように気をつけなければなりません。これはどういうことかと言うと、教室によっては、教員が使う机、本棚、パソコン用のテーブルなどで占める面積の割合が多すぎる場合があるので、その面積を何らかの方法で縮小する必要があるということです。

その他の家具備品　コ・ティーチャーの方々が、机・椅子以外の学校家具や備品を利用すれば指導や学習を円滑に進められると気づく場合もあります。たとえば、壁を背にして置いてあった本棚を直角に向きを変えて置き直し、別の作業空間を作ることができます。キャスター付きのホワイトボードを教室に用意してもらえるならば、それを児童生徒グループの間において壁として使うこともできますし、板書できるボードとして使うこともできます。小学校の教員のなかには、教室に備え付けてある吊り下げ型の地図や表を視覚的、聴覚的な壁として利用する方々もいます。また、さまざまなグループ活動ができるスペースを作るのに役立てようと可動式の間仕切りを教室に持ってくる創意に富んだ教員の方々もいるほどです。

教員と児童生徒　コ・ティーチャーとしてペアを組む教員の方々には、雑音を最小に抑え、学習効果を最大化するには、児童生徒と自分たちの座席をどのように配置するのが最も良いかを判断するために、さまざまな方法を試してみることをお勧めします。たとえば、コ・ティーチャーの大半は、椅子に腰掛けて教える場合には声を低くしていると認識していますが、これはコ・ティーチング授業ではよく勧められる方法です。また、コ・ティーチャー同士が教室の前方と後方から互いに向き合う形で指導するような配置は避けるのが一般的です。このやり方では、互いの声が交錯し、児童生徒たちを授業に集中できなくさせてしまいます。代わりに、自分たちの声がそれぞれ壁の方向に向かうように、もしくは、詰まるところ、互いに離れて指導できるように、自分たちの角度を変えながら調整してみてください。

　児童生徒たちに関しても同様の配慮が必要です。コ・ティーチャーの多くは、注意力に問題を抱える児童生徒には、授業に集中させるために自分たちの隣に座るよう指示します。また、児童生徒たちの注意を引き付けておくために、できるだけ自分たちの近くに呼び寄せたり、一つのグループの児童生徒たちが他のグループの児童生徒たちと向き合わないように配慮します。児童生徒たちが各自で学習課題に取り組む場合には、児童生徒たち同士でおしゃべりしたくならないように離れて座るよう指示を出す、場合によっては数名の児童生徒に一人で静かに課題に取り組めるような場所を割り当てる、児童生徒たちを離して座らせ、好ましい学習行動を促すため、意図的に児童生徒用のコンピュータを教室のあちこちに設置する、といった対応策があります。

● コ・ティーチング授業を管理する方法、ルーティン、および心得 ●

　コ・ティーチング授業には、指導が効果的で、安全、かつ効率的であるということを確実にするために、すべての授業に求められるものと同様の、ルーティン（routine: 習慣的な手順）が必要です。しかし、コ・ティーチャーは、コ・ティーチング授業独自のルーテ

ィンをもう少し付け加える必要があります。以下にいくつか例を挙げてみましょう。皆さんはどんなルーティンを思いつくでしょうか。

コ・ティーチング授業を受ける児童生徒に求めること　コ・ティーチング授業を受けるために教室に入ってくる児童生徒は、コ・ティーチャーである皆さんから何を期待されているかを学ぶ必要があります。コ・ティーチャーは年度の初めに、授業を受けるにふさわしいルーティンを教えるべきです。たとえば、もしステーション ティーチングという文字がホワイトボードに書かれたら、それは、あなた方も机をステーション ティーチングの形に並べるのを手伝うという意味だということ、あるいは、教室内のあちこちに貼られている名前の中から自分の名前を見つけて、見つけた場所のグループ席につくという意味だ、というようなルーティンを児童生徒たちが覚えるということです。また、保管されている場所から本を取ってくる、全員の手元に計算機があることを確かめる、宿題を机の上に出す、といったことは児童生徒たちが自分たち自身でやる、ということを覚えさせるということでもいいでしょう。もしコ・ティーチャーが時間をかけてこのようなルーティンを教えれば、だいぶ短い時間で児童生徒たちにルーティンに基づくこういった自主行動を促すことができます。

グループ移動時の児童生徒の動き　たいていの授業では、児童生徒たちがグループごとに次の場所へと移動する方が（教員が移動して回るよりも）良いとされています。この短い移動時間が、児童生徒たちにとってはちょっとした休憩時間になり、また学習に集中して取り組むことができるからです。しかし、児童生徒たちは、二人の教員が、自分たちにどれだけ手際よく次のグループに移動したり、どれだけ効率的に教材を片付けたり出したりすることを期待しているか、ということも学ぶ必要があります。高学年の児童には、常に時計回りにグループ移動をするというルーティンを教えてもいいでしょう。低学年の児童には、ステーション移動の指示を出す前に、自分が次に移動するステーションを指さして、と聞いてみるのもいいかもしれません。

授業終了時　皆さんは、コ・ティーチング指導の終了時や授業終了時に、机や椅子を元の場所に戻すのは児童生徒がすべきことだと考えていますか。教材を指定の場所に戻すことについてはどうお考えですか。日ごとの学習日誌への記入についてはどうですか。形成的評価（formative assessment）の一つであるエグジット スリップ（exit slip；訳注：教員が授業で教えたことを児童生徒がどの程度理解しているかを評価するために、授業終了時に児童生徒に記入と提出を求める簡単な質問形式、たとえば、今日学んだことを一つ書いてください、等の評価ツールのこと）の提出についてはどうでしょうか。コ・ティーチング授業での他のさまざまなルーティンもそうですが、コ・ティーチング指導終了時に行わ

れるこうした一連の学習行動もルーティンとして取り入れ、児童生徒たちにも覚えてもらいましょう。

タイマーの使用　コ・ティーチャーの方々がよく口にするのが、タイマーが必須アイテムの一つになっているということです。スマートボード（Smartboard: ボード型電子黒板）についているタイマーを使う方々もいれば、タイマーのアプリを設定してボードに映し出す方々もいます。児童生徒たちにタイマーが見えるようになっている場合には、児童生徒たちがタイマーに気を取られて学習作業に集中できなくなってしまわないよう注意してください。そういった場合には、ご自身の携帯電話の時計アプリにあるタイマーを使った方がいいかもしれません。時計アプリのタイマーを使う場合ですが、コ・ティーチャーが二人とも、当然相手が時間をリセットするのを覚えているだろう、と思い込んでいるよりも、むしろ、タイマーをリセットする役割をだれか一人の児童生徒に任せたほうがスムーズに進むことが多いようです！

クラスルーム ロジスティクスについてのさらなる心得　学校が始まって2、3週間の間コ・ティーチャーが児童生徒にコ・ティーチング授業時の心構えやルーティンを教えることに時間をかけると、授業が進むにつれ、ここに費やした時間が大きく実を結ぶことになります。こういったことを教えることによって、児童生徒たちは、クラスでの振る舞い方を学び、コ・ティーチング授業でのルーティンを理解し、どう行動したらいいのかわからず時間を無駄にするようなことがなくなります。コ・ティーチャーは、児童生徒たちにひたすら繰り返し同じ指示を出さなくて済むことで、より多くの時間を学習指導に使えますし、教員が発言する時間を縮めることができます。しかし、同時に、コ・ティーチャーは、特に最初の数週間が経過した後に、教室内の家具備品等の配置や、自分たちと児童生徒たちの座席位置、そして、実施しているルーティンに、互いに満足しているかどうかを再考すべきであるということを覚えておいてください。もしどちらかに不満がある場合には、調整を行うべきです。

　コ・ティーチャーは、時間割や教室の広さといった日々の指導に影響を及ぼす要因のいくつかに関しては、自分で管理することができません。しかし、与えられたプランニングの時間をどう使うか、教室の家具備品をどう配置するか、授業の中でどういう指導方法を用いるか、について采配をふるうのはコ・ティーチャーです。コ・ティーチャーが、問題解決に向けてほんのちょっとの話し合いを重ねることで、クラスルーム ロジスティクスが効率的かつ効果的なコ・ティーチング授業づくりに役立てるよう協力し合うことができるのです。

さらなる考察のために

1. あなたは、コ・ティーチング授業のプランニングをするために設けられた時間に対してどんなことを期待していますか。それらは現実的なものですか。ご自身のコ・ティーチング授業の現状に合わせるために、本章で概説したプランニングモデルをどのように変更しますか。

2. 皆さんがお勤めの学区では、電子機器を用いたコラボレーションをするにあたりどのような選択肢がありますか。もし選択肢が一つもないという場合、Google や教員専用のプランニングアプリを利用することに関して、どのような方針が取られていますか。教員がこれらの電子プランニングの使い方を学べる職能開発訓練にはどのようなものがありますか。

3. もし保護者が自分の子どもが受けている教育サービスについて懸念を示した場合、皆さんは、その児童生徒に必要な教育サービスはコ・ティーチング授業の中で提供されているということを、どのような証拠を用いてその保護者に説明しますか。電子機器を用いたコラボレーションは、そうした教育サービスに対して教員が説明責任を果たしているということをどのように裏付けることができるでしょうか。

4. ご自身のコ・ティーチング授業での座席配置のどういったところが、コ・ティーチングという教育サービスの提供手段を十分に生かしていますか。また、現状の座席配置のどういったところがコ・ティーチングの十分な活用を制限してしまっているでしょうか。ご自身であれば、雑音を抑えつつ児童生徒の集中度を高めるために、教員がどの場所で指導し、児童生徒がどこに座るかということも含めて、どのように教室のスペースを調整しますか。

5. 本章で提案したコ・ティーチング授業を管理するためのヒントやコツを振り返ってみて、どれをご自身のコ・ティーチングに加えたいと考えますか。ご自身であれば、それぞれのヒントやコツの効果をどのように判断しますか。

行動を起こすために

1. 学年、チーム、教科部門、または、職場の分掌グループを対象に意見調査を行いましょう。これらに属するそれぞれの教員や専門指導のプロフェッショナルの方々は、コ・ティーチャーにはどれだけ多くのプランニング時間が必要だと捉えているでしょうか。さまざまな電子プランニング手段のリストを作成し、実際に現場で使用できる可能性と効果性という点から、リストに挙がった項目をランク付けしてもらいましょう。

2. お勤めの学校のコ・ティーチャーを対象に、電子機器を媒介としたコラボレーションについての職能開発訓練を学校に依頼しましょう。コ・ティーチングパートナー、そして可能であれば、教育工学のスペシャリストの手を借りながら、クラウドベースのプランニングシステムを立ち上げましょう。少なくとも4週間、そのシステムを試行してみましょう。

3. ご自身がコ・ティーチング授業を行う教室の見取り図を作成しましょう。どうすれば座席をより効果的に配置できるかを分析し、可能であれば、児童生徒の机を使いながら、ほとんどのコ・ティーチングアプローチを用いることができるようなレイアウトを2通り組み立ててみましょう。

4. 本章で挙げた、コ・ティーチング授業を円滑に進めるためのヒントやコツの中から一つ選んでください。そして、それを少なくとも2週間実行してみましょう。2週間が経過したら、自分たちの授業にそれが合うか、そして、それを続けるか否かをパートナーと二人で話し合ってみてください。また別のヒントやコツを一つ選んでこのプロセスを繰り返しましょう。

引用文献

Charles, K. J., & Dickens, V. (2012). Closing the communication gap: Web 2.0 tools for enhanced planning and collaboration. *Teaching Exceptional Children, 45*(2), 24-32.

Embury, D. C., & Dinnesen, M. S. (2012). Planning for Co-teaching in inclusive classroom using structed collaborative planning. *Kentucky Journal of Excellence in College Teaching and Learning, 10*(31), 36-52.

Friend, M., & Cook, L. (2017). *Interactions: Collaboration skills for school Professionals* (8th ed.). Boston, MA: Pearson.

Hawbaker, B. W., Balong, M., Buckwalter, S., & Runyon, S. (2001). Building a strong BASE of support for all students through coplanning. *Teaching Exceptional Children, 33*(4), 24-30.

Murawski, W. W. (2012). Ten tips of using co-planning time more efficiently. *Teaching Exceptional Children, 44*(4), 8-15.

Murawski, W. W., & Bernhardt, P. (2016). An administrator's guide to co-teaching. *Educational Leadership, 73*(4), 30-34.

Pearl, C., Dieker, L. A., & Kirkpatrick, R. M. (2012). A five-year retrospective on the Arkansas Department of Education co-teaching project. *Professional Development in Education, 38*, 571-587.

Pratt, S. M., Imbody, S. M., Wolf, L. D., & Patterson, A. L. (2017). Co-planning in co-teaching: A practical solution. *Intervention in School and Clinic, 52*, 243-249.

Scruggs, T. E., & Mastropieri, M. A. (2017). Making inclusion work with co-teaching. *Teaching Exceptional Children, 49*, 284-293.

Singer, N. (2017, May 13). How Google took over the classroom. *New York Times*. Retrieved from http://www.nytimes.com/2017/05/13/technology/google-education-chromebooks-schools.html

Texas Education Agency. (2011). *Co-teaching-a how-to-guide: Guidelines for co-teaching in Texas*. Austin, TX: Author.

第6章　付　録

　本章付録のワークシートおよび資料は、コ・ティーチャーがプランニング時間を有効利用できるよう、また、コ・ティーチングを行う際に直面するロジスティクスに関する諸問題への対処に役立てるよう作成したものです。これらのワークシートや資料は、教員の方々が、コ・ティーチングを現実的な教育サービスとして実践するため、既成概念にとらわれずこれまでとは全く違った観点で考えるうえで役立つはずです。

プランニング議題（見本）

授業日時
教員／教科

次回の授業の主題／単元／課

（12 分）

児童生徒に関するデータ概要／話し合い

（10 分）

予想される指導上の問題点／「特別に考案された指導（SDI）」に関するニーズ

（15 分）

コ・ティーチングアプローチの選択および役割分担

（15 分）

考察：パートナーとしての関係性／コミュニケーション／教室管理・段取り／ロジスティクス

（8 分）

コ・ティーチング　週間予定（日付：＿＿＿＿から＿＿＿＿まで）

通常学級教員＿＿＿＿

教科＿＿＿＿

スペシャリスト＿＿＿＿

単元＿＿＿＿

コ・ティーチングアプローチ：ワン ティーチング、ワン オブザービング；ステーション ティーチング；パラレル ティーチング；オルタナティブ ティーチング；ティーミング；ワン ティーチング、ワン アシスティング

	教科課程基準／単元のめあて	コ・ティーチングアプローチと学習活動	特別に考案された指導（SDI）	評価
月曜日		アプローチ： 学習活動：		
火曜日		アプローチ： 学習活動：		
水曜日		アプローチ： 学習活動：		
木曜日		アプローチ： 学習活動：		
金曜日		アプローチ： 学習活動：		

第7章

特別な状況下での
コ・ティーチング実践

「平常心を保ち、今取り組んでいることを続けよ。」
—イギリス情報省（1939 年）

読者に期待される学習成果

1．言語療法士、ギフテッド／タレンティド専門指導教員、英語指導専門員などを含む、特別支援教育専門教員以外の教育スペシャリストが実践するコ・ティーチング指導について分析的に検討することができる。
2．分割ブロックモデル、隔日モデルなど、一般的ではない時間割でのコ・ティーチング指導の可能性や限界について考察することができる。
3．職業教育、オルタナティブ教育、少年司法監督下の更生施設、特別支援学校でのコ・ティーチングに加え、レスポンス トゥ インターベンション（response-to-intervention：RTI）やマルティティアード システムズ オブ サポート（multi-tiered systems of support：MTSS）といった教育介入プログラムにおけるコ・ティーチングの活用について評価できる。
4．コ・ティーチングとコ・ティーチングではない教育サービスとの基本的な違いを理解するために、コ・ティーチングと誤って称されることのある現今の教育サービスを検討できる。

　コ・ティーチングが発展するにつれ、その運用方法は多岐にわたるようになりました。これまで以上にさまざまな分野のプロフェッショナルの方々が多様な専門的教育サービス

を提供するために手を取り合い、できるだけ数多くの児童生徒にコ・ティーチング指導を提供できるよう創造的なアプローチが開発され、そして、コ・ティーチングは、今では、さまざまな教育プログラムや、典型的な通常学級の枠を越えた教育環境で取り入れられています。新しい取り組みが急速に広範囲で実践されるときにはよくあることですが、コ・ティーチングという用語は、今や、本書で解説しているコ・ティーチングとの類似点はあるけれども、総体的に見ればコ・ティーチングを定義づける特徴がいくつも欠けているような新形態の教育サービス実践の誤称になりつつあります。本章はこれらに関するテーマに焦点を絞って進めていきます。ここでのねらいは、皆さんが、お勤めの学校で実施しているコ・ティーチングを分析できるように、そして、コ・ティーチングを他種の教育サービスにおける教員同士のパートナーシップと有意義に区別できるように、さらに、ご自身のコ・ティーチングプログラムが児童生徒にとってより効果的で、かつ持続可能なものにする取り組みができるように、皆さんや皆さんの同僚の方々にさまざまな状況下でのコ・ティーチング実践に関する必要な情報を提供することです。

● コ・ティーチング指導に関わるプロフェッショナル ●

　本書は、通常学級教員と特別支援教育専門教員または英語指導専門教員との連携によるコ・ティーチング指導に重点を置いています。しかし、これらの教員の方々だけが、コ・ティーチングという指導モデルを使い教育サービスを提供する唯一の教育のプロフェッショナルというわけではありません。この項では、他のプロフェッショナルの特徴および他のプロフェッショナルに適したコ・ティーチングの方法を手短に述べています。本章付録にはこのテーマについての議論を広げるためのワークシートを用意しています。また、この項の終盤では、これまでの章で触れていない、英語学習者のための指導プログラムでコ・ティーチングを行う際の、コ・ティーチングならではの特徴を簡潔に説明しています。ここで取り上げたプロフェッショナルの方々に心に留めておいていただきたいのですが、コ・ティーチングが教育サービスを提供する唯一の指導モデルであるべきだと提言する意図はありません。コ・ティーチングは児童生徒に教育指導を行う手段としてはとても効果的なものですが、これしか手段がないというわけではありませんし、既存の数多くの教育サービスによって補完されるべきものでもあります。

▌言語療法士

　特別支援教育専門教員や英語指導専門教員が、専門的な授業指導の場を別個の教育環境から通常学級の場へと移してきたように、言語療法士、特に小学校で指導する言語療法士も、徐々に、通常学級で指導するという選択肢を取り入れ始めてきています。これは、数多くの児童生徒の言語に関わるニーズは、自然な言語対話が可能な環境、つまり、通常学

級の中で効果的に対処できる、という判断に基づくものです。また、言語療法士の方々は、コ・ティーチングは（a）教材の共有を容易にする、（b）言語療法士がモデルになって手本を示すので教育サービスの幅を広げることができる、（c）コアインストラクションの授業の間でも、言語指導が必要な児童生徒が通室せずに通常学級内で言語指導サービスを受けられるので、スケジュールを組むうえでの問題を軽減できる、（d）言語スキル指導をコアインストラクションに組み入れることができる、という点にも注目しています。さらに、少なくとも数件の研究によれば、言語指導サービスを提供するメカニズムとしてのコ・ティーチングは、低く見積もっても有効であり、さらには、別個の教育環境での言語指導よりも効果が見られることも多い、ということがわかっています（Dixon, 2013; Merritt, 2007）。

言語療法士の専門性に応じたコ・ティーチングのタイプ　言語療法士に適したコ・ティーチングとして二つのタイプが展開されています（Vicker, 2009）。その一つが、プッシュインモデル（push-in model）と呼ばれることの多い、最も基本的なコ・ティーチングのタイプです。このモデルでは、言語療法士は定期的に授業に参加するものの、通常学級教員と詳細なプランニングを行ったり、授業指導のために各自の専門知識を組み合わせることを優先したりすることはありません。たとえば、言語療法士は、児童生徒数名を教室の一角に呼んでグループ指導を行うことが多いのですが、場合によっては、そのグループには、言語領域で困難を抱えており付随的利益（訳注：第5章参照のこと）が期待できる児童生徒が含まれることもあります。言語療法士は、教室内での言語療法セッションの一環として、可能な限り、児童生徒たちが授業で学んでいる語彙、授業で扱っている資料や単元に関するディスカッションを促す質問、または、他の児童生徒たちが使用している教材を用いて指導します。

　もう一つのタイプは、インテグレーテッド サービス（integrated services）と呼ばれているものです（Vicker, 2009）。このタイプでは、言語療法士は、教員との緊密なパートナーシップの構築を図る、プランニングに参加する、言語指導サービスを通常教育課程の一環として提供する、コ・ティーチングの授業時間はコ・ティーチングパートナーとして対等な役割を担う、など、教室では共通の指導目的を持ったパートナーとして振舞うことがより一層求められます。このサービスのねらいは、児童生徒が習得した言語スキルを自然な学習環境での指導に組み込むことで、児童生徒たちがそれらのスキルをより容易に般化できるようにすることです（Bauer, Iyer, Boon, & Fore, 2010）。このタイプのコ・ティーチングでは、第4章で紹介したさまざまなコ・ティーチングアプローチを利用する可能性が高くなります。

さまざまな課題　多くの言語療法士が、コ・ティーチングを行うことが自分たちの専門的

役割の重要な一部であるべきだと確信しており、また、米国言語聴覚協会（American Speech-Language-Hearing Association, 1996）も、言語指導サービスを提供するための方法の一つとして、インテグレーテッド サービスを含むインクルーシブ実践を支持するという声明を発表しています。しかし、多くの学区にとっては、この種のコ・ティーチングを実践するのは非常に難しいというのが現状です（Brandel & Loeb, 2011; Dixon, 2013）。第 1 に、言語療法士は数多くの取扱い件数を抱えています。自分が受け持つ児童生徒たちがいくつかのクラスにまとまっていない場合には、その児童生徒たちを多くの教室からどこか一つの教室に呼び寄せない限り、適切に言語指導サービスを提供することができません。第 2 に、言語療法士はたいてい複数の学校で勤務しています。言語療法士が巡回していることで、コ・ティーチングのスケジュール調整はその複雑さの度合いが一層増すことになります。つまり、言語療法士は、学校間の移動で失う時間、複数の学校の時間割、学級担任の意向、などを何とかやり繰りしながら、法律で義務付けられている言語指導サービスを提供しようと努力しています。また、言語療法士は、別個の環境での指導を必要とする児童生徒と、コ・ティーチングが有益だと思われる児童生徒を、判断して決めなければならないという立場にいます。たとえば、なかには、通常学級ではあまりにも注意散漫になり言語療法士からの指導に集中できない児童生徒もいます。他にも、言語指導サービスを他の児童生徒たちがいるところで受けるのは恥ずかしいと感じたり、他の児童生徒たちがいる教室で言語指導サービスを受けるのはプライバシーの侵害だと感じる児童生徒もいます。これらすべての要素を（時にはそれ以外の要素も）考慮すれば、言語療法士はコ・ティーチング指導を行うことがまったくできないという可能性もありますし、できるとすれば、幼稚園、あるいは小学校 1 年生の教室でのみかもしれません。

ギフテッド / タレンティド専門指導教員

コ・ティーチング指導を勧められることの多いプロフェッショナルとして、他にも、ギフテッドやタレンティドの児童生徒を専門的に指導する教員が挙げられます。もちろん、ここでのコ・ティーチングの目的は、他のプロフェッショナルの方々によるコ・ティーチング指導の目的とは幾分異なります。児童生徒間の学業成績の格差を縮めることに焦点を当てるというよりも、ギフテッドやタレンティドの児童生徒が学業や他の領域で優れた業績をあげられるよう能力開発を促すことを目的としています。このサービスモデルを用いる理由は単純明快です（Hughes & Murawski, 2001）。多くの地域では、ギフテッドやタレンティド教育サービスを提供するための資源が非常に限られています。コ・ティーチングを活用すれば、ギフテッドやタレンティドの児童生徒は、指導上のさまざまな調整によって自分たちのニーズに沿った授業を受けることができますし、同時に、ギフテッドやタレンティドには該当しないが、より高度で充実した指導から恩恵を受ける児童生徒も、付随的利益を受けることができます。さらに、通常学級にこういった豊かな学習体験を図る

指導内容を組み入れると、通常学級教員は、コ・ティーチングでの授業時間を終えたギフテッド／タレンティド専門指導教員が退室した後も、より多様な学習体験を促す指導や慣習的な方法にとらわれない指導を続けられることが多くなります。ギフテッドやタレンティドの児童生徒を扱ったコ・ティーチングの研究数は限られていますが、数名の研究者は、コ・ティーチングが効果的な教育サービス提供モデルになり得ると評価しており（Murdock, Finneran, & Theve, 2016、など）、また、ギフテッドやタレンティド分野で権威のある教育者のなかにもコ・ティーチングの活用を支持している方々がいます（Van Tassel Baska, 1998、など）。

ギフテッドやタレンティド専門指導教員の専門性に応じたコ・ティーチングのタイプ　ギフテッドやタレンティドの児童生徒への指導を専門とする教員は、六つの基本的なコ・ティーチングアプローチや、それらのバリエーションを用いてコ・ティーチングを行います。しかし、ギフテッドやタレンティド専門指導教員とのコ・ティーチングの多くは、単元ベース、つまり、特定のトピックについての指導や限定的な期間にだけ行われるものです。その他にも、小学校でタレンティドと認定された児童たちが一つのクラスに割り当てられて継続的なコ・ティーチング指導を受けるのと同じように、ギフテッドやタレンティド専門指導教員とのコ・ティーチングを継続的に行なう学校もありますし、コ・ティーチング授業がタレンティドの児童にとって専門指導を受けられる唯一の手段である例も見られます。高校では、オナーズ（honors；訳注：習熟度別クラス編成などでの上級クラス）、デュアル エンロールメント（二重登録；訳注：高校在籍中に大学の単位を取得できるプログラム）、アドバンスト・プレースメント コース（Advanced Placement Course；訳注：高校で教えられる大学レベルの授業のこと。成績優秀者のみが履修でき、優秀な成績を収めた場合は、大学の判断により、大学の単位として認められることがある）など、タレンティドの生徒にとってさまざまな選択肢が用意されているため、小学校で見られるようなタイプのコ・ティーチングはあまり一般的ではありません。実際に、障害のある生徒がこうした成績優秀者対象のクラスに在籍しているために、高校の上級クラスでコ・ティーチングが実施されるというケースもあります。こうした場合、特別支援教育専門教員がコ・ティーチングのパートナーを組むべきであろうと判断され、従来のコ・ティーチング授業が行われています。

さまざまな課題　ギフテッドやタレンティド専門指導教員とのコ・ティーチングは普及していません。いくつかの要因によって制限されているためです。第1に、すべての州や学区にギフテッドやタレンティドの児童生徒に専門的な教育サービスの提供を義務づける法律が存在しないため、多くの学区では、ギフテッドやタレンティドの児童生徒対象のプログラムを設けていないのが現状です。学区によっては、ギフテッドやタレンティド専門指

導教員が、ほんの一握りの児童生徒、特に小学生に焦点を合わせて専門的な教育サービスを提供しており、これらの児童生徒は別個の教室で、毎日、一日のある時間、または、毎週、ある一定の時間を、同じようにタレンティドと認定された他の児童生徒たちとともに過ごします。第 2 に、ギフテッドやタレンティド専門指導教員は、数多くの責務を抱えていて、コ・ティーチングを行う時間が限られているということも要因になっている可能性があります。たとえば、学区のギフテッドやタレンティドに関するアセスメントや認定手続きの対応を行う、同僚の通常学級教員を対象にギフテッドやタレンティドをテーマとした研修を提供する、複数の学校で専門指導を受け持つ、などです。そして最後に、地域によっては、ギフテッドやタレンティドの児童生徒は通常学級の授業指導とはかなり異なる内容の学習指導を受ける権利があるので、通常学級の授業の中で、広範囲にわたるディファレンシエーションや、代替の学習活動をギフテッドやタレンティドの児童生徒に提供することはあり得ないし、また提供するべきではない、という強い考え方があることも、コ・ティーチングがなかなか普及しない要因となっています。

リーディング専門指導教員

　他にも、たいていの場合、小学校で、コ・ティーチング授業を行うプロフェッショナルはリーディング専門指導教員です。このタイプのコ・ティーチング指導は、タイトル ワン（Title I：訳注：初等中等教育法（現行法は「全ての生徒が成功する法」）政策の一環として設けられた、連邦政府による公立学校に対する最大の資金援助プログラム。州の教育機関を介して貧困層の割合が高い公立学校に財政的援助を提供し、すべての子どもたちが州の学力達成基準を満たせるよう教育サービスの充実を図ることが目的）のリーディング力改善を目指した介入指導プログラムを受ける児童生徒が対象の取り組み、または、学校全体でのリーディング力向上を目指した取り組みの一環として提供されます。リーディング専門指導教員が関わるコ・ティーチング指導の目的は、コアインストラクションの授業時に、児童生徒を別教室に通室させるという問題を回避し、リーディング指導を強化して、児童生徒のスキル不足を改善することです。学校によっては、リーディング専門指導教員のコ・ティーチング指導は小学生レベルに重点を置いているところもありますし、学年を超えてコ・ティーチングを行うところもあります。このタイプのコ・ティーチングに関して報告されているのは事例研究です。リーディング専門指導教員のコ・ティーチング指導が児童生徒の学習成果にどう影響にするかに関するデータはほとんどありません（Ahmed Hersi, Horan, & Lewis, 2016; Shaw, 2009、など）。

リーディング専門指導教員の専門性に応じたコ・ティーチングのタイプ　リーディング専門指導教員のコ・ティーチング指導には、一般的には、二つのタイプがあります。もし、児童生徒のリーディング力向上を目指した支援を提供する基本的な手段としてコ・ティー

チングが行われているとすれば、リーディング専門指導教員は特定のクラスや学年で毎日コ・ティーチングを行い、コ・ティーチングに充てられた時間が非常に短く、各クラス30分程度であることを除けば、障害のある児童生徒に用いられる指導モデルと非常に似通ったタイプです。もう一つのタイプは、コ・ティーチングをコーチングモデル（coaching model）の一部として用いるものです。このタイプのコ・ティーチングでは、リーディング専門指導教員が通常学級教員とコ・ティーチング指導を行う時間は先のタイプよりも長めですが（45分間、1時間など）、比較的短期間の（2ないし3週間の間、1週間に1回など）コ・ティーチング指導になります。このタイプのコ・ティーチングの目的は、コ・ティーチング授業終了後に通常学級教員が継続して用いる必要のあるリーディングストラテジーや技法をリーディング専門指導教員が手本となって示すことです。

さまざまな課題　リーディング専門指導教員は、複数のクラスでコ・ティーチング授業を受け持つ他のプロフェッショナルと同じように、多くの課題を抱えています。リーディング専門指導教員は数多くの児童生徒を担当しており、また、スケジュール調整の複雑さもあって、複数のクラスを掛け持ちしながら適切に専門的な教育サービスを提供するのに苦心しています。加えて、リーディング専門指導教員は、児童生徒に関するデータ収集、収集データの解釈とそれに基づいた指導方針の意思決定、教員研修での指導、児童生徒向けの指導教材の選定、別個の環境での高度に専門的なリーディングプログラムの運用、校内のリーディング力改善に向けた介入指導の取りまとめ、といった、広範囲に及ぶ職務を担うこともあります（Bean et al., 2015）。こういった付加的な仕事があると、コ・ティーチングに使える時間が減ってしまいます。最後に、中学校や高校のリーディング専門指導教員は、自分の持ち時間のほとんどを、別個に設けられたリーディング補強指導のコースでの指導に使います。

ライブラリー / メディア スペシャリスト

　ここまでは、コ・ティーチングパートナーとして、多様なニーズのある児童生徒に確実に専門的な指導を提供できるスペシャリストを挙げてきました。また一方で、すべての児童生徒の学びに良い影響を与える専門知識を有するスペシャリストもコ・ティーチングに関わります。ライブラリー / メディアスペシャリストがこの部類に入ります。通常学級での主要教科の授業に識字能力向上を見据えた文献の活用を組み込むのがこのタイプのコ・ティーチングのねらいで、そのために、関連文献やライブラリー / メディアスペシャリストの専門知識を利用し、通常学級教員とパートナーを組んで授業を行います。このコ・ティーチングの組み合わせは、直感的に関心を引くものである一方、このペアでのコ・ティーチング実践の記録は、そのほとんどが研究調査ではなく、実際にこのペアでコ・ティーチングを実施した方々の逸話的経験による事例報告や提言書に基づくものになっています

（Wilson, 2012 など）。

ライブラリー / メディアスペシャリストの専門性に応じたコ・ティーチングのタイプ　ライブラリー / メディアスペシャリストが関わるコ・ティーチングは、一時的、という表現が一番合っているかもしれません。ライブラリー / メディアスペシャリストは、所定の目的のために教員とパートナーを組み、その目的が達成されれば、コ・ティーチングを終了します。たとえば、通常学級教員とライブラリー / メディアスペシャリストは1、2週間の間パートナーを組み、その期間中、児童生徒は特定のテーマについての総合的な学習に取り組みます。この間、ライブラリー / メディアスペシャリストは、特別支援教育専門教員や英語指導専門教員とほぼ同じような形で授業に入りますが、特別支援教育専門教員や英語指導専門教員よりも、授業でリード役を担うということが多いのが一般的ですし、場合によっては、ゲストスピーカーとして授業に入ることもあります。これは、特に、ライブラリー / メディアスペシャリストの役割が、教員の方々が教えている授業に適した文献や他の学習教材を探すのを手伝うといったような、教室外での連携が主である場合によく見られる方法です。

さまざまな課題　ライブラリー / メディアスペシャリストが関わるコ・ティーチングは、特に、教員の方々が今日の厳格な州の教育水準到達を目指して尽力するなかで、非常に大きな可能性を有している一方で、この組み合わせでのコ・ティーチング実践はいかなる法案にも法律にも義務づけられていないため、ライブラリー / メディアスペシャリストとのコ・ティーチングの有無は学区独自の見解や政策に大きく左右されます。加えて、ライブラリー / メディアスペシャリストがコ・ティーチングでパートナーとしての役割を担うには、現場で管理職からの強力な支持を受ける必要があります（Cooper & Bray, 2011）。さもなければ、ライブラリー / メディアスペシャリストの勤務スケジュールに、コ・ティーチング授業に関わる時間を入れることは不可能です（たとえば、ほぼ一日中、複数の学級の児童生徒たちが授業の一環としてライブラリー / メディアセンターを訪れることになっていたり、児童生徒たちが学級単位、または、個別に、ライブラリー / メディアセンターを利用したいという場合に備えて、ライブラリー / メディアスペシャリストがセンターに必ずいるという時間を設けなければならない、など）。しかも、コ・ティーチング授業に入る時間が持てたとしても、ライブラリー / メディアスペシャリストの方々がコ・ティーチングに協力してくれる同僚を積極的に探さないことには、ライブラリー / メディアスペシャリストとのコ・ティーチング指導が学校の指導アプローチとして不可欠なものになるというのはなかなか難しいというのが現状です。

▍英語指導専門教員

　英語指導専門教員のコ・ティーチング指導は、本書全体を通して強調している特別支援教育専門教員のコ・ティーチング指導での役割とほぼ同じです（Dove & Honigsfeld, 2010; Honigsfeld & Dove, 2016）。しかし、英語指導専門教員は、特別支援教育専門教員のそれとはやや異なる課題に直面することも多いため、その課題とはどういったものなのかを理解する必要があります（Bell & Baecher, 2012; Pawan & Ortloff, 2011 など）。

　英語指導専門教員の方々にとってのコ・ティーチングの出発点は、自分たちと共に授業指導にあたる教員全員が、英語学習プログラム（EL program）の目標および英語学習者である児童生徒たちについて一定の理解を示すようになる、というところから始めなければならないということがよくあります。お勤めの学校の英語学習プログラムがすでにしっかりと定着しているのであれば、これに関しては何も問題がありません。ところが、なかには、英語指導サービスを基本的に補習指導と見なす学校もあれば、通常学級の授業を受けるための前提条件として受講しなければならない語学指導として捉える学校もあります。また、通常学級教員の方々が、英語学習プログラムが何を目指しているのかについての詳しい内容や、プログラムの目標をどのように達成するのかについて、実際にはほとんど理解していない、と口々に話す地域もあります。

　これに密接に関係する問題が、英語指導専門教員の職務についての理解、そして、教室でのパートナーシップを築くにあたりその重要な役割を担うのがコラボレーションであるという理解です（Gladman, 2012）。本来であればコ・ティーチングを行っているはずの授業で、英語指導専門教員がもっぱら指導補助員のような役回りになっているのは適切ではありませんし、まして、あってはならないことです。こういった状況が最もよく見られるのは、通常学級教員が、英語指導専門教員の最も重要な役割は、自分のクラスにいる英語学習者である児童生徒に通訳支援を提供することであると思い込んでいる場合や、英語指導専門教員が、コ・ティーチング授業での役割について質問を向けたり通常学級教員のコ・ティーチングに対する理解について率直に異議を唱えたりすることに気まずさを感じているような場合です。また、このような状況になってしまうのは、コ・ティーチングの範疇をはるかに超えた根本的な理由によることも少なくありません。これはどういうことかと言うと、学校によっては、英語指導専門教員の方々から今もってなお、自分たちは他領域の教員と同等の知識や指導スキルがあるとは見られていないことや、勤務先の学校で自分たちがあたかも「二級市民（second class citizens）」のように感じることがあること、そして、偏見を持たれていると感じたり、自分たちの役割が低く評価されているように感じる、という声が聞こえてくるのです。このように感じてしまうのは、通常学級教員の方々の、よく理解していないことに対する不確かさや不安に関係するのかもしれませんが、教員同士、または、通常学級教員と英語指導専門教員との間の文化の違いに端を発するこ

ともあるでしょう。こうした問題は、英語指導サービスが導入されて間もない学校や、英語指導サービスを必要としている児童生徒の数が少ない学校で最も多く見られる傾向があります。職場の雰囲気がこのようでは協力的な文化の土台が損なわれますし、また、こういった状態をこのまま放置すれば、コ・ティーチングの効果を著しく制限することになりかねません。

　コ・ティーチング指導にあたって英語指導専門教員が直面する三つ目の課題は、英語指導サービスそれ自体、そして、英語指導プログラムのロジスティクスに関することです。たとえば、英語を話せない児童生徒に提供できる語学指導モデルが数多く用意されている、とか、現在実施されている語学指導モデルにコ・ティーチングアプローチを組み入れることができるかどうかについての判断といったような事柄です。また、英語指導サービスが必要な児童生徒数が少ない場合には、英語指導専門教員が、複数の学校で指導を行うために自分たちの時間の割り振りをしなければならないこともありますし、児童生徒の学習進度や在籍者数の変動に応じて、語学指導のニーズが当年度中に変わることもあります。さらに、英語指導専門教員は数多くの児童生徒を受け持つことが多いため、コ・ティーチング授業を実施できる広さの教室の数をどうするか決めなければならないこともあります。最後に、本書で推奨している実践方法の多くは、障害のある児童生徒への教育サービスが高度に規制化されているという事実、そして、どのような教育実践がなされるべきかを明確にしてきたこれまでの訴訟の結果が現在の指導の在り方を形作ってきたという事実に基づいています。これと同じことが英語学習者である児童生徒には当てはまらないのが現状です。私が英語指導専門教員の方々と共に仕事をする際には、この事実的背景の違いを指摘する発言をよく耳にします。というのも、英語指導専門教員の方々は、コ・ティーチングの理論的エビデンスの説明をしようにも、コ・ティーチング授業を実施しようにも、その必要性を明らかにする十分な情報がないからです。

　英語指導専門教員の方々がコ・ティーチングを実施していく中で直面する多くの課題について考えるとき、コミュニケーションとコラボレーションが重要だということは明らかです。おそらく、この二つは特別支援教育専門教員がコ・ティーチングを行う場合以上に大事になってくるので、英語指導専門教員と通常学級教員は、第3章で示したような強固な関係構築のためのアクティビティに取り組むことや、自分たちのコ・ティーチング授業での成功事例の数々や成功を妨げる問題点について話し合うための手段を講じることが必須です。

▌その他のプロフェッショナル

　共にコ・ティーチングを行うスペシャリストについての話題はひとまずここで終えますが、その前に、コ・ティーチング指導に携わる可能性のある他のプロフェッショナルについてもいくつか簡単に述べておきましょう。たとえば、少数ではありますが、アダプティ

ヴ体育教員（adaptive physical educators；訳注：運動能力、体力、遊び、レクリエーション、余暇、およびスポーツスキルを査定評価できるよう訓練を受けた体育教員のことで、査定評価の結果に基づき、障害のある児童生徒の個別支援計画（IEP）を組み立て、実際に指導に関わることができる）が体育教員や通常学級教員とコ・ティーチングを行う学校もあります。また、カウンセラーやスクールサイコロジストを含む他領域のプロフェッショナルが、所定の目的のために、定期的にコ・ティーチングを行う学校もあります。作業療法士や理学療法士を含む関連領域のサービスプロバイダーも、コ・ティーチングに自分たちの指導サービスを組み込むことがあります。最後に、高度に専門的な知識を有するコンサルタント（自閉スペクトラム症のある児童生徒を専門としたスキルなど）が、特定の児童生徒に対して効果的に働きかける技法を模範的に示す手段としてコ・ティーチングを行う例もあります。

　同様に、特別支援教育や他の特別支援教育サービスとは関連性のないプロフェッショナルがコ・ティーチングを行う場合があります。その一つの例がインストラクショナル コーチ（instructional coach: 教育コーチ）や行動管理スペシャリストで、通常学級教員の指導実践スキルの向上やクラス管理の改善を手助けする目的で、パートナーを組み、教室内で共同で取り組みます。また、社会性と情動の学習（social and emotional learning: SEL）に重点を置く学校ではよく見られますが、ソーシャルワーカーやカウンセラーも所定の指導目的のために通常学級教員とパートナーを組むことがあります。

　ここで、学校を巡回するプロフェッショナルとコ・ティーチングについても述べておきましょう。本項で既に名を連ねたスペシャリストの中にも、学校を巡回して、コ・ティーチング指導を行う方々がいます（英語学習者である児童生徒の在籍数が少ない小規模の学区の英語指導専門教員や、三つの小学校を掛け持ちで担当する言語療法士など）。その他、視覚障害のある児童生徒や聴覚障害のある児童生徒などを担当するスペシャリストもいます。これらのスペシャリストの役割はコンサルテーションが基盤になっており、通常、授業外での教員との協議、児童生徒の観察、教員や児童生徒に対して必要な指導上の情報や教材の提供、児童生徒の学習進度の継続的観察や測定、などを行います。また、担当する児童生徒に直接教育サービスを提供することもあります。多くの地域では、各自のスケジュールの複雑さと学校間の移動に要する時間とが相まって、こういったスペシャリストがコ・ティーチングを行うことはめったにありません。それでも、スペシャリストによっては、自分が担当する児童生徒のIEPに自身が専門とする教育サービスを必要とする旨が記述されていたり、一つのクラスに同じようなニーズのある児童生徒が複数名在籍している場合には、それが短時間であっても、コ・ティーチングを行うケースもあります。

独特なコ・ティーチングスケジュール

コ・ティーチングは、主に、障害のある児童生徒や英語学習者である児童生徒などを対象に実施しますが、学校によってはそのスケジュールはやや変則的です。これは、児童生徒が必要とする教育サービスがどれだけ多いかを判断しての対応であることが多いのですが、コ・ティーチング授業を行うプロフェッショナルの人数が足りない場合の対応策でもあります。本項では、学校の時間割に基づいたコ・ティーチングのバリエーションについていくつか簡単に説明していきます。

┃一日あるいは半日のコ・ティーチング

公立学校にとってインクルーシブ教育がまだ一つの新しい概念だった40年ほど前は、アメリカの一部の学校では、比較的重い障害のある児童生徒数名を一つのクラスに在籍させ、そこに通常学級教員と特別支援教育専門教員を1名ずつ常時置き、同学年の他のクラスの在籍数よりも多くならないように（あるいはやや少なめに）そのクラスの在籍数に上限を設けるのが一般的なことでした。当時のそういったクラスでは、教員の方々は、一つの完全に統合された教育チームとして職分を果たしていました。互いのスケジュールが全く同じなため、共同プランニングに関する問題は存在せず、また、全授業を共に教えていたので、対等性、職権、信頼、敬意に関わる問題が生じることはほとんどありませんでした。必要に応じて、一日のうちのある一定の時間のみ、特別支援教育専門教員が別個の教室で障害のある児童生徒数名を教えるということはありましたが、その児童生徒たちにとっても、二人の教員にとっても、学校生活の拠点となる場所が通常学級であることは明らかでした。

少数の学区では、このモデルがいまだにコ・ティーチングプログラムの望ましい形だと考えられていますが、今ではほとんど見ることはありません。この変化の背景には、児童生徒に障害があるのであれば、その児童生徒には、国語や算数の授業の間だけではなく、一日を通して支援が必要だということ、そして、とりわけ、もし児童生徒の障害の度合いが重ければ、一日の大半を別個の環境で過ごさざるをえなくなってしまうから、という考え方があるからです。

コ・ティーチングを全ての授業で行うプログラムでは、2種類のバリエーションが用いられることがあります。いくつかの高校の、特に9年生（訳注：中学3年生に相当）の英語やアメリカ史といった主要科目の授業では、通常学級教員と特別支援教育専門教員がペアを組み、一日を通してコ・ティーチング授業を行うため、その科目を取っている障害のある生徒たちを二人で教えていることになります。小学校レベルでのバリエーションは、特別支援教育専門教員が自分の一日の持ち時間を、二つのクラスでコ・ティーチングを行

えるように分け、それぞれの授業で半日ずつ教えるというものです。特別支援教育専門教員が授業に入らない半日分のクラスの方には、パラプロフェッショナルが入ります。このバリエーションでは、障害のある児童が在籍する教室には、常に2名の大人、つまり、教員2名、または、教員1名とパラプロフェッショナル1名がいることになります。

　もしご自身でこういった形でのコ・ティーチング授業を計画している、あるいは、実施しているならば、他のコ・ティーチャーの方々がめったに得ることができない特別なコラボレーションの機会を得ているということになります。このタイプのコ・ティーチングで一つ注意したいのは、授業中、特に小学校レベルの教室で、過剰に援助の手を差し伸べてしまう可能性があるということです。指導にあたる教員の方々は、援助できる教員が二人いるという事実に必要以上に頼るのではなく、児童生徒が自分で学ぶことのできるスキルを身につけられるよう促すことを大事にしていかなければなりません。

▌授業時間を分割して行うコ・ティーチング

　中学校や高校においては、ブロックスケジュールによって一つの授業が70分から90分間の長さになる場合、最もよく用いられるコ・ティーチングが、次のいずれかの方法です。一つ目の方法は、特別支援教育専門教員あるいは英語指導専門教員が、一つの授業の半分の時間を一つのクラスで、そして、その残りの時間を別のクラスで教えるというものです。望ましいやり方ではないとしても、このようなスケジュールの組み方は現実的な選択肢です。しかし、この方法で実施する場合、その詳細については最大限考慮する必要があります。まず、教員は、この方法を用いる場合でも、障害のある生徒に必要な特別支援教育サービスを提供する時間を含め、生徒の教育ニーズに確実に対応しなければなりません。同時に、このスケジュールの組み方でのコ・ティーチングを、たとえば、11学年、あるいは、12学年の英語の授業（ハイステークステスト終了後）に用いるが、9学年の英語の授業では用いない、というように、ある特定の授業のみに限定すべきかどうかも検討する必要があります。さらには、柔軟性にも関わってきます。このスケジュールでコ・ティーチングを行う特別支援教育専門教員、英語指導専門教員、そして通常学級教員の三者が、どの時間にコ・ティーチング授業を行うかを相談し合うことができるのであれば、この方法は実践しやすいはずです。たとえば、片方のクラスが特に難しい教材を扱う1週間は、特別支援教育専門教員がそのクラスの授業の前半の時間帯に入ってコ・ティーチング指導にあたり、次の週はもう一つのクラスの授業の前半に入る、ということもできるでしょう。特別支援教育専門教員が3日間ずっと一つのクラスの授業でコ・ティーチング指導にあたり、次の3日間は別のクラスで指導にあたるという方法もあります。もちろん、柔軟なコ・ティーチングスケジュールの組み方についての話し合いは、管理職の了解を得るべきですし、生徒たちのニーズに対応するものでなければなりません。

　ブロックスケジュール授業の時間を分割して行う二つ目の方法は、中学校や高校におい

て、主要教科を指導できる資格を有する教員としての立場に関係して用いられることがあります。この場合、コ・ティーチングが行われるのはブロックスケジュール授業の前半です。授業前半のコ・ティーチングでの授業指導が終われば、特別支援教育専門教員は、そのコ・ティーチング授業の内容の再指導や、補習指導、または他の指導を行うために、特定の児童生徒たちを連れてその教室を離れます。

　この方法が必要になることもありますが、深刻なリスクもいくつかあります。一つ目のリスクとして、たとえコ・ティーチャーが二人とも、その前半の授業で、教えるべき内容をすべて説明し終わったと考えたとしても、生徒の中の一人が質問をし、通常学級教員がそこにいる生徒全員に向けてその質問に答えたならば、この質問が出る前に違う教室に移動した生徒たちは、そのやり取りを聞かないままになってしまいます。もう一つのリスクとして、障害のある生徒にとっては、授業中に通室するということが IEP に記述されていなければならず、もし生徒が一日中通常学級で授業を受けることになっているのに、一日の半分を別の場所で過ごしているのであれば、その生徒たちの通常教育課程を受ける権利を侵害していることになりかねません。最後に、このやり方を用いることで生徒たちが偏見の目で見られてしまう可能性を十分に検討する必要があります。中学生、特に 3 年生であればとりわけ慎重にならざるを得ません。とても恥ずかしい思いをするので教室から離れたくないという生徒もいますし、この状況が深刻な問題行動の引き金になってしまうことも考えられます。

▋一日おきのコ・ティーチング

　私は、中学校や高校のコ・ティーチャーの方々が、コ・ティーチングのスケジュールやコ・ティーチング指導ができるスペシャリストの人数に関係するさまざまな課題があるため、コ・ティーチングに入る予定の授業は毎日あるが、実際にコ・ティーチングができるのは一日おきになってしまう、と話すのを日常的に耳にします。このようなやり方は教員の方々の不満を高め、また、児童生徒への効果も限定する結果になることが多く、コ・ティーチングを実践する方法としては最終的な選択肢です。この方法の一番の問題点は、授業でパートナーを組むスペシャリストが前日の授業にまったく入っていなかったということ、つまり、そのスペシャリストは、その日の授業ではどのようなことが行われたか、どの児童生徒が授業内容を理解できたか（あるいはできなかったか）、そして、前日の授業を踏まえて当日の指導内容をどのように調整すべきか、ということを確かめることができないことです。コ・ティーチャーは、こうしたやり方はせずに、管理職とミーティングを行い、たとえば、一つのクラスで 2 日間、もう一つのクラスで 3 日間コ・ティーチングを行い、この設定を週ごとに交互に入れ替える、といった代替案を検討すべきでしょう。もう一つの方法としては、特に重要な、あるいは、難しい内容を教える授業の間は、1 週間または 1 週間以上、毎日コ・ティーチングでの授業を行うといった、単元ベースの形を取

る方法もあります。この方法を用いるならば、もう一つのクラスでも同等の長さの時間を使ってコ・ティーチング指導を行うことになります。

●指導プログラムと環境設定●

コ・ティーチング指導に携わるさまざまな領域のプロフェッショナルやコ・ティーチングスケジュールを組むうえでの幅広い選択肢などに加えて、児童生徒のニーズに対応する手段としてコ・ティーチングを用いている教育プログラムについても検討する必要があります。かなり広く使われている指導プログラムの例としては、次の三つがありますが、どれも、コ・ティーチングを指導ストラテジーとして取り入れています。(a) レスポンストゥ インターベンション（response-to-intervention: RTI）、マルティティアード システムズ オブ サポート（multi-tiered systems of support：MTSS）、または、他の介入指導プログラム；(b) 職業教育、オルタナティブ教育（代替教育）、少年院や少年法に基づく矯正施設で提供される教育（訳注：日本では矯正教育と呼ばれることもある）；(c) 特別支援教室、これは、通常学校にある特別支援教室、特別支援学校にある教室のいずれも含む。

リメディアル教育（remedial education: 補充的教育）介入としてのコ・ティーチング

コ・ティーチングが行われるクラスには、特別なニーズのある児童生徒が占める割合がきわめて高いのが一般的です。つまるところ、特別に考案された指導が効率よくかつ効果的に提供されるように、特別なニーズのある児童生徒を同じクラスに集めることが望ましいとされています。驚くことではないと思いますが、管理職やカウンセラーあるいはスケジュール作成管理担当の方々は、この事実を、コ・ティーチングが行われるクラスに特別なニーズのある児童生徒を追加で割り振る場合の根拠として使うことがあります。これについては、第8章でより詳しく取り上げていますが、本項の、通常学校で行われるリメディアル（補充的）指導プログラムにおけるコ・ティーチングの考察にも関連する内容です。

たとえば、RTI や MTSS モデルでは、通常学級教員や専門指導に関わるプロフェッショナルの方々が、第2段階（ティア2：Tire 2）介入指導（つまり、児童生徒に学力格差が認められた場合、その格差の解消を目的に取り組む集中的介入指導）を必要とするすべての児童生徒を一つの教室に集め、そこでの学習指導の集中度を高める手段としてコ・ティーチングを行います。小学校レベルであれば、比較的短時間（一日 30 ～ 40 分、児童の年齢や学年に応じて）、高度に集中したスキル指導を実施する場合にも、コ・ティーチングはこの目的に適った手段として利用できるはずです（Murawski & Hughes, 2009）。特別支援教育専門教員や英語指導専門教員も必要な教育サービスを提供できるでしょうし、

他の児童たちにとってもこれらの教員の専門知識は大いにプラスになるでしょう。しかし、もし児童生徒がリーディングスキルのレベルによってグループに分けられ、一日ずっとそのグループで過ごすのであれば（このグループ編成は指導の予定を立てるのが簡単になるからと判断される場合に見られることが多い）、コ・ティーチングの必須要件であるグループ内の多様性が失われ、児童生徒たちの学業成績が向上する可能性ははるかに低くなります。さらに、このようなグループ編成での指導を受け持つプロフェッショナルの方々は、クラスにいる児童生徒全員のあらゆる複雑なニーズに対応するために日々奮闘するため、高い確率で心身の疲弊状態に陥る傾向にあります。

　中学校や高校レベルでは、リメディアルリーディングのクラスを設ける場合にコ・ティーチングを行うことがあります。そのクラスが RTI や MTSS モデルの一環として提供されるものであっても、単にリーディングのレベルが学年水準よりもかなり低い生徒のための選択肢として提供されるものであっても、捉え方は同じです。つまり、集中的な介入指導を目的とするクラスでのコ・ティーチングは、そのクラスを受ける生徒たちに対して、同級生とのリーディング到達度の格差を縮めるための高度に個別化された指導を受ける機会を提供することができます。しかし、時として、特に小規模の学校では、このようなタイプのリーディングクラスに割り当てられた生徒たちは、全主要教科にわたって同じクラスに集められてしまうことが少なくありません。その結果が能力別学級編成モデルであり、期待したほど生徒の学業成果が見られないという結果になる可能性が高くなってしまいます。集中的な介入指導におけるコ・ティーチングについてのこういった考察は、コ・ティーチングが障害のある児童生徒たちや他の特別なニーズを持つ児童生徒たちにとって有益な選択肢になり得るということを示しています。コ・ティーチングは、児童生徒を第 1 段階（ティア 1：Tier 1；訳注：ティア 1 では、すべての児童生徒を対象に、質の高い科学的エビデンスに基づいたリーディング等の学習指導を提供し、定期的にスクリーニングを行い、追加支援が必要な児童生徒を特定する。この段階で学習困難が解消されない場合はティア 2 でより集中的な介入指導を受ける。ティア 1 は特別支援教育を必要としなくても済むような予防的介入指導を提供する意図がある）に留めるための手段として多く用いられます。つまり、コ・ティーチングは、特別なニーズのある児童生徒を含むすべての児童生徒が受けるべき、質の高い科学的エビデンスベースの教育実践の一部になっているということです。他の生徒たちの時間割への影響に細心の注意を払いながら、きめ細やかなコ・ティーチング指導を行えば、特別支援教育サービスを受ける対象として公式に認定されていないが学習につまずいている児童生徒への指導を強化する手段ともなり得るのです。しかし、こういったグループ編成でのコ・ティーチングは、成績の低い児童生徒が、実質的に一日中、能力別にグループ分けされてしまうというリスクも抱えています。

さまざまな環境設定でのコ・ティーチング：職業教育、オルタナティブ教育、矯正教育

　教員の多くは、近隣地域や通学区域の児童生徒が利用する、公立、チャーター制（charter school；訳注：保護者や教員、地域住民などが、具体的な教育目標を掲げて州の教育当局から認可を受け、従来の公的教育規制を受けないが公費で運営する公立学校のこと）、または、私立の小、中、あるいは高等学校で教えていますが、多くの専門学校もこの教育制度の一部です。これらの学校にはそれぞれ独自の特徴があるため、コ・ティーチングによる指導方法についての疑問や、コ・ティーチングが実際にそれらの学校で実施可能なのかという懸念が持ち上がることがあります。

　一つ懸念される問題は、教室にいる生徒たちの多様なニーズに関することです。職業訓練校やオルタナティブ教育（訳注：本項が指すオルタナティブ教育は、広義には、従来の幼稚園から高校までの通常教育課程の範囲外の教育活動と定義されており、多くの場合、学習面や行動面でのニーズがあり学業不振が顕著な児童生徒を対象にする代替教育プログラムのこと。各州や学区によって、対象とする児童生徒、設定、提供サービス、構造などの主要な特性が異なる）、あるいは、少年司法監督下の更生施設での矯正教育が行われる場によっては、生徒の大半が（もしくは、全員が、ということもあり得る）特別なニーズを抱えています。通常学級教員と特別支援教育専門教員が共に指導を行うとすれば、これらのクラスは、次の項で述べるハイブリッドモデル（the hybrid model）と同じカテゴリーに分けられます。つまり、障害のある生徒の数がコ・ティーチングを行うにあたり一般に推奨される数よりも多い、ということですが、こういったクラスでコ・ティーチング指導を行う教員は、各自が異なる専門知識を教室に持ち寄り、このモデルを効果的なものにします。

　オルタナティブや矯正教育の場でのもう一つの問題は、生徒が在籍する期間の短さです。このような学校の場合、生徒たちが在籍するのは、短い場合には1ヶ月、長い場合には1年以上です。教員の方々からは、生徒たちが原籍校の教科課程についていけるようにすることが自分たちの指導の目標なので、クラスでの学習活動はほとんど個々の生徒に合わせたものになり、どのコ・ティーチングアプローチにしてもこの環境では具体的に応用できない、という説明を受けることがあります。確かに、これは無理からぬことですね。コ・ティーチングでの指導ができるとしても、主にティーミング（教員が二人とも生徒たちに個別に指導にあたる）か、オルタナティブ ティーチング（どちらか一人の教員が小グループの生徒たちに同じような内容の課題を取り組ませる）に限定した指導になる可能性が高いでしょう。

　職業訓練校では、特別支援教育専門教員が教室でどのような役割を担うべきかという疑問が呈されることがあります。特に、器具操作に関する特定の専門知識が必要とされる職

業訓練のクラスにおいては、当然のことではありますが、専任教員は指導上の責任を共有するのを躊躇するでしょう。こういった難しい状況は、たいていの場合、授業計画や、授業と生徒のIEPとの関連性、そして教員双方の適切な役割と責任などについて、入念に話し合うことで克服できるものです。

　職業訓練校やオルタナティブ教育、そして矯正教育の場に関する問題として最後に挙げるのは、コ・ティーチングの実施を阻むガイドラインです。一部の施設では、通常学級の教室以外の場で教育指導を行うのであれば、提供できる教育サービスは特別支援教育サービスのみと判断しています。他にも、施設の方針がコ・ティーチングを許可するか否かを定めているところもあります。また、施設によっては、特別支援教育専門教員が教室内および学校内での危機的状況に対応できるようにしておかなければならず、コ・ティーチング授業を中断することが多いという理由から、そのような施設ではコ・ティーチングを教育サービス提供の選択肢として採用していません。

▎特別支援教育を提供する場での複数のプロフェッショナル

　教員のなかには、コ・ティーチングを行ってはいるが、置かれている状況が独特だと語る方々もいます。その方々が説明する独特な状況とは次のようなものです。

❖　ある通常学級教員は、ある高校の特別支援学級で、ティーチングパートナーである特別支援教育専門教員とともに、障害のある生徒たちを受け持っている。生徒のニーズ（行動に関することが多い）と、この特別支援教育専門教員が主要教科を教える資格を持っていないことが重なったため、このような配置になっている。

❖　ある言語療法士は、ある中学校の重度の知的障害の生徒を対象にした特別支援学級で、週に２回、言語療法サービスを提供している。

❖　ある２名の特別支援教育専門教員は、各自が別個の教室で受け持つ重度のニーズのある生徒たちを一緒にして、理科と職業訓練活動の授業を共同で行っている。

　最初の二つの例は、典型的な配置ではありませんが、コ・ティーチングの基準に近いものです。指導を行うプロフェッショナルの方々はそれぞれが異なる専門知識を有しており、各自のスキルを組み合わせることによって、より集中的、そして、より敏速に、生徒の多様なニーズに対応する指導方法を編み出すことができます。しかし、これらの例はいずれも、多様な生徒たちが集まってグループを成している、というコ・ティーチングの前提から外れています。全体として見れば、どちらの例にもコ・ティーチングの要素が混在しており、いくつかの点でコ・ティーチングの基本モデルと合致するところもあれば、そうで

ない点もあります。特定の生徒のニーズの程度が非常に高いために一般の生徒と一緒に授業を受けることができない場合には、この二つの例に示された方法は、生徒たちに継ぎ目がなく質の高い教育を提供するための合理的手段となります。

　3番目の例はコ・ティーチングではありませんし、正確には、次の項で取り上げるべきだった例かもしれません。二人の特別支援教育専門教員がパートナーを組む場合、授業指導では同じような知識とスキルを用いますし、教育と学習のプロセスをどう捉えるかについても見解を共有していることが多いものです。この例が示す指導方法は、第1章で説明した、チーム ティーチング、と呼ぶのが適切でしょう。指導法としては高く評価できるものではありますが、これは、本書全般を通して説明しているコ・ティーチングの主旨に沿ったものではありません。

● 正確には「コ・ティーチング」ではない指導方法 ●

　教育分野では、一般的に、気に入った用語があると、見つけ出した、と言わんばかりに、その用語が、本来の意味が失われ、その実践の質が低下するまで過剰に用いることがあります。コ・ティーチングは今まさにそのような状態です。第1章で述べた通り、コ・ティーチングには非常に明確な要素と特徴があり、これらを土台にすることでコ・ティーチングの実践が効果的になります。残念なことに、正しく理解されないまま、他種の指導プログラムやさまざまな指導上の配置方法がコ・ティーチングとして扱われるようになっています。この問題を説明するために、ここで三つの例を挙げてみます。また、本章付録には、コ・ティーチングをコ・ティーチングとは明らかに異なる他の教育サービス提供手段とを見分けるための質問集を掲載しています。

▌通常教育の指導に向けた学際的なチーム

　アメリカ国内の教育プロフェッショナルの方々は、今日の厳格な教育課程基準に準拠すべく指導に努めるなかで、教科指導方法の新しいモデルも試しています（Mandel & Eiserman, 2016、など）。たとえば、小学校の段階では、理科や社会の教科内容を、文献資料の選定の仕方を学ばせたり、ディスカッション主体の学習活動を通して、国語の授業に組み入れることができます。このような教科の組み合わせ方は、コ・ティーチングはもちろんそうですが、教員が単独で教える授業でもできますので、コ・ティーチングを理解するうえで大きな意味合いを持つものではありません。しかし、中学校や高校の段階では、インターディシプリナリー スタディ（interdisciplinary study: 学際的研究）が重視されているため、教科内容や生徒たちも含め、異なる複数の授業を組み合わせて対応しています（Haring & Kelner, 2016）。

　授業の組み合わせはさまざまです。英語と社会の科目とを組み合わせる例は多く見られます。また一方で、英語科目を科学の科目（生命科学など）と組み合わせ、予測と問題解決や、解説文の読解、そして、観察に基づいた創造的作文に重点をおいた授業を展開する場合もあります。また、体育に解剖学と生理学を組み合わせる授業などもあり、そこでは、人体の構造と機能についての正確な理解を促すための実用的な手段として運動等の身体活動を行っています。

　学校によっては、こうした学際的な授業のことをコ・ティーチングと呼んでいるところもあります。しかし、このようなやり方での指導は、これまでのチーム ティーチングの数多くの実践例や長い歴史と一致することもあり、正確に呼ぶなら、チーム ティーチングでしょう。このような学際的な授業の取り組みには、教員対生徒の比率の低さ、特別支援教育専門教員の専門知識、特別に考案された指導の提供といった、コ・ティーチングをコ・ティーチングたらしめる独自の特徴が見られません。さまざまな指導モデルが展開され始めたときには、それらについて十分に理解を深めることや、児童生徒の学習成果への影響に関する調査を行うこと、そして、それらを実践する上での教員同士の関係性が、コ・ティーチングにおける教員同士の関係性にどのように似通っていて、どのように異なるかについて細かく調べることが重要になってくるでしょう。

▌スケジュールの穴を埋めるための配置

　教員の方々の大半は授業の予定がびっしりと詰まっていて、授業の準備や教員間の連携作業には限られた時間しか使えないという一方で、中学校や、特に高校では、教員免許に関する諸事情や、特定の科目授業に対する需要、また、急なスケジュール変更などが重なって、一日の中で授業を行わない時間がある教員の方々も何人かはいます。そこで、当然のことではありますが、管理職の方々は、授業が入っていない時間がある教員がいるという状況、つまり、授業を割り当てられていないが、プランニングをする時間や昼食を取る時間はすでにスケジュールに入っている教員がいる、という状況に対処すべく策を練ってきました。

　これまで取られてきた解決策の一つが、このような状況にいる教員の方々を、一人で障害のある児童生徒や他の特別なニーズがある児童生徒が数名在籍するクラスを受け持っている教員のクラスに割り当てて、その教員を援助してもらうというものです。こういった配置を行う背景には、一人でさまざまなニーズのある生徒たちを教える教員からすれば追加の援助はありがたいはず、という考えがあります。このような配置の仕方がコ・ティーチングと呼ばれることがありますが、これはコ・ティーチングではありません。第1に、教員1名体制のクラスを援助する目的で割り当てられたこの教員の配置は、完全に、授業のスケジュールや利便性に基づいた配置であり、異なる専門知識を融合するという意図的な配置ではありません。第2に、専門的な指導が提供されていません。つまり、この教員

は単に援助するために教室にいるのであり、生徒たちが確実に特別支援教育サービスや英語指導サービスを受けられるようにするためではありません。第3に、この教員は、自分が教える教科の専門知識をこのクラスの授業指導に活かすため、もしくは、共同プランニングや授業で導入の部分の講義をするためにこのクラスに割り当てられたわけではないので、このような配置をチーム ティーチングとみなすことすら無理があります。事実、美術を担当する教員が代数IIを担当する教員とパートナーを組むことがあるように、もしかしたらこの教員も割り当てられた授業の内容について専門知識を持っているかもしれませんが、そうとも限りません。援助に入る教員が授業指導全般に貢献するだろうということを前もって期待することはできないでしょう。

▌小グループでのリーディング指導

　専門指導のプロフェッショナルの方々が、さまざまな教育ニーズのある生徒たちの学力向上に尽力するなかで、徐々に用いられるようになってきたストラテジーの一つが、通常学級でのリーディング指導の時に、従来よりも大人の人数を増やし、スキル指導を強化する手立てを探るというものです。つまり、一つの教室に、たとえば、通常学級教員、特別支援教育専門教員、リーディング専門指導教員、さらに、言語療法士がいて、リーディングのスキルレベルやニーズに基づいて分けた児童生徒グループを全員で指導するということです。たいていの場合、このようなグループ指導は長く続きます。教員やスペシャリストがそれぞれ、この割り当てられた「コ・ティーチングの時間」の間、毎回同じ児童生徒グループの指導にあたりますが、リーディングの専門指導ができるスペシャリストが最も支援が必要なグループの指導につくのが典型的な進め方です。上達の早い児童生徒たちは別のグループに移り、全体のグループ編成は月ごと、あるいは、3ヶ月ごとに見直され調整されます。リーディングスキルによるグループ分けはコ・ティーチングの一部ではありますが、今述べた（あるいは、似たような）グループ編成の仕方が、現場で用いている唯一のアプローチだとすれば、それは多くのプロフェッショナルが連携して指導を行うためのストラテジーではなく、児童生徒のグループサイズを縮小するためのストラテジーです。こういった方法は間違っているとか不適切だ、ということではありませんが、このような方法を用いるのであれば、スペシャリストの方々が「自分たち」の児童生徒グループについて指導している場合（つまり、特別支援教育専門教員は障害のある児童生徒たちにつき、言語療法士は自分がケースとして受け持っている児童生徒たちにつき、リーディング専門指導教員は指導用の登録名簿に載っている児童生徒について指導を行っている場合）には特に、教える内容を統一しているわけではないので、スペシャリストの方々はめいめい別の場所で指導することも簡単にできるということです。

▌アプレンティス ティーチング

　第1章でも述べたように、教員養成プログラムはここ数年でさまざまな変化を遂げ、ま
た一方で、従来の教育実習のやり方に関して不満の声が挙げられてきました。これまでの
教育実習モデルでは、学年にかかわらず、教員になることを希望する学生が、1学期分の
期間中（訳注：米国では2学期制が多い。1学期は約18週間）常勤で教育現場での実習
を、コーポレイティング ティーチャー（cooperating teacher; 訳注：豊富な指導経験を有
する教員で、学校から認定を受け教育実習生の監督や指導を担当する。州によって異なる
が、3年以上の指導経験、学級担任、修士号取得などの要件がある）の仕事を観察するこ
とから始め、徐々に指導に関わる責任が増えていきます。最終的には、教育実習生は、新
米教員として、授業プランニング、授業指導、児童生徒の学習進度の評価、といった担当
コーポレイティング ティーチャーの業務をすべて行うことになります。多くの教員養成
プログラムでは、コーポレイティング ティーチャーは数週間の間、このクラスの指導業
務にほとんど関わらないことになっています。教育評論家からは、こうした教育実習のや
り方は、現場での教育実習生の研修の進行を遅らせ、経験豊富な教員と新米である教育実
習生とのコラボレーションの重要性を軽視し、経験豊富な教員の専門知識やスキルを意図
的に教室の外に持ち出している、と指摘しています。

　近年は、従来のやり方に取って代わる教育実習モデルが提案され、いくつかの大学で実
施されるようになりました。このモデルは、教育実習生である新米教員と実習指導担当の
先輩教員とのコラボレーションが強調されており、この組み合わせでパートナーを組み、
第4章で説明したような指導アプローチを用いながら、「コ・ティーチング」指導をしま
す（Drragh, Picanco, Tully, & Henning, 2011）。この組み合わせであれば、二人が同時に
児童生徒のディスカッションを進めるパラレル ティーチング、片方の教員が新しい学習
内容を説明する一方で、もう片方が練習問題に取り組むステーション ティーチング、あ
るいは、どちらか片方が児童生徒の行動や他の事項に関するデータを収集するワン ティ
ーチング、ワン オブザービングを用いることも可能です。

　この教育実習モデルを品定めする意図は決してありませんが、コ・ティーチングアプロ
ーチを部分的に取り入れ、そして、コ・ティーチングと呼ばれている、このモデルは、概
してコ・ティーチングとして認められている基準を満たしておらず、アプレンティスシッ
プ モデル（apprenticeship model）と考えるべきだということを認識することが重要です
（Friend, Embury, & Clarke, 2015）。第1に、指導経験のない教育実習生（student
teacher）とベテラン教員とのパートナーシップは、その根本的な性質からして、対等性
に基づくものではありません。片方の教員、つまり、教育実習生は、指導経験を積みなが
ら、最終的には、この教育実習生が教員養成プログラム課程を修了するための準備ができ
ているかどうかを評価することになるベテラン教員から学んでいる最中です。つまり、双

方には、力関係において、根本的で妥当な違いがあります。対照的に、コ・ティーチングは、対等性が前提であり、双方の力関係は本質的に同等です。

アプレンティスシップ モデルとコ・ティーチングとの大きな違いとして二つ目に挙げるのは、教員同士がパートナーを組む目的です。コ・ティーチングにおけるその目的は、何かしらの専門的な指導を提供することであり、その影響力は教員一人ひとりの専門知識の違いに基づいています。一方、アプレンティスシップ モデルでは、教育実習生は、教育実習生と同じ領域での専門知識（より高度ではあるが）を有しているベテラン教員とパートナーを組みます。ここでの目的は、専門的な指導を提供することでも、コ・ティーチングの顕著な特徴である指導の集中度を計画的に高めていくことでもありません。

最後に、コ・ティーチャーは、年度を通して、あるいは、一学期または一つのコースを通して、コ・ティーチングパートナーとして教えることが一般的ですが、時には、何年にもわたって同じ教員とペアを組むこともあります。アプレンティスシップ モデルの場合は、その名が示す通り、一時的な組み合わせです。パートナーを組むのが一時的であることで、二人の職務上の関係性は限定的なものになりますし、受け持つ児童生徒に対する指導責任や学業成績に対する説明責任に関してベテラン教員と新米教員との間に差が生じることになります。この場合、指導責任や説明責任を有しているのはベテラン教員の方になります。

さらなる考察のために

1. 皆さんの学校や学区では、どなたがコ・ティーチングを行っていますか。もし通常学級で教えるプロフェッショナルもいれば、児童生徒を通常学級から引き抜いたり、別個の場所で指導を行ったりするプロフェッショナルもいるのでしたら、児童生徒のための継ぎ目のない教育についてはどうなっていますか。どのようにして児童生徒たちが主要教科のクラスや自分たちが楽しめる授業を受ける機会を逃さないようにしていますか。皆さんはご自身のコ・ティーチングや他のプロフェッショナルの方々をコ・ティーチングに関与させる可能性についてどのような考えをお持ちですか。

2. ご自身の学校では、何か独自のコ・ティーチングスケジュールを実施していますか。もし実施しているとしたら、どのような経緯でそのスケジュールを取り入れたのですか。そのスケジュールを取り入れた根拠は何ですか。そのスケジュールのメリットとデメリットは何ですか。

3. コ・ティーチングは、職業教育やオルタナティブ教育、少年司法監督下の更生施設、そして、支援学級といった特別な教育環境で行われるべきでしょうか。行われるべきであるにしろ、行われるべきではないにしろ、その理由は何ですか。皆さんは、どのような要因を考慮すべきだと思いますか。

4．コ・ティーチングと呼ばれる教育サービス提供モデルの基準を満たしていない教育実践モデルをコ・ティーチングと呼ぶことがなぜ問題なのでしょうか。コ・ティーチングではないのに、コ・ティーチングと呼ばれる実践方法についての情報は、皆さんの学校や学区にどのように影響をもたらすでしょうか。

行動を起こすために

1．もしお勤めの学校で、本章で述べた指導方法のいずれかが実践されているのでしたら、図表を作成してみましょう。まず、図表の片側にコ・ティーチングの必須要素をリストアップしてください。次に、もう一方に、ご自身が行っているコ・ティーチングがどのように各要素を含んでいるか（または含んでいないか）を記述しましょう。この図表を、ご自身の学校でのコ・ティーチング実践の改善について話し合うためのたたき台として活用してください。

2．あなたの学校に勤めているプロフェッショナルの方々（通常学級教員以外の方々）に、職員会議や、学年会議、または、部門会議の場で、自分たちの専門的な活動や主な役割、職務の範囲について簡単に説明してもらえるよう依頼しましょう。その方々に、自分たちの職務に関する正誤問題を事前にいくつか作成してもらえれば、会議に参加している教職員の方々に、○または×をつけてもらうというゲームをすることもできますね。

3．もしお勤めの学校でのコ・ティーチングが特別支援教育だけを対象としているのであれば、それを現在学校で利用できる他の教育サービスに向けての取り組みとして実施することに対してどう思うか、職員や管理職および保護者の方々から聞き取り調査を行いましょう。調査から得た回答を分析し、その分析結果を基に、他領域の教育サービス提供を目的としたコ・ティーチングの実施について今後の方向性を話し合ってみましょう。

4．もしご自身のコ・ティーチングのスケジュールが、本章で述べた授業スケジュールのバリエーションのいずれかに当てはまるのであれば、本章付録の図表を使い、そのスケジュールのメリットとデメリットをリストアップしてみましょう。他にも実現可能なスケジュールの選択肢があれば、それらについても同様にメリットとデメリットもリストアップしてみましょう。次に、主要関係者に、次年度に向けて何らかのスケジュール変更をすべきかどうかの判断に関わってもらいましょう。

引用文献

Ahmed Hersi, A., Horan, D. A., & Lewis, M. A. (2016). Redefining 'community' through collaboration and co-teaching: A case study of an ESOL specialist, a literacy specialist, and fifth-grade teacher. *Teachers and Teaching: Theory and Practice, 22*, 927-946.

American Speech-Language-Hearing Association. (1996). *Inclusive practices for children and youths with communication disorder* [position statement]. Retrieved from www.asha.org/policy.

Bauer, K. L., Iyer, S., Boon, R. T., & Force, C. (2010). 20 ways for classroom teachers to collaborate with speech-language pathologists. *Intervention in School and Clinic, 45*, 333-337.

Bean, R. M., Kern, D., Goatley, V., Ortlieb, E., Shettle, J., Calo, K., ···, & Cassidy, J. (2015, April). Specialized literacy professionals as literacy leaders: Results of a national survey. *Literacy Research and Instruction, 54*, 83-114.

Bell, A. B., & Baecher, L. (2012). Points on a continuum: ESL teachers reporting on collaboration. *TESOL Journal, 3*, 488-515.

Brandel, J., & Loeb, D. F. (2011). Program intensity and service models in the schools: SPL survey results. *Language, Speech, and Hearing Services in Schools, 42*, 461-490.

Cooper, O. P., & Bray, M. (2011). School library media specialist-teacher collaboration: Characteristics, challenges, opportunities. *Techtrends: Linking Research and Practice to Improve Learning, 55*(4), 48-55.

Darragh, J. J., Picanco, K. E., Tully, D., & Henning, A. (2011). "When teachers collaborate, good things happen": Teacher candidate perspectives of the co-teach model for the student teaching internship. *AILACTE Journal, 8*, 83-104.

Dixon, D. (2013). Push-in services: Making the 'impossible' possible. *The ASHA Leader, 18*, 56-57. Retrieved from http://leader.pubs.asha.org/article.aspx?articleid=1785883

Dove, M., & Honigsfeld, A. (2010). ESL coteaching and collaboration: Opportunities to develop teacher leadership and enhance student learning. *TESOL Journal, 1*(1), 3-22.

Gladman, A. (2012). Collaborative interdisciplinary team teaching: A model for good practice. In A. Hoingsfeld & M.G. Dove (Ed.), *Coteaching and other collaborative practices in the EFL/ESL classroom: Rationale, research, reflections, and recommendations* (pp. 49-58). Charlotte, NC: Information Age Publishing.

Friend, M., Embury, D. C., & Clarke, L. (2015). Co-teaching versus apprentice teaching: An analysis of similarities and differences. *Teacher Education and Special Education, 38*, 79-87.

Haring, D., & Kelner, T. (2016). Why we got serious about interdisciplinary teaching. *Educational Leadership, 73*(4), 68-72.

Honigsfeld, A., & Dove, M. (2010, Spring). Co-teaching: 201---How to support ELLs. *New Teacher Advocate*, pp. 4-5.

Honigsfeld, A., & Dove, M. (2016). Co-teaching ELLs: Riding a tandem bike. *Educational Leadership, 73*(4), 56-60.

Hughes, C. E., & Murawski, W. A. (2001). Lessons from another field: Applying coteaching strategies to gifted education. *Gifted Child Quarterly, 45*, 195-204.

Mandel, K., & Eiserman, T. (2016). Team teaching in high school. *Educational Leadership, 73*(4), 74-77.

Merritt, D. D. (2007, January). Research summaries on SLP co-teaching. Middletown, CT: State

Education Resource Center. Retrieved from http://ctserc.org/isss/Resesarch%20 Summaries%20-%20SLPs%20as%20Co-teachers.pdf?2fa6f942252db2ec6c621fe255459617 =gqruqgyj.

Murawski, W. W., & Hughes, C. E. (2009). Response to intervention, collaboration, and co-teaching: A logical combination for successful systemic change. *Preventing School Failure, 53*, 267-277.

Murdock, L., Finneran, & Theve, K. (2016). Co-teaching to reach every learner. *Educational Leadership, 73*(4), 42-47.

Pawan, F., & Ortloff, J. H. (2011). Sustaining collaboration: English-as-a-second-language, and content-area teachers. *Teaching and Teacher Education, 27*, 463-471.

Shaw, M. E. (2009). Teaching and empowering reading specialists to be literacy coaches: Vision, passion, communication and collaboration. *NERA Journal, 45*(1), 7-18.

Van Tassel-Baska, J. (1998). *Excellence in educating the gifted*. Denver, CO: Love.

Vicker, B. (2009). The 21st century speech language pathologist and integrated services in classrooms. *The Reporter, 14*(2), 1-5, 17.

Wilson, M. (2012). Boom town or bust? A wild west adventure in collaborative planning and coteaching. *Knowledge Quest, 40*(4), 10-13.

第7章 付 録

　本章の内容は、ご自身のコ・ティーチング実践に直接係る内容かもしれません　し、逆に、ほとんど参考にならないものかもしれません。ここに掲載した資料に関しても同じです。ここでご覧いただける資料は、プロフェッショナルの役割を越えたコ・ティーチングの選択肢、コ・ティーチングの基準に当てはまる、または、当てはまらない指導実践、そして、独自のスケジュールでのコ・ティーチング実践とそれらのメリットとデメリットなどを分析する上で役立つはずです。

コ・ティーチングとコ・ティーチングに類似した指導方法との
違いを明確にするための質問

　以下の質問は、皆さんの学校で実施している、コ・ティーチングと呼ばれているがその基準を満たしていない指導方法、つまり、本章で例に挙げた指導モデル等や、他の章で述べたパラプロフェッショナルが提供する支援等を含む、あらゆる指導方法に当てはまるものです。これらの質問は、すべての教職員が、自分たちが実施している指導方法の必須要素を理解するうえで大いに役立ちます。

1．第1章および他の章の内容を参考に、障害のある児童生徒や他の特別なニーズのある児童生徒に教育サービスを提供するための一つの手段として定義づけられているコ・ティーチングの主要な特徴は何ですか。

2．皆さんが検討している指導方法は、本書で説明しているコ・ティーチングの特徴とどういった点で一致していますか。

3．皆さんが検討している指導方法は、本書で説明しているコ・ティーチングの特徴とどういった点で矛盾していますか。

4．皆さんが検討している指導方法はどのような経緯でコ・ティーチングと呼ばれるようになりましたか。具体的な理由はありましたか。特に意識せずそう呼ぶようになったのでしょうか。それとも慎重に検討したうえでそう呼ぶようになったのでしょうか。

5．特定の指導方法に正しい名称がついているかどうかがなぜ重要なのでしょうか。

6．もし皆さんが検討している指導方法が実際にはコ・ティーチングでないとしたら、どのような代替名称をつけるでしょうか。現在実施している指導方法にその代替名称を使用することを他の方々にどのように促しますか。

コ・ティーチングにおける専門的な役割

　コ・ティーチングを効果的に行うための鍵となるのは、互いの専門的な役割や責任についての理解です。以下の表はコ・ティーチングのパートナー同士で取り組むこともできますし、学年や担当チーム、あるいは各部署間の会議の中で一般的なアクティビティとして用いることもできます。

　まず、現在実施している、または、実施する見込みのコ・ティーチング授業でのプロフェッショナルの役割を表の左側の欄に順に書き入れておきます。次に、スペシャリスト一人ひとりに、通常学級で行っていることをできるだけ具体的に中央の欄にリストアップしてもらってください。その間、通常学級教員は、右側の欄に、各スペシャリストの専門知識に関する質問事項を書き入れます。

　全員がそれぞれ自分の欄を記入し終えたら、各スペシャリストは自分がリストアップした内容を共有し、通常学級教員もそれぞれ質問を行います。

1．ご自身が実施している、または、実施する見込みのコ・ティーチングについて、このエクササイズからどんなことを学びましたか。
2．パートナーであるスペシャリストの役割や責任について、主に何を誤解していましたか。
3．どのようなストラテジーを用いれば、皆さんと皆さんのパートナーが自分たちのコ・ティーチング実践に関する誤解を避けることができるでしょうか。

プロフェッショナルの 専門的役割	具体的なコ・ティーチング への貢献	コ・ティーチングパートナー からの質問

コ・ティーチング授業スケジュールのバリエーション

　下の表を使い、現行の、あるいは、実施する見込みのコ・ティーチング授業を分析してみましょう。最初の行に、現在実施しているコ・ティーチング授業のスケジュールを書き入れ、その長所と短所についてブレインストーミングを行ってください。次に、代替スケジュールについても検討してみてください。表に記載してある代替スケジュールのいくつか、または、全てについて、それぞれのメリットとデメリットを書き入れましょう。現行のスケジュールは納得のいくスケジュールになっていますか。もしそうでないとしたら、次年度に向けてどのようなスケジュールをさらに検討すべきでしょうか。

スケジュールの バリエーション	長所	短所
現在のスケジュール：		
代替スケジュール：		
一日		
半日		
2クラス分／2時間分		
半分はコ・ティーチング、半分はプルアウト（引き抜き）サービスを別教室で		
1日おき		
他の方法		

第8章

コ・ティーチングにおける
管理職の役割と責任

「もしあなたの行動によって、他の人たちがより多くの夢を持ち、より多くのことを学び、より多くのことをやり遂げ、より成長しようとするなら、あなたは指導者である。」
—ジョン・クィンジー・アダムズ

読者に期待される学習成果

1. コ・ティーチングに必要なリーダーシップや、障害または他の特別なニーズのある児童生徒の教育においてコ・ティーチングが担う役割についての展望を明確に示すことができる。
2. 児童生徒のクラス割りや、コ・ティーチングパートナーの組み合わせ方、プランニング時間の調整方法など、コ・ティーチング授業のスケジュールを作成するうえで、現実的な選択肢を案出できる。
3. 計画中または実施中のコ・ティーチングを、ベストプラクティス（最良の教育実践：best practice）を行うための指導プログラムの開発、実施、および評価という文脈に当てはめて考えることができる。
4. 学校管理者が直面するであろうコ・ティーチングにおける課題のいくつかに対する解決策を提示することができる。

　教員の方々が、コ・ティーチングについて学んだり、自分たちの実践を改善するためにいろいろと考えを出し合ったりする場合、その関心の矛先が、受け持ちの児童生徒や指導教材、あるいは、自分たちの教室についてではない、ということは珍しいことではありま

せん。むしろ、教員の方々の関心の対象は管理職である、ということの方が多いのです。教員の方々は、「コ・ティーチングについてこれだけいろんな情報があるのは素晴らしいことだけど、校長のサポートがないことには、この学校はいつまでたっても何も変わらない。」と繰り返し訴えます。なかには、自分たちの校長に電話を入れ、すでに始まっている教員研修に来て参加するよう求める教員の方々さえいます。対照的に、管理職が強力な支援をしてくれるし、コ・ティーチングを組織的に行ううえでのあらゆる条件がしっかりと整っているので、自分たちは児童生徒の学びに集中できる、と思えて励まされると語る教員の方々もいます。

　学校改善に向けた戦略的取り組みの多くに当てはまることですが、コ・ティーチングプログラムの立ち上げや継続には、校長がどれだけコ・ティーチングに対する理解度と本気度を示すかが大きく関係しているものです。だからこそ、もしあなたが校長あるいは副校長の立場にいるのであれば、わざわざ時間を割いてまで本章を読んでくださっていることに感謝します（そして、各章にも有用かつ重要な情報が含まれているので、ここまでの章もすでに読んでくださっているか、これから読んでくださることを願っています）。もし、あなたが教員であり、管理職のサポートに関する情報を探しているのであれば、本章には校長と共有できる話題があるはずですのでぜひ読み進めて行ってください。また、あなたが、カリキュラム　コーディネーター、副教育長、特別支援教育政策担当者、教育委員会の指導主事といった学区レベルの指導者の立場にいるのであれば、コ・ティーチングの円滑な促進に関わる業務も重要です。学校現場にいる管理職や教員の方々が本章そして本書全般やディスカッションを通して得た概念やストラテジーを実際の指導に応用する際に、支援の手を差し伸べることができるはずです。

　校長や学校の管理職の方々は非常に多忙です。早朝に出勤し夜遅くに帰宅、教育委員会等の会議に出席し、最も深刻な児童生徒の問題にも対処し、そのうえ不愉快な思いをしている保護者がいれば落ち着いてもらうよう対応します。予算や人事、学校の施設についての決定も行います。「ありがとうございます」という言葉を掛けてもらうことはあまりありません。そして、コ・ティーチングは議題に挙がっているもう一つの項目です。管理職の方々がコ・ティーチングに関わるあらゆる側面に直接関与することが重要なのは言うまでもありません。現行の厳格な学業到達基準を満たし、IDEA の要件に準じ、英語学習者である児童生徒が優秀な成績を収めるための機会を作るに至るまで、コ・ティーチングは学校が成功を収めるうえで不可欠なものになり得ますが、ただしそれは、管理職の方々がコ・ティーチングに率先して取り組めば、ということです。本章では、管理職が抱くコ・ティーチング構想の分析、コ・ティーチングスケジュール計画に伴う複雑さに対応するためのアイデアの提供、コ・ティーチングプログラム開発に必要な要素への注目、そして、コ・ティーチングによく見られる課題の具体的な説明といったテーマを扱っています。これらの内容は、管理職の方々のコ・ティーチングへの主導的な取り組みを促進することを

目的としています。

● 個人的な理解と責任ある関与 ●

　成功をもたらすコ・ティーチングプログラムに必要な要素についての話し合いの中で、ある教員が重要な意味合いのこもった意見を述べました。「もし校長がコ・ティーチングについてほんの1行程度のことぐらいしか理解していないのであれば、コ・ティーチングがうまくいくはずはないですよね。」まったくその通りです。校長や管理職の方々は、自分たちの学校でコ・ティーチングの計画や実施を主導する前に、まず、自分たちがコ・ティーチングについてどれだけ理解しているのかを確かめる必要があります。

コラボレーション重視の学校文化に対する信念

　コ・ティーチングに関する知識は、障害のある児童生徒のための教育サービスを向上させるべく学校を導いていく、というパズルのような難題を解決するための一片にすぎません。コ・ティーチングはコラボレーションを土台として成り立つものです。コラボレーションがコ・ティーチングに不可欠だという理由は次の通りです。第1に、学校教育という専門的事業は非常に複雑化してきているため、共通の目的を持って協力し合うことが極めて重要だからということです（Charner-Laird, Ng, Johnson, Kraft, Papay, & Reinhorn, 2017; DuFour & Reeves, 2016; Quintero, 2017）。コラボレーションが、児童生徒の学力向上につながる数多くの学校改善に向けた取り組みや義務化されている学力基準の達成を容易にするのです。今日、学校の教員であることは指導力の試される大変な仕事であるとしても、同僚との連携に重きを置く文化は、時に不可能と思われることを可能にします。

　第2に、コラボレーションを重要視する文化は、教員がますます多様化している児童生徒のニーズに応える方法を見つけ出すうえで不可欠です。今のこの時代に生きる児童生徒たちは、多様な文化的背景、さまざまな経済状況、いろいろな家族構成、その他の特殊な事情を抱えながら登校します。成すべき課題がすべての児童生徒に働きかける革新的な指導方法を確立することであるなら、「三人寄れば文殊の知恵」と言われるように、一人よりも二人（三人、四人、あるいはそれ以上の人数で）で知恵を出し合えば名案が浮かぶものです。

　第3に、コ・ティーチングは高度なコラボレーションのうえに成り立つ教育サービスであるため、協力し合うことが当然だという文化が定着すれば、コ・ティーチングは着実に発展します。つまり、コ・ティーチングパートナー同士が日頃から協力し合うということに慣れていれば、教室にその協力関係を持ち込むのはほんの小さな一歩を踏み出すだけにすぎないことなのです。一方、学校の職場環境が競争的、個人主義的、あるいは、排他的な傾向にあるなら、コ・ティーチャーが乗り越えなければならないハードルが高すぎて挫

けそうになるかもしれません。

┃インクルーシブ教育実践へのコミットメント

　管理職がコ・ティーチングについて理解すべき二つ目の側面は、インクルーシブ教育の実践に関する事柄です（Murawski & Bernhardt, 2016; Roberts & Guerra, 2017）。インクルーシブ教育の思想を積極的に受け入れている校長の方々もいます。そういった方々は、あらゆる児童生徒を学校に迎え入れ、教員に児童生徒の多様なニーズに積極的に取り組むことを期待し、通常学級から児童生徒を外すような意思決定への参画には難色を示します。また、教員や職員とインクルーシブ教育実践について話し合うことも多く、インクルージョンについて教職員に伝える内容を有意義なものにしようと情報収集も欠かしません。

　また一方で、インクルーシブ教育の実践についてはほとんど理解していない校長、あるいは、残念なことですが、インクルージョンという信念体系を支持しない校長もいます。このような方々は、標準的な教育課程について行くことができない児童生徒は他の児童生徒と同じ教室にいるべきでないと主張します。また、障害のある児童生徒が通常学級に在籍することを認めるとしても、それはその学校の教員がそれに同意する場合のみです。また、障害のある児童生徒たちができることではなくできないことについて話し合うことに多くの時間を割くことがよくあります。

　インクルーシブ教育の実践に対する理解や責任ある関与なくして、コ・ティーチングが児童生徒の学業成績に良い影響をもたらすことはないはずです。もちろんこれは、管理職の方々が自分たちの学校でインクルーシブ教育を実践することについて何の疑問も持たないということでも、通常教育課程において障害のある児童生徒に教育支援を提供するためのストラテジーに関して懸念材料が全くないということでもありません。学校が指導や学びについてのこれまでの指針の再検討や刷新にあたり、疑問や懸念が生じるのは予想できる反応です。重要なのは、管理職が、自分たちの信念の強さ（あるいはその欠如）が教員の信念や行動にどのように影響を与えるかを熟考するということです。もし校長が学校の統率に向けた取り組みをするなかで、インクルーシブな考え方がその中核を成しているのであれば、それはそのままその学校の教員や学校職員の主柱となるはずです。

┃コ・ティーチングについての理解

　管理職が理解すべきコ・ティーチングの三つ目の側面は、コ・ティーチングそれ自体に関することです。管理職の方々は、コ・ティーチングという教育サービス提供の手段が持つ数多くの側面をすべて分析すべきです。そうすることで、コ・ティーチングに関するさまざまな事柄を、教員と話し合い、保護者に説明し、また、問題が生じたときには問題解決を図る心構えができるのです。そして何よりも、今時の校長には、自らもコ・ティーチャーとして授業を受け持っていたことがあるという方々が多いため、自分がコ・ティーチ

ングに関して知っていることを最新の情報に照らし合わせてみる必要があります。たとえば、最新のコ・ティーチングは通常教育課程に特別に考案された指導を組み入れることを重視しており、これはどちらかと言えばここ数年の取り組みではありますが、成果をもたらすコ・ティーチングには欠かせないものになっています。自分たちの時間の大半をチームづくりに費やす、役割交換ができる、など、コ・ティーチャーにまつわる旧来の考え方は手放さなければなりません。ご自身のコ・ティーチングに関する知識を確認してみるためにも、他の章の内容もぜひ見返してみてください。

明確に打ち出したコ・ティーチング構想

　管理職の方々は、コラボレーションやインクルージョン、そして、コ・ティーチングについての知識を深めるとともに、自分たちがコ・ティーチングプログラムに抱いている構想を明確にする必要があります（Villa, Thousand, & Nevin, 2006）。この構想というのは、どのようにして自分たちの学校がすべての児童生徒に教育の支援やサービスを提供するのかという全体像を見通せるものでなければなりません。そこには、障害のある児童生徒だけでなく、英語学習者である児童生徒やギフテッド／タレンティドの児童生徒を対象にした支援やサービスも含まれるべきです。コ・ティーチングについての構想は、ここから数年間で何ができるだろうかという発想を生み出しますし、コ・ティーチングを学校全体の大きな枠組みの中に位置づけることにも役立ちます。理想的には、コ・ティーチングが学校の戦略的計画や改善計画の過程の一部になることが望まれます。

明確なメッセージ

　コ・ティーチング指導の体制を確立するうえで、基本となるもう一つの要素は、コ・ティーチングについての構想を、教員、学校職員、学区レベルの管理職、そして地域に理解してもらうことです。たとえば、校長は、コ・ティーチング授業が始まれば、初めはボランティアの方々に頼ることもあるはずだが、いずれはコ・ティーチングや他の教育サービスも校内の教育指導に関わるあらゆる業務と同じように携わってもらうようになる、という見通しを明確にしなくてはなりません。

　このメッセージを明確に伝えるためのストラテジーは数多くあります。たいていは、そのようなストラテジーは建設的なものになります。すべての児童生徒を指導する責任について省察し、共同で教育指導にあたる同僚との関係性を強めるために、教員に夏期ワークショップに参加することを要請する校長の方々もいます。また、コ・ティーチャーがより多くの学会に参加したり、他の学校のコ・ティーチング授業を視察に出掛けたりできるよう取り計らう管理職の方々もいます。また、教員全体に対して鼓舞激励する一方で、コ・ティーチングに消極的な教員に対しては個別ミーティングを設ける管理職の方々もいます。ある校長は、ある学年の数名の教員からコ・ティーチング指導に携わることを拒否

されたことがあります。それらの教員に他の授業を見学する時間を与え、学年団チームの一員として動くことの重要性について話し合い、コ・ティーチングは実施されることになる、つまり、ここに選択の余地はない、ということをそれらの教員一人ひとりに勧告した後、この校長は、不本意ながら、この3名の教員のうち2名を別の学年に移動させました。この措置は厳しいようにも見えますが、この校長の意図は明確であり、非常に適切な対応策をそれまでこれらの教員方に示してきた校長としては、こうするより他に選択肢はありませんでした。

　ある高校の校長は全く異なる方法を用いました。就任して3年目のこの校長は、通常学級教員に、アドバンスト プレースメント コース（advanced placement courses; 訳注：APプログラムとも呼ばれており、高校生に大学の初級レベルのカリキュラムや試験を提供するプログラムのこと）の生徒たちの指導にあたっている教員は、そのまま全員コ・ティーチング授業も受け持ってもらうようになるということを伝えました。この校長の方針は、勤続年数の長さなどによる年功や、専門領域、授業に対する希望に捉われず、教員全員が生徒全員に対して指導責任があることを明確に伝えるものでした。

▋視覚に訴えるリマインダー

　校長や他の管理職の方々は、視覚に訴える形でコ・ティーチングは優先事項だということを示すことで、教員全員に理解してもらうことができます。一日の大半の授業を一緒に受け持つコ・ティーチングパートナーのために、二人の名前が入ったネームプレートを注文してもいいでしょう。また、教員との週ごとの情報交換の場や、学年、チーム、部門ごとのミーティングでコ・ティーチングに関する事柄を取り上げることもできます。さらに、職員会議の場で、コ・ティーチャーの方々に自分たちの指導に関する最新の状況報告をしてもらうということもできます。校長会で成績データについて討議する際に、コ・ティーチングのクラスの成績をクラス別に集計し、コ・ティーチングが児童生徒の学習に及ぼす影響を示す手段として提示する方法もあります。最後に、コ・ティーチング実践の向上に関する情報を、学術文献、ウェブサイト、学会で手に入れた印刷資料などから抜粋して、教員全員に提供することもできます。これらのリマインダーの大事な点は、教員全員がコ・ティーチングを教育のプロとしての自身の役割や責任の一つとして考えられるようになるということです。

　コ・ティーチングに関して造詣が深く、また、コ・ティーチングが児童生徒の学習能力を高める可能性に対して確固たる意志を持って取り組む校長や他の管理職は非常に貴重な存在です。そのような方々は、コ・ティーチングのロジスティクスに現実的に取り組み、コ・ティーチング指導プログラムの構築と維持を後押しし、問題が生じれば教員の方々と協力して果敢に取り組みます。たとえ教員やスペシャリストが思うようには成果を上げられないことがあっても、創意工夫に満ちたコ・ティーチャーになれるようやる気を引き出

し、その努力に報います。こうした指導者の行動があってこそ、教員の方々が、自分たちなら児童生徒の可能性を最大限に引き出すことができると確信する非常に協力的な職場環境が出来上がるのです。

●コ・ティーチングのスケジュール設定●

　おそらく、コ・ティーチングを十分に理解し、揺るぎない意志をもってコ・ティーチングに関与しているということを最も身近な例で示すと、スケジュール設定についての基本的な理解がある、ということになります。コ・ティーチングの実施とともに、スケジュール設定に関係する数多くの問題が持ち上がりますが、管理職の方々はそれらの問題を対処するうえで欠かせない存在です。コ・ティーチングを行うクラスへの児童生徒の割り当て、コ・ティーチングを担当する教員の決定、コ・ティーチャーのプランニング時間の調整などがその例です。

▌クラス編成

　コ・ティーチングのスケジュール設定に関して、最も頻繁に指摘される問題の一つが児童生徒に関することです。たとえば、障害や他の特別なニーズのある児童生徒の中でどの児童生徒がコ・ティーチングクラスに向いているか、一つのコ・ティーチングクラスに何人在籍させるか、一つのコ・ティーチングクラスに何人の障害のある児童生徒や英語指導が必要な児童生徒を割り当てるか、それらのコ・ティーチングクラスにどの一般児童生徒を割り当てるか、などが挙げられます。これらの問題に対処する出発点として、このようなスケジュール問題に対して切り札のような解決策を提案する研究は実質的に存在しないということを知っておくべきでしょう。解決の切り札がない代わりに、国の政策やこれまでの訴訟を通して設けられてきた基準、そして、30年余もの長きにわたり多くの教員の方々と連携してきた私自身の経験が、以下のガイドラインの根拠となっています。

障害のある児童生徒や他の特別なニーズのある児童生徒のなかでコ・ティーチングが有効なのはどの児童生徒か　もし資源が無限にあるなら、コ・ティーチングはほとんどすべての特別なニーズのある児童生徒に恩恵をもたらすはずです。現実には、教員は児童生徒一人ひとりにとって最良の指導方法を決めるにあたり難しい決断をくださなければならないことがあります。障害のある児童生徒の場合、学校によっては、「あと少しの支援」が必要な児童生徒に「勉強するようはっぱをかけて」でも学年末試験の目標に到達できるよう、コ・ティーチングの実施を決めるところもあります。これは理解できないことではありませんが、たいていは、そのような児童生徒には、力量のある通常学級教員や適切なアコモデーション、同級生あるいは場合によってはパラプロフェッショナルからの援助、そして、

おそらく、わずかな程度でも個別指導が何としても必要になってきます。これに加えて、コ・ティーチングが有効な児童生徒を判断するもう一つのアプローチとしては、コ・ティーチングの授業を実施しなければ、通常教育課程の授業を受けることができない児童生徒がいるか、ということです。ここに当てはまるのは、アコモデーションやわずかな支援では十分でない児童生徒です。たいていの場合、このような児童生徒をコ・ティーチングのクラスに割り当てるのは特別支援教育のさまざまな専門的技術を活用できる賢明な判断です。もちろん、児童生徒の各 IEP チームは、担当している児童生徒のクラス配置に関する決定について責任があります。

　英語言語プログラム（EL program）にいる児童生徒の場合、クラス配置の判断に関する文献はほとんどありません。しかし、アメリカに移住したばかりの児童生徒や英語力が不足している児童生徒は、別個の場での何かしらの言語教育サービスが必要であることを指摘する研究者もいます（Honigsfeld & Dove, 2010、など）。けれども、英語言語指導の初歩段階を越えたのであれば、コ・ティーチングを、イマージョン方式での言語学習（immersion language learning）の一つの選択肢として検討すべきでしょう。

　最も大事なことは、コ・ティーチングクラスへの児童生徒の配置については、学習効果を最大にするということに焦点を当てながら、それぞれの児童生徒の IEP チームが判断すべきだということです。コ・ティーチングだけで学習成果が上がる児童生徒もいますし、コ・ティーチングの授業は受けずに別個の環境でのほんの少しの個別指導や他の教育サービスを受けることで結果が出る児童生徒もいます。コ・ティーチング授業と別個の環境での教育サービスの両方を受けられるようにする児童生徒もいます。なかには、ほんの一握りの数ですが、通常学級から離れた場所で集中的なコアインストラクションだけを受けさせるのが現実的な選択肢である児童生徒もいます。教育者の方々にぜひ留意していただきたいのは、どの児童生徒がコ・ティーチング授業を受ける対象になるかをあらかじめ決めるためにチェックリストや他の様式を作成するのは、チームとして、児童生徒個々のニーズに照らし合わせて判断する、という法的な要件を侵害しているとみなされる可能性があるということです。

一つのコ・ティーチングクラスにはどのくらいの在籍数が適切か　学校によっては、コ・ティーチングクラスの在籍数を、他の同様の科目のクラスよりも低く抑えるという対応をしています。その背後にある根拠は、児童生徒の何人かは複雑な学習ニーズがあるという事実をクラスの在籍数を少なくするということで補うということです。他地域によって、その逆の例もあります。つまり、教員が 2 名いるという理由で、コ・ティーチングクラスの在籍数が通常のクラスの在籍数よりも多くなる傾向も見られます。一般的に、どちらのやり方も、人数配分の公平性や指導効果に関連する諸問題を引き起こす可能性があります。もし児童生徒の移籍が多い学校であれば、コ・ティーチングクラスを受けるに適格な児童

生徒が入学してきた場合に備えて、コ・ティーチングクラスの年度初めの在籍数を他のクラスよりも少なく設定しておくこともあります。しかし、教育施策の全般的な指針では、コ・ティーチングクラスの在籍数は同学年の他のクラスや同じ科目を教える他のクラスの在籍数とほぼ同じとすべきだとされています。

一つのコ・ティーチングクラスに障害や他の特別なニーズを持つ児童生徒の適切な人数はどのくらいか　同学年にいる障害のある児童生徒、または、特定の主要教科の授業を受ける障害のある児童生徒をまとめて一つのクラスに割り当てる学校がなかにはありますが、そうなると、そのクラスの60、70、あるいは80％、またはそれ以上の割合の児童生徒は障害のある児童生徒だということになります。これでは、コ・ティーチングクラスを設けるにあたっての全体的な目的、つまり、障害のある児童生徒が障害のない児童生徒と共に、同じ通常学級の授業を受けられるように、という意図を損ねてしまいます。全般的に見れば、コ・ティーチングクラスでの障害のある児童生徒の占める割合は約20％（小学校）から33％（高校）以下であることが推奨されています。ただし、この指針はおおよその目安です。児童生徒の行動に関するさまざまな問題や学習ニーズの程度、総体的なクラスの規模、州の政策や指針、実施可能なコ・ティーチングでの授業数といった諸要因が、一つのコ・ティーチングクラスに割り当てられる障害のある児童生徒の人数に影響するかもしれません。

　英語学習者である児童生徒に関しては、学校の総在籍数が比較的少ない（15～20％以下）場合、上で述べた割合が望ましいとされています。もし英語学習者である児童生徒の在籍数の割合がこれよりも多い学校の場合は、一クラス当たりの割合をやや多くする必要があるかもしれません。もし英語学習者である児童生徒の人数が非常に多い学校であれば、英語の習熟度をもとに学級編成を（特に小学校においては）行うとよいでしょう。こうすることで、教員のコ・ティーチングスケジュール設定に関する問題をさらに増やすことなしに、教育サービスの提供を適切に調整することができます。

どの児童生徒をコ・ティーチングクラスに割り当てるべきか　コ・ティーチングが基本的に前提としているのは、コ・ティーチングクラスは、特別なニーズのある児童生徒たちが、その学校に在籍する児童生徒の全体像を反映するかのごとく実にさまざまなタイプの児童生徒に囲まれた構成になっているということです。残念なことに、クラス編成においてこの前提が見落とされたり、意図的にないがしろにされたりするということがよくあります（Burris & Welner, 2005、など）。小学校によっては、リーディングに困難のある児童たちが、（研究で推奨されている）集中的なリーディングスキル指導を受けるためのグループに一まとめにされるだけではなく、国語のブロックスケジュールの授業時間中ずっと他のリーディングに困難のある児童たちと過ごすため、同級生を手本にしながら読み方を学

ぶという機会をほとんど持てない児童生徒もいます。中学校では、最も成績の低い生徒た
ちが一つチームとしてまとめられ、あらゆる意味で「事実上の」隔離された特別支援教育
クラスの体をなして、授業から授業へと集団で移動することも少なくありません。高校で
は、レベル別のコースを設けることもあります。たとえば、9 年生の英語が標準コースだ
とすれば、英語基礎（Foundations of English）という科目名がつけられた別のコースを、
より「基本的な」スキルを扱うために設けるということもあります。生徒が成績別にクラ
スに割り振られれば、トラッキング（tracking：能力別学級編成）の構造があっという間
に出来上がります。どの学年に限ったことではないのですが、カウンセラーが、学習や行
動に問題があると思われる児童生徒をすべてコ・ティーチングクラスに割り当てる理由と
して、「でも、そのクラスには先生方が二人もいるじゃないですか…。」と言うのはよくあ
ることです。

　もし今挙げたパターンのうち、いずれかがご自身の学校でも同様に見られるのであれば、
特に、成績格差の縮小という意味において、コ・ティーチングを継続できる可能性は低い
でしょう。教育課程が求める授業の進度を維持することはほとんど不可能になりますし、
教員の方々も教員として必要とされる厳格さを保とうと努力することに嫌気を感じ始め、
また、児童生徒たちも出来の悪い生徒たちが集まるクラスに入れられたと感じることも多
くなります。クラスにいる児童生徒の構成が十人十色であれば、こういった問題が起きず、
また、児童生徒も目標に向かって前進するものです。

▎コ・ティーチングのための教員配置

　教員や管理職の方々から、通常の教員配置に加えて、特別支援教育専門教員や英語指導
専門教員を増員配置しないことには、コ・ティーチングを実施することができない、との
指摘が上がることがあります（Rix, Sheehy, Fletcher-Campbell, Crisp, & Harper, 2015、
など）。これは、特に、特別支援教育専門教員が 30 名以上の児童生徒を担当するケースマ
ネージャーである場合、または、英語指導専門教員が 40 名以上の数の児童生徒を受け持
つ場合、確かにそうであろうと思います。しかし、特別支援教育専門教員の担当する児童
生徒の数が 25 名以下、英語指導専門教員の担当児童数が 30 名以下ならば、どれくらいの
頻度で、また、どの教科でコ・ティーチング授業を行うべきか、そして、現時点の人員を
最も効果的に活用するにはどうすればよいか、といったことに焦点を当てて頻繁に話し合
う必要があります。以下に挙げる案のなかには、実施できるかどうかは州や地域の政策に
よるというものもいくつかありますが、いずれも、現在の人員でコ・ティーチングを実施
するための考え方です。これらの案は組み合わせることもできますし、特定のニーズに合
わせて活用することもできます。

　❧　スペシャリストは、自分たちが担当している児童生徒のみを指導することが習慣に

なっているため、教員の配置が問題になることがあります（私は初級の生徒全員を担当していて、私の同僚の先生方は中級の生徒全員を担当しています：私は９年生を受け持っています、など）。さまざまな方法を取り混ぜてもいいかもしれません。たとえば、小学校で、もし特別支援教育専門教員２名で、または、英語指導専門教員２名で、プルアウトサービス（pullout services: 引き抜き型サービス；訳注：日本の取り出し型授業に近い）がほぼ一日中利用できるように、互いに授業が重ならないようにスケジュールを調整すれば、より集中的な指導が必要な児童はそのプルアウトサービスを受けることができますし、一方で、コ・ティーチング授業も行うことも可能です（一日を通して、児童全員を対象に、ではありませんが）。こうすれば、二人とも（片方だけ、ではなく）数名の児童生徒に指導を提供することができます。高校であれば、コ・ティーチング授業を担当の生徒によってではなく教科によって分担すべきです。たとえば、一人のスペシャリストが英語の授業（全レベルの）でコ・ティーチングを行い、もう一人の別のスペシャリストは数学の授業（全レベルの）でコ・ティーチングを行うということです。この二人のスペシャリストは、それぞれ、相手が担当する生徒たちを自分の授業で教えることになりますが、コ・ティーチングは、生徒の学業成績や他のさまざまな目標に良い影響を与える可能性がはるかに高いのです。

❀ 学校によっては、教員配置の問題に対する解決策として、コ・ティーチングの頻度を変えるところもあります。たとえば、コ・ティーチング授業を５日間のうち４日行い、残りの１日分の時間帯を他の教員との話し合いや授業観察に割り当てます。コ・ティーチングの頻度を変化させる方法の他の例は第６章にもあります。

❀ 他にも、パラプロフェッショナルの支援を受けるという対応策もあります。たとえば、ある中学校の世界言語のクラスは、コ・ティーチャーを必要としないため、パラプロフェッショナルが支援を提供するためにそのクラスに入ることも可能です。高校の職業訓練や芸術に関連するクラスに関しても同様です。

❀ 他の状況での支援策についても考えてみましょう。小学校であれば、保護者ボランティアが教室で支援を提供することが可能です。これは、明らかに、特別支援教育サービスや英語指導サービスではありませんが、差し当たり人手が足りない、というのであれば、特別支援教育や英語指導のための支援は必要ないでしょう。高校や大学が近くにある中学校であれば、教員を目指す学生を支援する組織団体や学生インターンが同じようにボランティアを引き受けてくれるかもしれません。高校であれば、必修科目をすべて終えた生徒向けにサービスラーニング（service learning）

の科目を設けることもできます。このサービスラーニングコースを受講する生徒は、自分たちがすでに受講し終わっている科目で、数名の生徒たちの個別指導や、教員の助手として生徒たちを全般的に援助するティーチングアシスタントの役目を任されます。コ・ティーチングが必要でない場合には、他のさまざまな形でのピア チューター（peer tutoring）による支援を活用してもいいでしょう（McMaster, Fuchs, & Fuchs, 2006）。これらの対応策は、特別支援教育サービスの提供とはみなされませんが、教科によってはこういった対応で十分な生徒たちもいます。また、これらの対応策を取ることで、スペシャリストは、特別なニーズのある生徒たちがコ・ティーチングでの授業や教員が単独で教える授業を受ける際に必要な特別に考案された指導を行わなくてもよいことになります。

　これらの提案を参考に、ぜひコ・ティーチングのための教員配置に関わる問題を検討する際にはぜひ建設的な解決策を工夫してみてください。これは、多くの場合、教育サービスを提供するために用いてきた既存の教員配置の構図にとらわれずに物事を考えることや、学校で利用できるすべての支援を最大限に活用するということを意味します。もちろん、どのような教育サービスをどの程度提供すべきかについては、児童生徒の IEP や ILP を的確に反映させなければなりません。

▌コ・プランニング時間を見つける工夫

　コ・ティーチングのスケジュール設定に関して、最も頻繁に指摘される問題が、共通のプランニング時間についてです。プランニング時間の使い方に関しては第6章で詳しく検討した通りです。本章が重視するのは、プランニング時間をどのように調整するかについてです。本書が支持するプランニングモデルは、毎日、あるいは、週ごとに行うプランニングではなく、通常不規則な間隔（つまり、少なくとも3週間か4週間に1度）でのプランニングの実施を提唱するものだということを踏まえながら、管理職や教員の方々が連携して作業を行うための機会を生産的につくる方法を以下に挙げていきましょう。

夏期に行う早期プランニング　本項に挙げる他の提案とはやや異なりますが、夏休みの期間中にプランニングを行い、新年度に向けて早めにスタートを切るのは、特に、新しいコ・ティーチャーの方々には非常に効果的です。新年度に向けてのプランニングは、少なくとも2、3時間、時には半日やそれ以上に及ぶことがあります。その時間を使って、コ・ティーチャーは互いのことを理解し、自分たちのコ・ティーチング授業を成功裏に始める方法を検討し、学校が始まって最初の1ヶ月分の概略計画を立てることになります。夏期に行うこのようなプランニングのための財源は、多くの場合、IDEA や連邦政府による教育資金プログラムから拠出されます。また、職能開発プログラムや教育課程計画基金、そ

の他、同様の財政的支援を通して資金を調達することもあります。

手当を伴う放課後のプランニング　年度が始まってからは、勤務時間外にプランニングの予定を入れて、その所定外勤務に対して何かしらの手当を受け取ることが最も簡単な解決策だと考える教員もいます。次の2通りの方法が妥当でしょう。（a）契約外業務に対する手当として受け取る、または、（b）教員としての資格を維持するために獲得しなければならない職能開発訓練の単位としてカウントする。

　一つ目の選択肢では、コ・ティーチャーは、勤務時間前か放課後または週末などの労働時間外の時間を利用して、1ヶ月のうち所定の時間ミーティングを行うことに同意します。コ・ティーチャーはこの時間外労働に関する説明責任を示すために簡単な書類に記入し、時給換算でプランニングに使った時間に対する手当を受け取ります。この手当は、教員の総所得額に大きな違いをもたらすほどではありませんが、コ・ティーチャーには、他の教員が授業のプランニングを行う以上に、プランニングに対して責任があるということを認めるものでもあります。二つ目の選択肢である職能開発訓練の単位も同様の意味合いがありますが、コ・ティーチャーは自分たちが行ったプランニング時間に対して単位を獲得することができます。もし、ある学区で、教員が1単位を獲得するのに、たとえば、12時間の職能開発訓練を受けることを義務付けているのであれば、コ・ティーチャーは、所定の書式に勤務時間外で行ったプランニングの記録を取り、プランニングミーティングに費やした時間を証明する書類を示すことにより単位を受け取ります。コ・ティーチングの拡大に力を入れている学区ともなると、教員がプランニングをしながらアイデアを共有できるように設けた会場に集まれるように、単位が得られる放課後プランニングセッションがあるということを全教職員に周知します。このようなセッションの場所は、誰にとっても利便性の良いものにするため、月によって変更することがあります。

職能開発訓練の時間を代用　多くの学区では、年間を通して数回、教員対象の職能開発訓練日を設けます。学区のなかには、コ・ティーチャーが、その職能開発訓練に参加するのを毎回数時間免除してもらうことができるところもあります。この時間を利用してプランニングを行うためです。このやり方には、プランニングが日中に行われるということ、そして、超過分の財源を確保する必要がないという利点があります。しかし、その職能開発訓練で扱われるテーマによっては、受講しないことで何らかの支障がでるかもしれません。

臨時教員の活用　学校改革や説明責任が求められる今の時代ですが、以前は、コ・ティーチャーがプランニングできるように、臨時教員に代わりに授業に入ってもらうことは比較的よくあることでした。しかし、このやり方は指導力のある臨時教員やその財源を調達しなければならないという明らかに現実的な欠点があることに加えて、多くの難点がありま

す。学力到達基準が上がったことで、管理職の多くは、教員がコ・ティーチングのプランニングのために授業を抜けるのを許可することに消極的になり、教員もまた、このことを同じように心配しています。加えて、臨時教員に授業を任せてコ・ティーチングのプランニングを行うとなると、コ・ティーチャーは前もって適切な学習活動を計画し、プランニング会議が終わった後に、それらの学習活動がしっかりと行われたかを確認しなければなりません。多くの教員は、授業を抜けてプランニングをするためにこうした時間を費やすのであれば、もはや授業を抜ける意味がないと考えています。

　もし、ご自分の学校で、臨時教員を活用するという選択肢があるのであれば、それを合理的に行うための提案がいくつかあります。まず、コ・ティーチャーは、パートナー同士で臨時教員を共有することに互いに同意します。たとえば、ある月には、臨時教員は通常学級教員の代わりに授業に入り、特別支援教育専門教員や英語指導専門教員はすでに予定に入れていたプランニングの時間または昼食の時間を使って、通常学級教員とミーティングを行います。その翌月には、その臨時教員は特別支援教育専門教員の代わりに授業に入り、通常学級教員が予定していたプランニングの時間を使い、二人でミーティングを行うというやり方です。この方法ならば、どちらの教員も児童生徒といる時間をそれほど多く失わなくてすみます。次に、臨時教員が、9、10、11月など、特定の時期にこのような仕事が入ることになっているということを、8月の時点で知ることができるように、年度初めにこのようなコ・プランニングミーティングの日時を設定しておくといいでしょう。この臨時教員がこの学校の授業に合わせてスケジュールを確保しておくことができるからです。同時に、コ・ティーチャーは、マクロプランニングの日程が予測可能になるため、自分たちで、そして、管理職と共に、その臨時教員の時間を活用するのに最適な方法をあらかじめ話し合って決めておくことができます。地域によっては、コ・ティーチング授業を受け持つ教員の欠勤により臨時教員が出勤した場合、欠勤したその教員がプランニング会議にでる予定だった時間帯には、臨時教員が代わりに出席することになっている学校もあります（つまり、臨時教員は、通常、プランニング時間を持つことは認められておらず、このような場合、別の授業に入るよう求められる可能性もあります）。

教職員同士のコラボレーション　一人ひとりが協力し合えば、コ・ティーチャー双方にとって都合のつくプランニング時間を見つけることははるかに容易になります。たとえば、いくつかの学校では、校長と副校長が、プランニング時間が必要な一組のコ・ティーチャーのために、毎週1回の授業分または一定の時間、代わりに授業を引き受けています。また、コ・ティーチャーの片方が予定に入っていたプランニング時間を使い、もう片方は管理職から授業を外してもらう、あるいは、コ・ティーチングパートナーとして教えている時間であればそこに代わりの教員に入ってもらってミーティングを行っています。メディアスペシャリストやリテラシー（読み書き）コーチといった他の教職員も、コ・ティーチ

ングのプランニングをやりやすくするために少しの時間を提供することもあります。クラスを受け持っていない校長や他の教員ももちろん多忙ですし、多くの職務を抱えていますが、このようなやり方をすれば、協調的な学校文化が育まれ、教員は皆、教室で有意義に時間を使うことができますし、コ・ティーチャーの方々も本当に支えられていると実感できます。

　他にも、さまざまな形で対面プランニングを後押しすることができます。たとえば、一部の高校では、主に、コ・ティーチャーのプランニング時間を確保するために追加の業務に従事した教員に対して、手当を支給しています。たとえば、プランニングできるようにコ・ティーチャーを授業から外し、代わりにその授業に入った教員が手当を受け取るというものです。他にも、コ・ティーチャーの方々とプランニングを行う時間を持てるように、諸担当業務（廊下で児童生徒の行動や不法侵入等を監視する業務、児童生徒のスクールバスの乗降を監視する業務、自習室での監視業務）を免除する学校もあります。また、特別支援教育専門教員が2名以上勤務する学校のなかには、通常学級教員がコ・プランニングの時間を持てるようにするために、特別支援教育専門教員方が交代で授業に入るところもあります（Dieker, 2007）。たとえば、4週間に1度、ペアを組んでいるコ・ティーチャーの片方が別のペアのコ・ティーチャーの代わりに授業に入ります。同じペア同士で代役を相互に交代し合うこともありますし、また別のペアのコ・ティーチャーの代役を引き受けるということもあります。その結果、コ・ティーチング授業を担当する教員ペアの方々の間で授業を代行し合う輪が順々に繋がっていき、コ・ティーチング授業に関わる教員全員が、かなりの授業時間を失わなくても、プランニングの時間を確保することができています。

コ・プランニングを実施するためのさまざまな方法　発想豊かな管理職や教員の方々は、コ・ティーチャーがコ・プランニングの時間を準備できるよう、他にも数多くのストラテジーを考え出してきました。

❊　多くの小学校の校長は、一つの学年の教員全員に、同じ時間帯に芸術系の授業（美術、音楽、体育、読書、技術など）を割り当てるよう調整しています。特別支援教育専門教員もこの時間は受け持つ授業がありません。4週間に1度、この学年の教員が揃って学年関連の諸作業に取り組む傍ら、この学年のコ・ティーチャーはこの時間を使って具体的なプランニングを行います。もちろん、特別支援教育専門教員が担当する授業が複数の学年にまたがっている場合には、その学年のコ・ティーチングパートナーとプランニングするため、別の日程調整が必要となります。

❊　いくつかの学区では、学校の行事予定に、児童生徒の遅登校指定日や早下校指定日

を定期的に（週に1日という学校もあれば、一学期に1日という学校もある）組んでいます。これらの学校では、授業日を幾分延ばして設定しているため、遅登校や早下校日に、教員が、職能訓練、会議、その他の重要な学校活動に時間を使うことができます。コ・ティーチングのプランニングもこの時間を利用して行われることが多くなっています。

　スケジュールを組む作業は、それが児童生徒用であれ、教員用、あるいはコ・プランニング用であれ、答えのないパズルを解こうとしているようなものです。しかし、学校教育のプロである教職員の方々が最善策を共有するために協力し合い、その連携作業が常に児童生徒の学力向上を目指すという信念に則っているなら、ニーズにうまく対応し理に適ったスケジュールや業務の割り振りに工夫を凝らす努力は十分に報われるものです。プランニングのスケジュール設定に対する配慮は、コ・ティーチングの持続的な発展に多大な影響を与える可能性があるため、管理職の方々にとっては優先事項であるべきです。

●コ・ティーチングプログラムの開発、実施、および評価●

　アメリカ国内で、コ・ティーチングがどのように実施されているかや、コ・ティーチングがどの程度特別支援教育や他の学校教育サービスに組み込まれているかは学校や学区によって大きく異なります。もしご自身の学校あるいは学区が、現在コ・ティーチングプログラムの開発を進めている最中であれば、本項に記載している内容は、さまざまな問題を最小限に抑え、実践の成果を最大限に引き出すことのできる方法でコ・ティーチングプログラムを開発するためのガイドラインとなるはずです。もしご自身の学校のコ・ティーチングプログラムがすでに定着しているのであれば、本項の内容は、そのプログラムの拡充や改善、再構築についての判断や、もしかすると、プログラム開発に邁進しようという新たな決意を促す提言として役立てていただけるはずです。

　学術文献には教育プログラム開発の手本となる数多くのモデルが提案されていますが（Hord, Rutherford, Huling-Austin, & Hall, 1987; Glennie, Charles, & Rice, 2017、など）、この手の研究のほとんどは、本書のテーマであるコ・ティーチングプログラムやサービスを取り上げているかはさておき、いかに学校に変化をもたらすかという視点に基づいた研究です。これは、多くの学校の指導者が慎重に考察を続けているテーマです（Fullan & Quinn, 2016）。このことを念頭に置きながら、以下の項では、一般的な教育プログラム開発に関する情報に焦点を当てるのではなく、コ・ティーチングに特化したさまざまな話題やコ・ティーチングプログラムを設けたことで生じるさまざまな課題を取り上げていきたいと思います。

▌コ・ティーチングプログラムの開発

　コ・ティーチングプログラム開発の第一歩となるのが、本章の冒頭で述べた、管理職の知識と責任ある関与です。管理職の方々は、たとえコ・ティーチング実践についてかなり詳しいと自認していても、現代のコ・ティーチング構想をどれだけ把握しているのかを批評的に自己分析し、最新のコ・ティーチングに関する情報を求め続ける時、プログラム開発に向けて最も効果的に始動できるものです。そして、プログラム開発に向けて初めの一歩を共に踏み出すのが学区レベルの指導者の方々の知識とスキルです。指導する立場にあるすべての方々がコ・ティーチングについて等しく理解していれば、学区レベルの部局間の連携や必要資源の適切な配分ははるかに行いやすいものになります。

　規模の大きい学区では特に注意を払う必要のある重要事項が1点あります。しかし、これはいずれの規模の学区の方々も知っておくに越したことはありません。その重要事項とは、学術文献にも裏付けられているように、コ・ティーチングの実施に対する校長の説明責任についてです。もし、コ・ティーチングプログラム開発が、学区内の児童生徒への教育サービス提供を目的としているのであれば、各学校現場の管理職の方々に対しての期待値も含め、コ・ティーチングプログラムの実践はこうあるべきであるということを示す最低限の許容基準（もちろん、サポートしながら）を明確にする必要があります。学区単位でのコ・ティーチングプログラムの構築を図る多くのプロジェクトを見てみると、校長が自らコ・ティーチングを進んで受け入れ、それを適切に実践することが自分たちの学校の力量を表す一つの尺度になるということを心得ていれば、プログラムの開発は急速に進展し、また、想定した結果を生み出すものだということがよくわかります。

　他にも、たくさんの要素が強固なコ・ティーチングプログラムの開発に重要な役割を果たしています。その最たるものを以下に挙げていきましょう。

コ・ティーチングプログラムを開発する目的を明確にする　端的に言えば、もし、誰かが、―それが教員、地域住民、学校教育長のどなたであっても―、なぜコ・ティーチングプログラムを設ける必要があるのですか、と尋ねたなら、皆さんは何と答えますか。あまりにも多くの児童生徒が通常学級外の学習環境で何時間も過ごしているからという理由ですか。障害のある児童生徒の学業成績が低迷しているからですか。それとも、コ・ティーチングが、障害のある児童生徒や英語学習者である児童生徒対象の教育サービスを新たに取り入れようとする州や地区の教育戦略の一つになっているからですか。プログラムが定着したとき、成功を遂げているコ・ティーチングプログラムとはどのように見えているものでしょうか。つまり、成功をもたらすプログラムの構想とはどのようなものでしょうか。管理職は、「なぜですか」という問いに対して、二つないし三つのレベルの回答を用意しておくべきです。一つは、要を得た簡潔な回答、もう一つは、さらに詳しい情報を提供する回

答、そしてもう一つは、具体的かつデータに基づいている回答です。

コ・ティーチングが学校そして／または学区の目標や戦略計画に不可欠であることを明確に説明する　なぜコ・ティーチングが行われているのかについて明確な理由を持つことと同じくらい重要なのは、その理由を、学校や学区が立てている目標の枠組みの中で説明することです。これをプログラム開発当初から行うことで、コ・ティーチングを学校改革／改善とかけ離れたものではなく、むしろ、その一部分にすることができます。場合によっては、電子掲示板に自分たちの意見を投稿する、互いの見解がどのように異なるかを皆で確認し合う、コ・ティーチングが学校や学区の設定目標達成にいかに役立つかについて皆の意見の一致を目指した取り組みをする、といったことを行いながら、教員や他の職員の方々に学校改革／改善の一部としてのコ・ティーチングについて議論してもらうのも一案です。

教員をプログラム開発計画に参加させる　変化に対する賛同は参画してもらうことで得られるものですが、コ・ティーチングプログラムの開発に際してはこれが特に当てはまります。コ・ティーチングプログラムの計画を合理的に進める一つの方法としては、まず、そのプログラム構想の指揮を執るチームを作ることです。その開発計画チームには、コ・ティーチングの導入をこれまでずっと望んできた方々とコ・ティーチングに懐疑的な見方をしている方々のどちらも含むべきでしょう。新しいコ・ティーチングプログラムの立ち上げがもたらす影響は、時に、想定以上の波及効果を生むことがあるため、教育サービス提供関係者、パラプロフェッショナル（プログラムの目的や状況的要因によっては）、保護者や管理職も含めたチーム構成にすることを推奨します。このチームはプログラムの作成や特定された問題点への対処を行うため定期的に集まることになります。また、自分たちの思考を育み、開発に向けた作業を円滑に進めるために、コ・ティーチングプログラムがしっかりと定着している学校を訪問してみるのもいいでしょう。

コ・ティーチングの初年度実施目標を設定する　開発計画チームがコ・ティーチングプログラム初年度の実施目標を決めることになります。学校規模での実施ではなく小規模で始めるのが一般的な進め方です。小規模で始めれば避けられない課題が生じたとしても、学校全体に影響を及ぼすことなく対処することができます。コ・ティーチングは、革命というよりも進化として進めていくのが最善の策のようです。

　最初はどの程度の規模で実施するかを話し合ったなら、次に具体的な方法について検討することになります。コ・ティーチングは一つの学年でだけから実施し始めるのか。一つの教科だけで始めるのか。特定の科目（たとえば、9学年の英語や代数Ⅰ）でだけ始めるのか。コ・ティーチングのクラス数はどの程度の見込みか。どのようにしてコ・ティーチ

ング授業実施の第1期となる教員チームのプランニング時間を準備するか。児童生徒の学習への影響として何が予測され、また、それをどのように評価するか。初年度の目標が一旦設定されてしまえば、今挙げたこれらの具体的な内容に関しては、初年度の実績と成果と課題を踏まえて調整される可能性があるということを前提としたうえで、2年目、3年目の実施予測目標を立てることができます。

　目標を設定することで、コ・ティーチングに重点的に取り組めるようになりますし、開発チームが数々の困難に直面した場合には、これらの設定目標がチームを導いてくれます。さらには、目標を設定するということは重要な指標を設定するということになります。つまり、達成したことを示す目標があるからこそ、開発計画チームメンバーや実際にコ・ティーチング指導に携わる方々が目標達成を祝うタイミングを知ることができるのです。

ステークホルダー（stakeholder: 利害関係者）側のニーズを調査する　開発計画チームの仕事には、教員、校長、教育サービス提供関係者、保護者、その他、数多くの利害関係者の方々がコ・ティーチングについて理解を示しているのか、そして、それについて疑問に思うことや気掛かりな点がないかの調査が含まれます。それでなくとも非常に多くの仕事を抱えている教員やスペシャリストの大半は、調査を実施することを考えるだけで不満の声を上げますが、開発計画チームはこの調査活動を通して、その時点まで考えもつかなかった疑問に気付かされるかもしれませんし、チーム外の人々のコ・ティーチングプログラムに対する理解度合いに合わせて開発計画を進めて行くこともできるようになります。もし、オンライン調査や筆記調査を行うことで業務負担が過重になるようであれば、代替案として、開発計画チームミーティングの時間の一部を使い、チーム案を検討するためにこれまで収集しまとめてきたさまざまな意見を参考にしながら今後のコ・ティーチングプログラムについて話し合うのも良いでしょう。保護者からの意見やアイデアを収集する方法としては、IEPミーティングで簡単な調査票を配布したり、保護者会で話し合いの場をもうけることもできますね。

コ・ティーチング授業の実施に早い段階から関わってくれる有志を募る　管理職は、コ・ティーチング授業は誰にでも割り当てられる可能性のある職務だということを教員の方々に明確にしておくべきです。しかし、プログラムが始まって最初の数年間は、コ・ティーチングに高い関心を示し、リスクを恐れない教員を募ることで、プログラムの実施や成長を円滑に進めることができます。初期のコ・ティーチング授業実施を自発的に申し出る教員が、教室で使用する物品教材用にいくらかの追加予算、専門会議に参加する機会、担当する授業に新しい技術を取り入れる機会など、コ・ティーチングをけん引するための支援の提供を受けることはよくあることです。

導入的な職能訓練研修を提供する　どの教職員も、コ・ティーチングとは何か、なぜコ・ティーチングは重要なのか、コ・ティーチングとはどういったものなのか、といった、コ・ティーチングの基本を学ぶ必要があります。また、こうした情報は、IEPを持つ各児童生徒の保護者の方々にも、IEPの見直しを行う年1回の検討会議の場で、最小制約環境（least restrictive environment: LRE）に原則に基づいた在籍クラスの決定についての話し合いの一環として広く周知してもよいでしょう。コ・ティーチング授業の先陣を切る教員の方々は、自分自身のコ・ティーチングに対する理解度の確認、教室での役割や責任についての話し合い、プランニングを行うための初期計画の作成、そして、教室でのロジスティクスやその他の事柄を話題にすることができるようになるためにも、さらに多くの職能開発訓練に参加すべきでしょう。また、他の学校や学区の視察が複数回予定されているのであれば、それらにも参加することをお勧めします。

必要な資源を確実に確保する　ほんの少し先を見越した計画があれば、プログラムの計画段階で、コ・ティーチングの実施をより容易にする数多くの手はずを整えることが可能になります。たとえば、コ・ティーチャーは、コ・ティーチング用の授業計画テンプレートを用意する必要があります。第6章や他の章で挙げた例を参考に、初回のコ・ティーチング授業を行う時点ではこのテンプレートが利用できるようにしておいてください。学校や学区は、教員の方々が、質問の投稿や同僚からの回答の受信、良い成果が見られた授業内容の共有、そして授業中の騒音やその他さまざまな問題に対応するためのアイデアの交換等ができるように、コ・ティーチングに関する話題を中心にした電子学習コミュニティを作ることを考えてみてもいいかもしれません。データ収集アプリもまた必要な資源の一つですが、どのアプリを推奨するかはあらかじめ決めておくと良いでしょう。地区レベルであれば、効果的なインクルーシブ教育を紹介するために、コ・ティーチングに関してメディアで報じるのも一案です。皆さんであれば、このリストにどのような資源を加えますか。

プログラム実施と維持

　数多くの利害関係者が関わる開発計画を丁寧に行うことで、初年度のコ・ティーチングプログラムは大きな問題も無く実施できるはずです。児童生徒のIEPにはコ・ティーチングアプローチが反映され、コ・ティーチャーの方々は自分たちの役割と責任を理解しており、特別に考案された指導やそれを通常教育課程に組み込むことについても踏み込んだ話し合いが続けられてきました。スケジュール設定に関する諸々の問題についても慎重に検討を重ねてきました。当年度が進むにつれて、コ・ティーチャーの方々はそれぞれ、コ・ティーチングパートナーとの関係性により安心感を覚えるようになりますし、児童生徒の多様なニーズに対応できるようさらに創造性を発揮するようになります。コ・ティーチャーの方々のひたむきな努力は、児童生徒の学びに勢いがつき始めるにつれ報われるこ

とになります。

　初年度に小規模でのコ・ティーチング授業を実施した後は、このプログラムがしっかりと学校の専門的な教育サービスの一部として定着するまで、2年目、3年目と規模を広げていきます。問題が生じたならば、協力体制で対応に当たります。私は以前、ある管理職の方に、今ではコ・ティーチングは学校に定着していますか、と尋ねたことがあるのですが、その方は次のように説明されました。「この学校はコ・ティーチングなしでは学校としての役目を果たせないかもしれません。さまざまな課題を抱えた児童生徒たちが持っている力を引き出す方法が他にありますか。」

　コ・ティーチングプログラムが成長し、充実していくうえで留意すべき点は以下の通りです。

プログラム初期の実施　学校の全教職員は、コ・ティーチングは障害のある児童生徒や英語学習者である児童生徒により良い指導を行うために導入されているということを理解する必要があります。しかし、初年度のプログラム展開を、パイロット（pilot: 試験的な実施）と呼ぶのではなく、第1段階（phase 1）の実施、あるいは、これに似たような表現を使うことをお勧めします。理由は簡単です。試験的という概念には、もし数々の困難に直面したならば、試験的な実施を終え、プログラムを中止する、という意味合いがあります。この意味合いでコ・ティーチングについてやり取りをするということはまずありません。段階を示す表現が使われれば、試験的という概念とは逆に、第1段階の後には、当然、第2段階が続く、というニュアンスになります。

継続的な職能開発研修　たとえプログラム初期のコ・ティーチング授業に携わる教員の方々が十分に準備を整えてきたとしても、フォローアップ職能開発訓練が必要となるでしょう。この初期のコ・ティーチングチームにとっては、フォローアップ訓練を受けることで、六つのコ・ティーチングアプローチについての自分たちの理解と活用の幅をどう広げるかを理解することができるはずです。また、ガイデッド プランニング（guided planning）研修では、教員が指導者の専門知識の助けを得ながら、今後の授業の要点を簡潔にまとめて記述する方法や、児童生徒の目標を授業に結びつける計画の立て方、特別に考案された指導（SDI）の選択の仕方、そして、そのSDIを授業に組み入れる方法などを学ぶことができます。特別支援教育専門教員や英語指導専門教員の方々は、特別に考案された指導について詳しく学ぶ必要があるでしょう。

　注意すべきことが一つあります。学校によっては、通常学級での心構えをより理解できるようにという理由で、特別支援教育専門教員が、参加対象が通常学級教員となっているあらゆる職能開発訓練に足を運ぶということがパターン化されているところがあります。参加が妥当な場合もあるはずですが、これが当たり前のことだと頭から決めてかかること

のないように注意してください。コ・ティーチングパートナーが専門とする分野の職能開発訓練に参加して多くの時間を費やすことで、自分自身の専門的スキルを今後に向けて伸ばしていくということが疎かになる恐れがあるからです。誰がどういった内容の訓練に参加すべきかについての判断はさまざまな要因によって変わるものです。

　職能開発訓練のもう一つ重要な側面は、次に続くコ・ティーチングプログラムの新たな波を準備するということです。次年度以降にコ・ティーチングを行う教員やスペシャリストの方々も、自分たちがコ・ティーチング授業を始める年度の前、なるべくならば、春の終わり頃または夏期中には、初期のコ・ティーチャーと同程度のコ・ティーチングに関する知識を得ておくべきです。さらに、教員の離職率が高い傾向にある学校や学区は、新しくコ・ティーチングを始める教員全員がコ・ティーチングについて共通の基礎知識を持てるように、管理職の方々（できれば地区レベルの）は、電子職能開発学習プログラムの開発を計画する必要があるかもしれません。

問題対応：直ちに、早めに、いずれ　立ち上げたばかりのプログラムでも、定着したプログラムであっても同様ですが、問題解決が必要になる時期がきます。年度が始まって最初の数週間の間に、2回、3回、あるいは、それよりも多い頻度で、スペシャリストの方々のスケジュールを変更しなければならないというのはよくあることです。高校では、特別なニーズのある生徒が一つのクラスに多数在籍しているため、数名の生徒の時間割を調整しなければならないこともあります。

　開発計画チームと初期のコ・ティーチャーの方々が合同で3ヶ月ごとにミーティングを開催することで、差し迫った問題や新たな課題の特定が容易になります。なかには、即座の変更を求められるものもあるでしょう。たとえば、小学3年生のクラスに在籍する一人の著しい行動障害のある児童が日増しに攻撃的になってきている、といったような問題です。一方では、児童生徒を他のクラスに移動させるなど、年度末や学期末に対応できる問題もあるはずです。他にも、対処することに越したことはないが、ニーズというよりもむしろ、本来はこうであってほしい、といった願望に近い問題もあるでしょう。たとえば、ある教室を、コ・ティーチングでの指導実践が児童生徒の学習成果にどのような影響をもたらすかを研究するコ・ティーチング ラボクラス（co-teaching lab class）として使うために確保し、メディアプロジェクター2台、簡単に動かせる机や椅子、小グループでの学習活動用の十分なスペースを用意する、というのは、「いずれ」でもいい事項ですね。

制度化の指標　コ・ティーチングプログラムが充実してきたならば、学校の指導的立場にいる方々は、コ・ティーチングを、公式にも非公式にも、学区や学校の政策と手続きの一部にすることで、そのプログラムの持続性を確かなものにすることができます。たとえば、教員採用面接での一連の流れの中で、コ・ティーチングを教員としての重要な職務の一つ

として説明していますか。学生受け入れ用のパンフレットには、学校で提供している教育プログラムや教育サービスのリストと併せてコ・ティーチングも記載していますか。学区や学校のウェブサイト上で、コ・ティーチングに関する情報を目にすることができるようになっていますか。教員評価手順はコ・ティーチングを考慮に入れるためにどのように調整されてきましたか（詳しくは本章後半の記述を参照のこと）。コ・ティーチングは新任教員オリエンテーションや新任教員研修でのテーマの一つになっていますか。教員や管理職の方々は、前項で推奨したようなコ・ティーチングに関する学習プログラムを利用できるようになっていますか。決め手となる指標は一つだけではありません。全教職員がコ・ティーチングの基本的な考え方を共有することで、コ・ティーチングは持続可能になるのです。

プログラムの調整　コ・ティーチングプログラムの実践に関して、最後に留意する点はコ・ティーチング授業の調整です。これはおそらく小学校で最も多く見られるもので、また、大きな影響を及ぼすこともあります。たとえば、1学年のある教室では、学級担任が、受け持ちの児童が専門指導を受けるスケジュールや、自分の教室に専門指導を行うために来るプロフェッショナルの方々のスケジュールを把握するのに息つく間もありません。特別支援教育専門教員とはリーディングとライティングの授業でコ・ティーチングを行っており、英語指導専門教員とも同様にコ・ティーチングを行っています。この特別支援教育専門教員は、数学のコ・ティーチング授業を部分的に担当するために毎週木曜日を除いて毎日この教室に戻ってきます。言語療法士も、週に2回、主に社会の授業時間にコ・ティーチングを行っています。さらに、インターベンショニスト（interventionist；訳注：通常、有教員免許で大学院レベルの教育と特別支援教育分野での指導経験を持つことが望ましいとされている。教室での観察やその他のデータ等をもとに児童生徒の行動や学業成績に影響を与える要因を特定し、介入指導プログラムを作成し、指導にも関わる）が、3名の児童の習得度合いに気掛かりな点があるため、週に3回、国語のブロックスケジュール授業時に読みの指導に参加することになっています。この3名の児童は、最終的には、通常学級外で行われる介入指導を受ける見込みです。

　読んでいて頭がクラクラしてきませんか。もしかしたら、ご自身のスケジュールを見ているようで、思わず苦笑いしている方もいるかもしれませんね。管理職は、児童生徒が必要な教育サービスを確実に受けられるようにする責任がありますが、教員の方々が、一緒に授業を行うプロフェッショナルの数に圧倒されてしまわないようにするのも管理職の仕事です。このような問題は、特別なニーズがあるとの認定が重複している場合、たとえば、児童生徒が、英語指導のニーズがあり、さらに、IEPを持っている、といった場合に、さらに複雑になる傾向があります。

　コ・ティーチング授業を受ける可能性のある多様な児童生徒への教育サービスを調整す

るにあたっての解決策は一つだけではありません。これは開発計画チームが取り上げるべきテーマであり、スペシャリストの方々からの情報やアドバイス、アイデア、意見などのインプットが必要なのは明らかです。

▎プログラム評価

プログラム開発の項でも述べましたが、コ・ティーチングプログラムの評価計画は、コ・ティーチャーが二人で担当する初回の授業に先立って用意しておく必要があります。評価計画があらかじめ用意されていることで、教員の方々は、自分たちが児童生徒たちに好影響を与えているかどうかを確認しながらコ・ティーチングを続けていくことができますし、評価データに何らかの変更の必要性が示されていれば、進むべき方向を提案することもできます。また、プログラム評価の内容は、保護者の方々に、コ・ティーチングについてや、コ・ティーチングが障害のある児童生徒や定型発達の仲間たちに与える影響について理解してもらうことができます。加えて、評価データは、教育委員会や、コ・ティーチングを継続的に支援していただく関係各所の方々に提出する資料としても重要です。

コ・ティーチングが教育サービス提供手段として効果的かどうか正確に判断するためには、3部構成の作業プロセスが必要です。一つ目のプロセスは、コ・ティーチングが本書で示している基準に基づいて実施されているかどうかの確認です。二つ目はコ・ティーチングの成果の判断、そして、三つ目が利害関係者との実績の共有および必要に応じた調整です。

コ・ティーチングの実施評価　皆さんはこれまでにコ・ティーチングに関する報告書を読んでいて、情報の大事な部分、つまり、そもそも、何をもって実践したプログラムをコ・ティーチングとみなしたのかという内容が抜けていることに気付いたことがありませんか。ご自身でコ・ティーチングプログラムの成果を評価する前に、実際に何が行われたのか、いわゆる、「実施の忠実度（fidelity of implementation）」を知る必要があります。もしコ・ティーチングを構成するすべての要素が整えられていなければ、良好な結果を得ることは期待できないので、実施の充実度から得られる情報は、プログラムの成果を評価するうえでとても重要です。本章およびここまでの章に掲載してあるチェックリストや観察ツールのいくつかは、実施の忠実度の測定に利用できます（Cook & Friend, 1995）。

新しく立ち上げたコ・ティーチングプログラムにおいては、実施評価を行う際の目安となる質問事項は、プログラムの開発目標や全体計画に基づいていなければなりません。すでに定着したプログラムの場合、核心となる質問は、「コ・ティーチングと称してここまで行ってきたことは何か」です。検討すべき具体的な質問の例と、プログラムの成果を示すことのできる証拠の種類を以下に挙げてみましょう。

❀ コラボレーションやインクルーシブ教育、コ・ティーチングを促進させるために、どんな研修活動が行われてきたか。

これらの研修は教員対象のものですが、管理職や保護者、児童生徒のためでもあります。プログラムの成果を示す証拠となり得るものとしては、ワークショップごとの記録、職能開発研修の資料見本、保護者や児童生徒に周知した情報資料等が挙げられます。

❀ 障害のある児童生徒や英語学習者である児童生徒に対する教育サービス提供はどのように変化したか。

この質問に対するデータとしては、通常学級で過ごす時間が増加した児童生徒の人数や、通常学級で過ごす時間数の増加などが含まれます。他にも、基本的な授業時間割や児童生徒の指導スケジュールに記載されているコ・ティーチング授業の数や、コ・ティーチング授業の観察報告や教員の指導報告書が示唆するコ・ティーチング授業の質の高さが評価の目安になるはずです。

❀ 指導実践（児童生徒の学業および行動に対して）はどのように変わってきたか。

コ・ティーチングの評価は、特別に考案された指導（SDI）の提供を重要視すべきであり、その指導の成果は、授業計画や、学習進捗報告書（progress monitoring reports）、そして、児童生徒が取り組んだ作業課題の見本（student work samples）等に反映されます。児童生徒の望ましい行動変化やソーシャルスキルの向上、自己調整ストラテジーの発達などの観察データを証拠として用いることもできます。

学校によっては、この質問への対応として、児童生徒の高いレベルの積極的な授業参加や仲間同士の協調のような、一般的に推奨されているクラスルーム実践を評価の指標として加えています。たとえば、SDI は質の高いティア1（Tier1）指導を基盤としているため、SDI とティア1指導のどちらも、コ・ティーチング授業では模範的な指導ストラテジーとして評価対象になります。

　問題になるのは明らかに、コ・ティーチングの質が評価するにはまだ十分でないような場合はどうするか、ということです。単刀直入に言うなら、開発計画チームが、懸念される主な問題点を明らかにし、それらを改善するための具体策に取り組む、というのが答えです。コ・ティーチング授業に携わる教員数が多い大規模な学区では、実施の忠実度が仕

組みとして定着しているクラスや学校で、コ・ティーチング実践の評価に関わる情報資料が収集される一方で、このように問題点を明らかにして改善に取り組む方法を取る学校もあります。小規模の学校や学区では、データ収集を継続する前に、プログラムの微調整を行う必要があるかもしれません。

成果に対する評価　コ・ティーチングが計画通りに実施されていることを確認したうえで、そのコ・ティーチングの効果を判断するのが、二つ目のプロセスです。この時点で核心となるのは次の質問です。「コ・ティーチングはどのような影響をもたらしてきましたか。」具体的な質問とプログラムの成果を示す証拠の例をいくつか挙げながら、二つ目の評価プロセスを説明していきましょう。

❖　コ・ティーチングはどのように児童生徒の学業成績に影響を与えてきたか。

　　これが最も重要な質問です。プログラムの成果を示す証拠となるデータには、たとえば、毎年のハイステークステストでの習熟度といった類の児童生徒の学業成績データが含まれます。また、校内で、(コ・ティーチングのクラスには、通常よりもさらに特別な配慮や対応が必要な児童生徒が多く在籍しているということを理解したうえで) コ・ティーチングクラスと教員が単独で教えるクラスでの児童生徒の学業成績を局所測定した比較データが含まれることもあります。中学校や高校では、一人の通常学級教員が同じ教科を複数のクラスで教える場合に、それらのクラスの生徒の学業成績を比較することもあります。もし、一つの学区内で共通の評価方法を用いているのであれば、コ・ティーチングクラスと教員が単独で教えるクラスについて学校間比較をすることも可能です。

❖　コ・ティーチングはどのように一般児童生徒の到達目標に影響を与えてきたか。

　　この質問に対するエビデンスは何を目標にするかによって決まります。たとえば、長期的な児童生徒の懲戒行為の記録データが証拠になり得ます。これには、個々の児童生徒の数年間の比較変化のデータ、あるいは、障害や他の特別なニーズのある児童生徒と一般児童生徒との比較データが含まれます。自己統制スキルやソーシャルスキルに関しては、観察データを図表で示せば、適切なエビデンスになります。最も大事なことは、学業の成果だけではなく、特別支援教育のさまざまな領域の到達目標を考慮することです。

❖　コ・ティーチングは、学校のプロフェッショナル、保護者、その他関係各所の方々

の考え方にどのような影響を与えてきたか。

コ・ティーチングに対する各所の見方は、追加のデータとして扱うことができます し、教員や管理職、学校職員、保護者対象の短いアンケートを使用し、簡単に評価 することができます。コ・ティーチング授業を受け持つ教員対象のアンケートには、 改善に向けての提案を記入してもらう項目も含めましょう。高学年の生徒にも回答 してもらうのも一案ですが、アンケートの代わりに、短い面談の中で答えてもらう という方法もあります。

　強い影響力のあるデータの収集に大切なことは、結果というものを多面的で示唆に富む ものだとして考えるということです。たとえば、もしハイステークステストのスコアだけ を評価の対象として考慮するならば、かなりの好結果が見られるまで、プログラム評価を 数年間続けなければなりません。さらに、テストの点数のみを意義のあるデータとして扱 うべきではない児童生徒もなかにはいます。適切な行動やソーシャルスキルを学ぶことや 自己統制力を身につけることは、学業成績を評価するのと同じようなやり方で評価や報告 ができないとしても、数名の児童生徒にとっては極めて重要な学習成果になる場合もあり ます。加えて、現実的な話として、テストの点数が習熟レベルに届かない児童生徒もなか にはいます。短期的には、そして、著しく学習が困難な一部の児童生徒にとっては、これ までのハイステークステストよりもさらに微視的に判断できるカリキュラムに基づく尺度 （curriculum-based measures）のような、別の種類の熟達度を測定する尺度が必要です。

評価結果の伝達　評価結果は、しかるべき対象者と共有する必要があります。たとえば、 学校のプロフェッショナルの方々は、自分たちが収集してきたコ・ティーチングに関する 定量的データおよび定性的データを、学校の保護者会ミーティング、あるいは、障害のあ る児童生徒の保護者を支援する権利擁護団体のミーティングで共有してもいいでしょう。 同様に、教育委員会に、コ・ティーチングの効果を説明することもぜひ検討してください。 このような場でのプレゼンテーションでは、収集データや利害関係者からの意見や提言な どの情報を要約して発表するのはもちろんですが、児童生徒の成功事例、あるいは、コ・ ティーチングクラスに在籍している児童生徒たちによるプレゼンテーションを含めるのも 一案です。

　加えて、学校および学区では、コ・ティーチングプログラムに関するデータを各自のウ ェブサイト上に公開することや、コ・ティーチングプログラムとそのプログラムが児童生 徒にもたらす効果を記載した配布用のパンフレットを用意することを検討すべきです。こ うしたストラテジーを用いれば、地域住民を含む多くの方々がコ・ティーチングの評価に 関する情報を容易に得ることができます。もう一つのストラテジーは、障害のある児童生

徒を対象にした効果的なインクルーシブ教育プログラムを特集してもらえるよう地元メディアに依頼するというものです。コ・ティーチングが児童生徒の学習成果にどのような影響をもたらしてきたかや、利害関係者がコ・ティーチングをどのように受け止めているかの内容も含め、コ・ティーチングをその特集の一部として取り上げてもらいましょう。つまり、プログラムが成功しさらに発展していくのであれば、その情報は広く共有されるべきでしょう。

　包括的なコ・ティーチングプログラム評価を行うために時間を工面するのは、コ・ティーチングを実施する時間そのものを奪い取ってしまうように思えるかもしれません。しかし、そう考えるのはやや短絡的です。評価をするからこそ、皆さんのコ・ティーチングプログラムが発展し、成功し続けられる情報を得ることができるのです。データに基づいた意思決定や説明責任が求められるこの時代ですから、コ・ティーチングプログラムを評価するという理由はこれまで以上にはっきりしています。次に何をするかの判断は、裏付けのない個人の意見に基づくのではなく事実に基づいて行われるべきであるからです。

●コ・ティーチングを実施するにあたっての付加的な課題●

　コ・ティーチングは複合的なもので、教育課程、特別支援教育の政策や運用、英語学習者である児童生徒のための指導指針、職務上の責任、個人的信念など、数えきれないほどの諸要素で成り立っています。当然ですが、入念にプログラムを開発し、協力的で先を見越した問題解決思考を持っていてさえも、困難が生じることはあります。以下に、指摘されることが最も多いコ・ティーチングの問題点をいくつか簡単にまとめました。これらの問題にしっかり対応しなければ、ひたむきに取り組んできた努力を頓挫させてしまうことにもなりかねません。

▍教員の業績評価

　多くの学区では、基本的に、通常学級教員の業績評価に用いる観察方法と同じものを用いて特別支援教育専門教員や英語指導専門教員の評価を行っています。そういった観察方法は、特別支援教育専門教員の評価に対しても関連性があり適切なものがほとんどですが、コ・ティーチャーの評価に適さない部分もあります。教科内容の知識を扱う評価観点については、コ・ティーチャーを適切に評価できるようなやりかたで解釈する必要があります。

　一つの例を使ってこの問題を説明してみましょう。ある特別支援教育専門教員は 7 学年の数学の授業でコ・ティーチングを行っています。この教員は中学校の数学の教員免許を持っておらず、また、持つことも義務付けられていません。単独で数学の必修教科の授業を教えることがないからです。ところが、この教員の授業を観察した指導主事は、この教員が教室で、課題分析をして数学の概念を細分化する、習った問題の解き方の手順をやっ

てみせる、必要な生徒にはガイデッド プラクティス（guided practice; 訳注：対話方式で、児童生徒に問いかけをしながら徐々に解答に導く手法）を行う、少なくとも週ごとのペースで IEP を持つ生徒のスキル習得の記録を取る、といったさまざまな指導に関わる任務を遂行していることについては何も記載しないまま、この教員の教科内容の知識に関して低い評価をつけています。つまり、この教員は、特別に考案された指導に関して模範的な知識があるにもかかわらず、あたかも数学教員であるかのように評価されているということです。

コ・ティーチングを持続可能なものにするには、管理職の方々が、教室でのコ・ティーチャーのそれぞれの役割を特徴づけることが教員の業績評価にもつながる、ということを明確にしなければなりません。専門指導を担当する教員は、各自の専門分野での知識、つまり、従来の教科内容ではなく、学びのプロセスに関する知識に対して高い水準を保つことが求められます。

連携期間

ひとたびコ・ティーチングプログラムが定着すると、コ・ティーチングのパートナーとしての組み合わせをいつまで続けるべきかという質問が上がることがあります。状況によっては、これはコ・ティーチングに対して前向きな姿勢を表す質問と捉えることができます。たとえば、コ・ティーチングでペアを組む教員同士が、校長に、次年度もこの組み合わせで続けられるよう懇願する、といった場合です。逆もあります。この質問がコ・ティーチングは多大な労力を要する仕事だということを暗に意味し、教員の方々が、学校の教員全員に順番にコ・ティーチングを受け持ってもらいたい、と考えている場合です。

この問題に対処できる唯一の解決策というものはありませんが、心に留めておいていただきたいことがいくつかあります。第1に、大部分のパートナーを毎年変えることは避けるべきです。コ・ティーチャーの方々は皆、パートナーとの2年目は、1年目とは別世界だ、と口を揃えて断言します。このように話す教員の方々は、互いの長所や好みを理解し合い、さりげない意思伝達ができる方法を工夫し、包括的かつ効果的なクラスルーム文化を作り上げてきました。しかし同時に、コ・ティーチャーは、互いの好みや優先事項が合うからこそ一緒に教えることができる、と必ずしも考えるべきではありません。他のさまざまな要素を考慮する必要があります。たとえば、教員が離職すれば、必然的にパートナーを変更しなければならないこともあります。同様に、スケジュールに関しても、変更する必要が出てくるかもしれません。

より大局的な見方をすれば、パートナーの組み合わせの長さに影響を及ぼす要因は学校文化です。コ・ティーチングに関わる全ての業務を担当する教員もいれば、対象外になっている教員もいるという認識が広がりつつあるため、何らかの変更が必要だと判断する校長もいます。偏ったパートナー編成をしてしまうと、不均等に教員に児童生徒を割り当て

ることにつながる可能性が出てきますし、一部の教員が、多様な児童生徒を教えることに伴う過度の責務（ミーティングや文書業務など）を抱えることにもなりかねません。

　管理職が考えるパートナーの有用期間や教員の方々の認識も含め、パートナーシップについて率直に話し合うことで、このような問題が深刻化することを避けることは可能です。しかし、最終的には、管理職の方々は、教員が何を好むかではなく、児童生徒にとって何が最善であるかを踏まえて判断しなければならない立場にあることを常に念頭に置くべきでしょう。

▌人事の問題

　理想の世界であれば、教員なら誰しも児童生徒のニーズを第一に考え、また、大人同士の間に違いがあるのは当然であり対処できるものだということを受け入れるはずです。残念なことですが、教員同士の振る舞いが理由で、管理職が間に立って問題解決に努めなければならないことも少なくありません。たとえば、ある特別支援教育専門教員は、他の業務（IEPの作成など）を優先しなければならない、とか、授業で助手的な役割を果たすことで十分満足している、とコ・ティーチングパートナーに言い訳しながら、日常的にコ・ティーチング指導に参加しません。また、ある通常学級教員は、特別支援教育専門教員や英語指導専門教員がパートナーになることを拒否し、授業の講義が終わるまで口を出さないで、と強い口調で忠告したり、やり取りをするのは「自分の生徒たち」とだけにして、と指示を出してきたりすることさえあります。

　これらの例はいずれも、さらに詳しい情報と管理職の介入を必要とする非常に深刻な問題です。そのような状況が起きた理由を理解することなしに、明確な方向性を示すことは難しいことですが、これだけは確かです。校長はこのような状況になっているということを報告するコ・ティーチャーに対して、決して次のように答えるべきではありません。「先生方はお二人ともプロですよね。お二人ならきっとこの問題を解決できると思いますし、そうしてもらわないと困ります。」もしこの二人がどうにかして問題を解決できるのであれば、おそらくそうしていたでしょうし、校長が少なくとも問題解決の手助けをしようとする行動さえも起こさないということで、教員はどちらも放っておかれたと感じ、また、挫折感を味わうことになります。

　コ・ティーチングは教員同士のシナジー（synergy：相乗効果）を拠りどころにしています。人事に関する問題が生じた場合には、管理職の方々は、実際に何が起こっているのかを理解するために教室を訪問したり、どちらの教員も呼んで率直な対話を試みたり、管理職の立場にいないプロフェッショナル（インストラクショナルコーチなど）にコ・ティーチャー同士の関係性が元に戻るよう働きかけてもらうことを依頼するなどして、問題解決に積極的に関与すべきです。

▌不本意な生徒の成績

　コ・ティーチングが忠実性をもって実施されていれば、児童生徒の成績は良くなっていくはずです。しかし、もし児童生徒の学業成績が改善する兆しが見られない場合、管理職の方々は何をすべきでしょうか。これには、早急かつ集中的な調査と問題解決が求められます。

　この課題に対処するにあたり、まずデータの見直しを行います。現在、一部の学校では一般的に行われているやり方ですが、データ会議を頻繁に開き、児童生徒の成績の伸び具合を詳しく調べることが非常に重要です。この会議の目的は、学業面で目標に達していない児童生徒を特定することと、その児童生徒の学習曲線（learning trajectory）を修正するための介入方法を立案することです。これは、RTI や MTSS といった介入プログラムの手順と同じような考え方ですから、コ・ティーチングにも適用されるべきでしょう。さらに、当該児童生徒のニーズが特定されたならば、その児童生徒のデータを保管し、より頻繁に見直す必要があります。

　次に取り組むのが、コ・ティーチングプログラムの評価の項で詳述したように、コ・ティーチング実施の忠実度を入念に確認することです。本書を通して推奨している実践方法をご自身の学校のコ・ティーチング授業に取り入れていますか。本章付録に含まれている観察ツールは、コ・ティーチングに必要な実施内容がどの程度履行されているかの判断に役立つはずです。もし教員の方々が六つのコ・ティーチングアプローチの活用に行き詰っていたり、コ・ティーチングでの各自の役割を理解していないようであったり、あるいは、特別に考案された指導を提供していないのが明らかなのであれば、現在のやり方を改善すべくさまざまな対策を講じる必要があります。

　学業成績改善に向けての三つ目の取り組みは、コ・ティーチングは児童生徒にとって適切な教育サービスであると判断したコ・ティーチャーの方々を巻き込むことです。時として、児童生徒の学習能力向上にコ・ティーチングは十分な支援ではない場合もあり、そうなると、個別指導を行うという決定をくださなければなりません。インクルーシブ教育を実践する学校にあってこれは難しい選択ですが、この選択肢を無視することは非倫理的です。もしこうした判断がなされた場合は、別教室での特別に考案された指導を集中的に行い、当該児童生徒を仲間のいる通常学級に戻すことに焦点を合わせるべきです。本章で取り上げた数多くのテーマが示す通り、学校や学区の指導者は、コ・ティーチングの熱心な擁護者でなければなりません。学校や学区の指導者がコ・ティーチングを推し進めるならば、プログラムは強固なものになり、児童生徒の学業成績はおのずと向上し、多くの困難は新しい学びの機会となります。指導者の支援がなければ、可能な限り最良の指導を必要とする児童生徒に対して不本意な影響を与えると同時に、プログラムの質や整合性も損なわれることになります。

さらなる考察のために

1. もし皆さんが、ご自身の学校で効果的なコ・ティーチングを展開させるために優先すべきことの順位付けを行うよう求められたなら、その目標を達成するために校長が取るべき三つの最も重要な行動はどのようなものであると皆さんは考えますか。

2. あるコ・ティーチャーのどちらかが、パートナー（特別支援教育専門教員であれ、英語指導専門教員、または、通常学級教員であれ）が教室での協力的な関係を築こうとしないと報告してきた場合、校長はどう対応すべきでしょうか。この問題に対処するにあたり、教員の対応と管理職の対応はどのように異なるであろうと皆さんは考えますか。

3. 校長や他の管理職の方々が、保護者からのコ・ティーチングに関する懸念や疑問に対応する際に、スクリプト（校長や他の管理職の方々がこれまでに何度も繰り返してきた説明文）に助けられることがよくあります。皆さんの学校では、保護者からの懸念や疑問に対応する際の基本となっているスクリプトはどういった内容になっていますか。

4. コ・ティーチングプログラムを開発するにあたり、学区リーダーの方々が学校を支援するために講じることのできる具体策にはどのようなものがありますか。それらの支援策は、通常教育、特別支援教育、あるいは英語教育のそれぞれのリーダーが講じる支援策とはどの点で類似していますか。あるいはどの点で異なっていますか。

行動を起こすために

1. コ・ティーチングを校長会での話し合いのテーマの一つにしてもらうよう要請しましょう。たとえば、コ・ティーチングに対する学区の責任ある関与の度合い、割り当てられている資源、学区や学校の戦略計画に係るコ・ティーチングなどの項目を含む議題を計画してみましょう。

2. 皆さんの学校のホームページを見直してみましょう。ホームページ上ではどのようなプログラムや教育サービスがクローズアップされていますか。現存プログラムや教育サービスの記述にコ・ティーチングをどのように加えることができるでしょうか。皆さんが重要だと考える、現行の、あるいは、計画中のコ・ティーチングプログラムの基本的な内容をうまく伝えるウェブページを起案してみましょう。

3. 保護者会に向けて、コ・ティーチングに関するプレゼンテーションを計画しましょう。コ・ティーチングが児童生徒の学習成果に与える影響、現在のコ・ティーチャーからの声、児童生徒についての教員の談話または児童生徒自身が書いたコ・ティーチング

の体験談などを含んだ内容を検討してみましょう。

引用文献

Burris, C. C., & Welner, K. G. (2005). A special section on the achievement gap–Closing the achievement gap by detracking. *Phi Delta Kappan, 86*, 594-598.

Charner-Laird, M., Ng, M., Johnson, S. M., Kraft, M. A., Papay, J. P., & Reinhorn, S. K. (2017). Gauging goodness of fit: Teachers' responses to their instructional teams in high-poverty schools. *American Journal of Education, 123*, 553-584.

DuFour, R., & Reeves, D. (2016). The futility of PLC lite. *Phi Delta Kappan, 97*(6), 69-71.

Fullan, M., & Quinn, J. (2016). *Coherence: The right drivers in action for schools, districts, and systems.* Thousand Oaks, CA: Corwin.

Glennie, E. J., Charles, K. J., & Rice, O. N. (2017). Teacher logs: A tool for gaining a comprehensive understanding of classroom practices. *Science Educator, 25*(2), 88-9.

Murawski, W. W., & Bernhardt, P. (2016). An administrator's guide to co-teaching. *Education Leadership, 73*(4), 30-34.

Quintero, E. (2017). Evaluating relationships: How collaboration shapes teaching and learning. *American Educator, 41*(2), 18-21.

Rix, J., Sheehy, K., Fletcher-Campbell, F., Crisp, M., & Harper, A. (2015). Moving from a continuum to a community: Reconceptualizing the provision of support. *Review of Educational Research, 85*, 319-352.

Roberts, M. B., & Guerra, F. J. (2017, March). Principals' perceptions of their knowledge in special education. *Current Issues in Education, 20*(1), 1-16.

第8章 付 録

　次ページ以降に掲載してある観察フォームは、以下の、コ・ティーチングに関する一般的な管理上の質問事項に対応するように作られています。コ・ティーチングの授業を見学する際は何を基準にすればよいか。教室でコ・ティーチング授業を観察する場合、何を基準にその出来栄えを評価すべきか。児童生徒が受けている特別に考案された指導が現行の通常教育課程に効果的に組み込まれているかを示す手がかりとなるものは何か。

コ・ティーチング授業訪問ツール

教員＿＿＿＿＿＿＿＿＿＿＿＿＿＿＿＿　日付＿＿＿＿＿＿＿＿＿＿＿＿＿＿

＿＿＿＿＿＿＿＿＿＿＿＿＿＿＿＿＿　学校＿＿＿＿＿＿＿＿＿＿＿＿＿＿

教科 / コース＿＿＿＿＿＿＿＿＿＿＿＿　トピック＿＿＿＿＿＿＿＿＿＿＿＿

授業観察の前に収集した情報

目標

＿＿＿＿＿＿＿＿＿＿＿＿＿＿＿＿＿＿＿＿＿＿＿＿＿＿＿＿＿＿＿＿＿＿＿＿＿

＿＿＿＿＿＿＿＿＿＿＿＿＿＿＿＿＿＿＿＿＿＿＿＿＿＿＿＿＿＿＿＿＿＿＿＿＿

＿＿＿＿＿＿＿＿　コ・ティーチングアプローチを組み入れた授業計画

＿＿＿＿＿＿＿＿　強固な基盤の Tier 1 指導や特別に考案された指導が確かなものであることを
裏付ける授業計画

＿＿＿＿＿＿＿＿　授業が共同で計画されたことを示すもの

＿＿＿＿＿＿＿＿　当該クラスにいる障害のある児童生徒についての情報（必要に応じて）

＿＿＿＿＿＿＿＿＿＿＿＿＿＿＿＿＿＿＿＿＿＿＿＿＿＿＿＿＿＿＿＿＿＿＿＿＿

＿＿＿＿＿＿＿＿＿＿＿＿＿＿＿＿＿＿＿＿＿＿＿＿＿＿＿＿＿＿＿＿＿＿＿＿＿

＿＿＿＿＿＿＿＿＿＿＿＿＿＿＿＿＿＿＿＿＿＿＿＿＿＿＿＿＿＿＿＿＿＿＿＿＿

授業観察中に収集した情報

エビデンスの程度：1 ＝ない / ほとんど見られない　2 ＝わずかに見られる　3 ＝十分見られる　4 ＝著しく見られる　5 ＝格段に見られる　NA ＝当てはまらない / 見られない

指導環境

	特別なニーズのある児童生徒たちは、1 ヶ所に集められているのではなく、教室中に分散している。
	教室の机や椅子、設備等は、コ・ティーチング授業を進めやすいように配置されている（グループを作るために机が動かされている）。
	雑音や授業の妨げになるものを最小にするために、各学習グループができるだけ離れて活動できるような児童生徒と教員の位置取りになっている（教室の反対側など）。
	教員は二人とも、児童生徒が授業に集中でき、また、注意散漫にならないように、自分たちの位置取りを工夫している（背中合わせ、立つ代わりに椅子に座って指導するなど）。

	教室の掲示物や装飾物はインクルーシブ教育の思想を伝えている（児童生徒の作品が掲示されている、障害のある児童生徒も写真に収まっているなど）。
	教員は二人とも、児童生徒をグループ分けしたり、授業の妨げになるものを抑えるために、教室の設備や備品（フリップチャート、机や椅子等の什器、スマートボードなど）を活用している。

備考：

コ・ティーチング アプローチ

	特定のコ・ティーチングアプローチ（あるいは、バリエーション）が使われている。 アプローチの詳細：
	教員や児童生徒は、使用中のアプローチで学習活動を行うのに慣れているように見える。
	使用中のアプローチは、SDI の提供も含め、指導目標の達成を促しているように見える。
	使用中のアプローチは、児童生徒の適切な授業参加や取り組みを促しているように見える。
	指導の集中度合いは教員が単独で指導するよりも大きい。

備考：

ディファレンシエーション / 特別に考案された指導

	授業指導は、児童生徒の形成的評価データに基づいて計画されている。
	授業指導は、児童生徒の積極的な授業参加を促す原理や、その他の Tier 1 指導で求められている指導原則（児童生徒に多くの答える機会を与えるなど）に基づいている。
	児童生徒は、自分たちの学習ニーズや IEP に基づいて選択された多種多様な教材を使用している。

	児童生徒は、学習を進めるうえで必要なため、あるいは、IEP の記載にある通りに、教育テクノロジー（音声変換ソフトなど）を使用している。
	児童生徒は、学習を進めるうえで必要なため、あるいは、IEP の記載にある通りに、アシスティブ テクノロジー（通信機器など）を使用している。
	適切なアコモデーションが対象児童生徒に提供されている（練習問題数や課題数を少なくする、筆記の代わりに口頭で回答する、印刷物だけではなく音声での指導を受けられるようにするなど）。
	特別に考案された指導が、小グループでの活動で、あるいは、他のさまざまな学習活動に組み込まれた形で、提供されている（学習ストラテジーの導入、意図的モデリング、追加の練習問題の提供など）。
	指導の手順は明瞭かつ構造化されており、児童生徒のニーズに応えられるものになっている。
	児童生徒の成績評価は、目標達成に向けて自信を持てるように設計されたさまざまな技法で構成されている。

備考：

教室および行動管理

	授業のペースはキビキビとして勢いがある。
	一つの学習活動から次の学習活動への移行は、最小限の時間、最小限の教員の指示で行われている。
	児童生徒は、学習活動をスムーズに移行するストラテジーを教わっているように見える。
	授業指導はよくまとまっている（教員は二人とも、自分の役割、学習活動を進める手順、その他授業で定期的に行う一連の行為やそれを行う手順を理解しているなど）。
	児童生徒は、必要に応じて、動いたり立ったりしながら授業を受けられる選択肢（安定性ぐらつきクッション（wiggle cushion）、立ち机など）がある。
	ポジティブ行動支援（positive behavior support）体制が整っており、着実に実施されている。

備考：

教員同士の関係性

	二人の教員が教室で話しをする時間は、ほぼ等しい、または、公平なバランスが取られている。
	どちらの教員も、授業中、その日の授業目標の達成に向けて、協力的なやり取りをしている。
	どちらの教員も、児童生徒全員と学習指導を目的としたやり取りをしている（質問をする、質問に答えるなど）。
	どちらの教員も、児童生徒全員と、学級管理を目的としたやり取りをしている（トイレやロッカーに行く許可を出す、懲戒など）。
	どちらの教員も、教室でのさまざまな作業にあたる（教材配布、備品を取り出す、片づけなど）。
	児童生徒は、いずれの教員ともほぼ均等にやり取りをする。
	教員同士が対等であるのは明らかに見て取れる。
	パラプロフェッショナルが授業に入っている場合、教員の指示に従って復習や他の補足的な指導を行っている（授業で最初に講義を行うのではなく）。

備考：

授業観察後に検討すべき質問事項

1．この授業は、ご自身が受け持つ他のコ・ティーチング授業と比較し、どのようなところが特徴的でしたか。

2．教員が単独で受け持つ授業と比較し（このクラスの授業を一人で受け持つ場合、あるいは、同じ科目の他のクラスと比較し）、2名の教員が教室にいるときには、このクラス／授業指導は、どのような違いが見られますか。

3．特別なニーズのある児童生徒が通常教育課程を受けられるように、どのようなアコモデーション（そして、代替評価を受ける児童生徒にはモディフィケーション）が行われていますか。

4．あなたは、コ・ティーチング授業において、IEP目標（および目的、特に、特別に考案された指導）、セクション504に基づくアコモデーション、または、コ・ティーチング授業での特別な言語的ニーズにどのように対応していますか。それらの取り組みを実証するために、どのようなデータを収集してきましたか。

5．あなたは、コ・ティーチングについての知識を深め、コ・ティーチングの実践を推し進めるための次のステップとしてどのようなことを計画していますか。

6．あなたは、ご自身のコ・ティーチング授業のプランニングにどのように取り組んでいますか。どのような事項に関して共同で意思決定をしていますか。お二人のいずれかに任されている意思決定はどのような事項ですか。

監訳者あとがき

　日本認知・行動療法学会の東日本大震災復興支援対策の一つとしての教育講演を実施する為、私が岩手県盛岡市を訪問したのは、今から5年前の2015年8月であった。暑い夏の日、岩手大学のキャンパス内にあった放送大学の学習支援センターで講演後、監訳者の一人である松田一子さんとお話する機会があった。そのお話の中で、松田さんから、恩師であるマリリン　フレンド博士（Friend, Marilyn Ph.D.）の「*CO-TEACH!　Building and Sustaining Effective Classroom Partnerships in Inclusive Schools*」の日本での翻訳出版に関する相談があった。

　私は、フレンド博士と直接面識はなかったが、松田さんの説明によるとノースカロライナ大学グリーンズボロ校教育学部特別支援教育学科の名誉教授であり、障害のある児童・青少年やギフテッドおよびタレンティド児童・青少年への教育成果向上に尽力する国際的教育専門機関であるカウンシル　フォー　エクセプショナル　チルドレン（the Council for Exceptional Children: CEC）の会長をされていた方とのことであった。さらに、フレンド博士は、世界中で活躍されており、地方、地域、および州の教育機関と連携し、各地の特別支援教育プログラムの評価、児童生徒の学習成果向上に向けた特別支援教育システム構造改革、教職員対象のコ・ティーチングおよびインクルージョンに関する研修、そして現行の特別支援教育実践に関わる諸問題の解決に取り組んでおられるとのことであった。

　松田さんは、そのフレンド博士の著書、「*CO-TEACH!*」（コ・ティーチ）を是非、日本で翻訳出版したいと言われるのである。そこで、その本の内容を伺うと、教育現場で2人の教員ペア（教員以外の専門家を含む常勤職員）で一つの学級を担当するコ・ティーチングについて、基本概念、理論的根拠、コ・ティーチング授業を共同で行う教員ペアの教育指導上の役割と責任、アプローチ、指導、プランニングとクラスルームロジスティクス（実行計画）、特別な状況下でのコ・ティーチング実践、管理職の役割と責任等が、これまでの実践、研究に基づいて記述されているのだという。

　松田さんが、本書の翻訳出版をしたい理由は、フレンド博士の素晴らしい功績を日本に普及させたい想いと、本書の内容が、日本の教育現場に不足している教員同士が協力し合うスキルの改善に役立つと思ったからだという。

　当時の私が知る限りでは、日本において、教員が法的規程によって教員2名体制で授業を実施している教育機関は、教職大学院のみであった。この2名は、実務家教員と研究者教員であり、文部科学省から明確に役割を与えられている。その役割とは、教職大学院の教育理念である理論と実践の往還の実現の為、理論講義は、研究者教員、実践講義は、実務家教員とされていた。この体制は、私も実際に宮崎大学の教職大学院在職時に経験して

おり、有効性を実感していた。

　しかしながら、現在、日本全国の小、中学校、高等学校、特別支援学校においては、法的に規程された教員2名体制が実施されているところはない。学校内では、特別なニーズを持つ児童生徒の対応が増加していることなどから外部からの人員動員が飛躍的に増加している。そして、その外部からの人員の大部分は、非常勤職員、例えば、学習支援員、大学生ボランティアといった非専門職員であった。これらの日本の体制は、私個人の意見ではあるが、成果を挙げているとは言い難い。なぜならば、2019年度、日本全国の不登校児童生徒数は史上最高発現率、いじめ認知件数が史上最高数を記録したからである。

　この日本の状況を何とかしなければいけないという危機感を持っていた私には、松田さんの薦める、2名の専門性のある教員体制の指導が、現状における教員不足、教育の質の低下、連携不足の改善につながり、悩める子どもたちに質の高い教育を提供する一つの方法になりうると受け止め、感動した。日本における実現には、長い時間がかかると思われたが、目指すべき体制として間違いはないと感じた。私としては、東日本大震災復興支援の訪問で、岩手の方から日本の教育の改善に関する示唆深いヒントを頂いたことになったのである。

　そこで、私は、松田さんからの依頼を快諾し、風間書房社長の風間敬子様に翻訳の打診をしたところ受諾していただき出版の運びとなった。翻訳作業には、松田さんはもちろんのこと、当時筑波大学大学院博士課程後期に所属していた江角周子さん、明治学院大学大学院生で私の研究室に所属していた佐藤亮太朗君も、学業、論文作成の忙しい中、出版の趣旨をくみ取ってもらい喜んで参加してくれた。

　また、翻訳作業中に明治学院大学特命教授の高橋俊明先生に本書の意図をお伝えしたところ、本書の内容、翻訳出版に深く賛同を頂いた。高橋先生には、特に東京都教育委員会の新人教員養成システム（退職校長とペアを組ませて学級を担当させる）への導入可能性の高いことをご指摘いただくとともに、日本の教員に理解し易い訳語とするための監訳の労を取っていただくことになった。

　盛夏の盛岡で松田さんと出会ってから5年の月日が流れた。監訳の代表としては、出版の日を迎えられたことを喜ぶとともに、本書の内容は、必ず日本の教育に貢献できる日が来ると確信している。日本での出版を承諾してくださいましたフレンド博士、これまでたいへんなご苦労をおかけした風間書房社長の風間敬子様をはじめ編集部の皆様、監訳、翻訳作業にご尽力いただいた松田さん、高橋先生、江角さん、佐藤君に心からお礼を申し上げる。本書に対する諸賢の忌憚のないご意見をいただくことができれば幸いと考えている。

　令和2年4月3日　　　　　　　　　白金キャンパスの桜を眺めながら

　　　　　　　　　　　　　　　　　　　　　　監訳者代表　小野昌彦

監訳者紹介

小野昌彦（おの・まさひこ）
　筑波大学大学院修士課程教育学研究科修了、筑波大学大学院博士課程心身障害学研究科単位取得退学。中国短期大学幼児教育科専任講師、奈良教育大学教育学部附属教育実践総合センター准教授、宮崎大学大学院教育学研究科教授を経て2015年より明治学院大学心理学部教育発達学科教授。博士（障害科学）。宮崎大学名誉教授。公認心理師。専門行動療法士。平成28年度筑波大学心理・発達教育相談室功労賞受賞。日本行動療法学会事務局長・常任理事・常任編集委員、日本心理学諸学会連合理事、日本学術振興会科学研究費委員会審査員を歴任。国立特殊教育総合研究所、全国23都府県の教育委員会及び学校主催の研修講演、不登校対策スーパーバイザー活動を実施し、市単位、学校単位での不登校ゼロ、半減実績多数。東京都教育委員会不登校・中途退学対策検討委員会委員（2015年度）、東京都港区学びの未来応援施策検討委員会委員長（2017年度）。最近の編著書として、「認知行動療法辞典」（丸善出版）、「不登校の本質」、「不登校への行動論的包括支援アプローチの構築」（以上、風間書房）、「発達障害のある子／ない子の学級適応・不登校対応」（金子書房）など多数。

松田一子（まつだ・かずこ）
　ノースカロライナ大学グリーンズボロ校（UNCG）博士課程修了 Ph. D.（教育学）。UNCGでは原本著者であるマリリン フレンド博士に師事。マイアミ大学（オハイオ州）教育心理学部ではポストドクトラルフェロー兼客員准教授、特別支援教育教職課程客員准教授。帰国後は高校教員として英語指導に携わる傍ら教員・保護者向け講習会等で応用行動分析に基づく行動アセスメントと実践に関する講師として活動。現在はフリーランス教育コンサルタント。

高橋俊明（たかはし・としあき）
　青山学院大学文学部教育学科卒業。東京都の公立小学校で教諭・教頭を経験したのち、大田区教育委員会指導主事、調布市教育委員会指導室長、東京都教育庁人事部主任管理主事、港区立白金小学校統括校長として、教員の採用や育成等にかかわってきた。現在、明治学院大学心理学部特命教授。

訳者紹介

江角周子（えすみ・しゅうこ）
　筑波大学大学院人間総合科学研究科3年制博士課程ヒューマン・ケア科学専攻修了。筑波大学人間系特任助教を経て2020年より浜松学院大学講師。博士（教育学）。公認心理師。学校心理士。スクールカウンセラーなど教育機関のカウンセラーを経験。

佐藤亮太朗（さとう・りょうたろう）
　明治学院大学心理学部教育発達学科卒業。明治学院大学大学院心理学研究科教育発達学専攻修士課程修了。修士（教育発達学）。現在、筑波大学大学院人間総合科学学術院人間総合科学研究群障害科学学位プログラム博士後期課程在学中。東京都内公立学校で学習支援員（非常勤）等を担当。

コ・ティーチ！　―保育・教育現場でのアクティブラーニング、チームティーチングにも役立つ新たな指導法―

2020年5月15日　初版第1刷発行

著　者　　M. フレンド

監訳者　　小　野　昌　彦
　　　　　松　田　一　子
　　　　　高　橋　俊　明

訳　者　　江　角　周　子
　　　　　佐　藤　亮太朗

発行者　　風　間　敬　子

発行所　　株式会社　風　間　書　房
　　〒101-0051　東京都千代田区神田神保町1-34
　　　電話 03(3291)5729　FAX 03(3291)5757

印刷　堀江制作・平河工業社　　製本　井上製本所

©2020　　　　　　　　　　　　　　　　NDC分類：370
ISBN978-4-7599-2331-5　　Printed in Japan